이명박 정권 대안

박종철출판사는 신의와 신념을 지키기 위해 죽은 우리의 벗을 기억하고자
1990년에 설립되었으며, 그와 함께 꿈꾸었던 세상을 만드는 데
보탬이 되고자 합니다.

이명박

정권 대안

김영규 지음

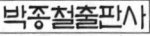
박종철출판사

이명박 정권의 교체 없이는
한국 사회의 발전은 없다

이 책은 2008년에 이명박 정권이 집권하면서부터 기획했던 '이명박 정부 비판과 대안' 시리즈의 마지막 제3권이다. 제1권『이명박 정부 비판』(2008년 3월 출간)에서는 현 정권이 자본주의적(유산계급적) 민주 정부로서 독점자본이 주도하는 성장 전략을 추구한다는 점에서 세계의 여느 민주국가와 다를 바 없다는 점을 확인했다. 이러한 일반적 성질에 추가하여, 이명박 정권은 전임자들이 추구했던 신자유주의 노선을 더욱 강화하는 우파적 특징으로 인해 일반적인 민주주의 권력이 상대적으로 왜곡되는 특성을 보유하고 있다고 결론 내렸다. 이에 모든 자본주의국가에서처럼 한국 국민은 정치적·경제적으로 부자유하고 불평등한 사회에 살고 있는 만큼, 그런 사회에서 가장 크게 고통 받고 있는 피지배계급이나 집단에 속하는 노동자·민중의 거센 저항에 이명박 정부가 집권 초기부터 부닥칠 것이라고 예고하였다.

이명박 정권에 대한 전반적이고 추상적인 평가에 이어, 우리는 제2권 『이명박 정책 비판』(2008년 11월 출간)에서, 현 정부가 집권 기간 동안 추진하기로 예정하거나 2008년에 이미 추진하고 있었던 주요 국가정책들을 중심으로 현 정권을 구체적으로 비판하였다. 여기서의 주요 정책들은 국가 5대 권한을 추진하는 정부의 조직을 기준으로 선택하였다. 첫째, '국가 안전의 유지'를 위한 정책으로 국법 질서 대책과 남북 경협 대책을 선택했다. 둘째, '사회 정의의 실현'을 목적으로 하는 정책으로는 교육정책과 주택·부동산 정책을 골랐다. 셋째, '개인의 자유의 보장'을 위한 정책으로 산업·과학 정책과 금융정책을 골랐으며, 넷째, '개인행동의 규제'를 목적으로 하는 정책으로는 환경정책과 노동정책을 선정했다. 끝으로, 국가의 '일반 복지의 구현'을 위한 정책으로 에너지 정책과 사회복지 정책을 추출하였다. 이처럼 이명박 정권의 10대 정책을 검토한 결과에 따르면, 정책들이 상호 연관되어 한국 자본주의 자체의 유지 내지 그것의 '선진화'를 지향하지만 근로민중이 1990년대 민주화 과정에서 유산·지배계급과 타협한 바 있는 이른바 시민 민주주의(합의 자본주의)를 크게 후퇴시키는 우파 독재를 강화하고 있었다. 이에 대해 우리는 한국 사회에서 그간 역사적 합의에 이르렀던 틀을 깨는 보수 우파적 정책들을 수정하거나 폐기하는 등으로 민주주의를 회복하는 한편, 나아가 자본주의를 규제하는 개혁적인 정책으로 일반 민주주의를 확대해야 한다는 것을 제안하였다. 이어 결론에서는, 자본주의를 단지 규제하는 정책에 머물러서는 안 되고 '21세기' 새로운 사회주의를 모색하는 정책을 추진해야 한다는 규범적이지만 실증적인 목소리를 함께 제기하였다.

이제 제1권과 제2권에서 시사한 바 있는 한국의 21세기 발전을 위한 대안으로, 여기서는 일반 민주주의를 넘어 모든 근로민중이 바라는 이행기 전략인 '민중의 민주주의'를 제안할 차례이다. 과거 20세기를 풍미했던 이른바 구舊사회주의old socialism의 단점을 극복하고자 하는 제안들이 지금까지 실천적으로 그리고 학문적으로 제기되어 왔다. 우리는 과거에 사회주의를 '마치 연구실에서 처음 실험하듯' 계획적이지만 조잡하게 운용한 소련과 같은 실례를 다룰 수는 없다. 이 책이 제시하는 '21세기' 신新사회주의neo socialism인 민중의 민주주의는 한국에서 그간 이념적으로 주장되어 왔으나, 이것을 정규적인 '체제'로 삼아 채택한 국가는 아직은 없다. 그렇기 때문에 우리는 사상가, 지식인, 실천가 등이 제기한 이론을 바탕으로 자본주의의 문제와 그것의 변화가 모색되는 신사회주의를 염두에 두고 한국 자본주의의 이행기 대안을 제시할 것이다. 예를 들어 브라질의 한 지방자치단체인 뽀르뚜 알레그리Porto Alegre에서 볼 수 있는 것과 같이 지역 민중의 '참여 예산제'의 실천과 같은 직접민주주의 제도는 이념적 토대 없이는 권력으로서는 불안하고 단명할 수 있다는 점에서, 신사회주의에 대한 과학적 연구가 꾸준히 수행되어야 할 필요가 있다.

그래서 『이명박 정권 대안』은 '이론 중심, 실천 제안'이란 두 단계로 구성될 것이며, 후자인 실천 제안은 한국에서 이명박 정권이라는 현실 자본주의 권력을 갈아 치우는 대안으로 제기될 것이다. 이 책이 목표로 하는 사회주의 권력은 지금과 같이 자본주의를 추구하는 보수 세력들 사이의 정권 교체에 의해 탄생하는 것이 아니라, 그간 독재 세력을 몰아내는 한편 보수 세력과의 투쟁으로 설립한 바 있는 진보·변혁 정당이 민주주의 전장戰場에서 승리하여 노동자계급의 민중 권력이 들어설 때 탄생된다는 것을 거듭 확인한다.

여기에서 잠시 한국의 역사를 돌이켜 보면, 사실 김대중 정권이 물러나던 2002년의 대통령 선거는 역사를 새로이 쓸 수 있는 절호의 기회였다. 새로운 21세기에 결코 맞지 않는 김영삼, 김대중 등 보수 세대들이 물러나고 한국이 새로운 민주국가로 발돋움할 수 있는 계기를 맞았던 것이다. 이 계기를 촉발시킬 수 있는 에너지는 한국의 좌파(반보수인 진보파에서부터 반자본주의인 변혁파까지)가 구세대와 구분되는 신인간상을 국민의 지도자로 부상시킬 수 있는 정치적, 조직적, 사상적 과제의 달성에 달려 있었다. 그러나 한국의 좌파는 분열되어 있는데다 원칙도 가리지 못한 채, 더운 나쁜 것은 보수 세력과 마찬가지로 그런 새로운 기회를 의식하지도 못한 채, 그들이 볼 때도 이미 개량화되어 버린 민주노총 지도부와 민주노동당에 연연하고 있었다. 그 후에 벌어진 역사는 주지하는 바와 같이, 국가 사회는 퇴보하여 보수 수구파인 한나라당과 이명박 정권에게로 권력은 거꾸로 흘렀다.

이제 한국에서 좌파가 분열을 극복하려면, 그것의 이념적 원칙은 신사회주의를 표방하는 민중 권력이 바로 한국 사회의 발전을 위한 전망이 되도록 해야 한다. 한국 사회의 발전은 이제 보수 세력들이 여야로 나뉘어 정치적으로 경쟁하는 구도에 있는 것이 아니라, 이들이 만든 한국 사회의 반민주적이고 반노동적인 본질을 사회적으로 고발하여 억압과 착취가 사라지고 차별과 폭력이 없는 모범적인 새로운 사회를 창출하는 데 있다. 이 점을 한국의 좌파들은 분명히 가슴속 깊이 새겨야 한다.

이를 목표로 2008년말에 제2권을 출간한 이래로 이 책을 완성하는 데 일 년이 넘는 시간이 흘렀다. 이 기간 동안에 이명박 정권은 2009년 1월의 '용산철거민학살사태'에 이어, 5월에 시작된 쌍용자동차의 해고 반대 투쟁이 77일만인 8월에 종결되도록 하는 등 근로민중에 대한 대대적인 탄압을 강행했다. 또한 한국의 보수 세력에게도 약간의 사건이 벌어졌다. 2009년 5월에는 노무현 전 대통령이 자살한 데 이어 8월에는 김대중 전 대통령이 사망하는 일이 생겼다. 이것을 계기로 야권 보수 세력들이 재결집하거나 친노 인사들이 새로운 정당을 결성하기도 했다. 아무튼 2009년의 복잡다단한 사건들을 흘려보내는 사이, 이 책이 출간되는 데 이명박 정권 두 번째 해가 이미 지나가 버렸다.

세계적인 경제 위기가 닥친 역경에도 불구하고, 또한 용산철거민학살사태에 이어 쌍용자동차 노동조합의 해고 반대 투쟁 등으로 그 어느 때보다도 자본과 권력의 탄압이 거세진 현실에도 불구하고, 이 책을 완성하기 위해 분투한 사람들을 결코 잊을 수 없다. 우선 이 책을 탈고하는 데 성심껏 도와준 정종욱 조교의 노고에 감사드린다. 또한 이 책을 편집하고 교정하는 데 온 몸을 다 바친 박종철출판사의 여러 사람에게는 늘 감사한 마음을 가진다. 끝으로, 이 책은 인하대학교의 지원에 의해 출간되었음을 밝혀 둔다.

2010년 4월
강화도 '민해당' 에서
김영규

차례

제 1 장

서론

1. 한국 사회의 성격

일본 제국주의의 지배하에 있던 100년 전과 달리 21세기 초 지금 이명박 정권하에 있는 한국은 과연 어떤 사회인가? 우리가 제1권 과 제2권에서 이미 밝힌 대로, 한국은 20세기 중반에 일본의 식민주의로부터 해방되어 현대 국가를 구축한 이래로 자본주의가 본격적으로 가동된 사회가 되었다. 지금 세계의 모든 국가들이 자본주의 체제이거나 혹은 그것을 신생으로 지향하는 정치경제체제임은 굳이 말할 필요도 없다. 인류가 과거 16세기부터 5백년 가까이 추구해 온 자본주의는 다음과 같은 사회로 정의할 수 있다. 자본주의란 민간 기업(자본)이 사회의 재원 가운데 일부를 자본으로 삼아 상품을 생산하여 시장에서의 교환에 의거하여 당초 규모의 자본을 초과하는 가치인 이윤을 획득하는 활동을 토대로, 사회를 물질적으로 조직하는 생산양식임과 동시에 이것을 기초로 하는

권력 등 상부구조가 사회를 통제하는 원리이다. (김영규, 2005, 40 쪽)

현대 국가에서 민주주의의 적은 바로 자본주의이다. 당대의 거의 모든 사회에서는, 국가의 통제를 받고 있다고 생각되는 민간 자본이 경제를 장악하고 있을 뿐만 아니라 심지어 새로운 권력을 창출하는 정치까지도 그 통제 하에 두고 있다. 자본주의의 이러한 본질이 국가에서 벌어지는 정경 유착이라는 필연적인 부정부패를 낳고 있다는 것은 누구도 부정하지 못할 사실이다. 이에 따라 자본주의경제는 그것의 핵심인 생산이 거의 모두 자본의 손아귀에 들어가 있는 셈이며, 상품은 국가의 간섭이 거의 배제된 자유 시장에서 가격에 의해 소비되고 있다. 이에 자본주의사회에서는 국가라는 공적 권력이 자신의 의지에 따라 사적 경제를 효과적으로 통제하기가 거의 불가능한 체제가 된 것이다. 이것이 자본주의를 채택한 권력이 갖는 최대의 약점인 동시에 자본주의와는 관계가 없는 국민의 권력이 갖는 한계이기도 하다. 이러한 사실로부터 토마스 홉스Thomas Hobbes가 사회를 통치하고 지배하는 질서의 수호자로 별명을 붙인 '괴수Leviathan'는 과거에는 국가였지만 지금은 자본capital이라는 것을 알 수 있다. 자본주의사회에서는 이 괴수의 노래에 장단 맞춰 춤을 추는 존재가 바로 국가이며 권력이다.

그렇다면 자본주의에서 국가가 자본의 시녀 역할을 담당한다는 사실을 누가 처음 규명했는가? 이것은 물론 사회과학을 진정으로 처음 시도했던 칼 맑스Karl Marx로부터 시작한다. 맑스는 공산당의 설립을 촉구하는 『공산당 선언』이란 소책자에서, 국가란 사유재산을 지키기 위해 탄생된 권력이라고 명쾌하게 규정했다. (K.

Marx, 1848, 제6권, 498쪽) 맑스에 따르면, 공산주의에 이르기까지의 '과도기' 사회에는 국가가 필요하다는 것이다. 고대의 노예국가에서부터 근대의 봉건국가를 거쳐 지금의 자본주의국가에 이르기까지 군대와 경찰과 행정을 독점적으로 보유하고 있는 물리적 권력이 바로 국가이다. 자본주의국가는 사유재산인 자본(민간자본)을 근로민중으로부터 수호하고 자본의 권익을 확대하는 데 물리력을 집중하고 있는 셈이다. 이를 가장 잘 입증하는 사례는 2009년 1월에 이명박 정권이 저질렀던 용산철거민학살사태이고, 2009년 5월에 시작되었다가 정권의 강경 진압으로 종결되었던 쌍용자동차의 해고 반대 투쟁 사태이다. 어디 이것뿐이랴! 오늘날 한국뿐만 아니라 세계 어디에서건 벌어지고 있는 거의 모든 국내외적 사건은 자본주의의 권익을 제일주의로 유지하고자 하는 권력의 직접적 내지 간접적 행사에서 비롯된 것이다.

그런데 자본주의국가의 속성과 한계를 알고 있을 이명박 정권이 지금 한국을 친기업적business friendly 국가, 즉 친자본적 국가, 나아가 친시장적 국가로 적극 탈바꿈시키고 있는 현실을 우리는 어떻게 이해해야 할 것인가? 그와 같은 정책의 목적은 생산을 책임지는 자본(기업)의 축적과 재생산을 촉진시키는 사회적 투자 환경을 조성함으로써 여느 나라와 마찬가지로 자본가계급 등 유산·부유 계급의 지지를 얻는 데 있다. 그러나 이명박 정권은 2008년의 경우 특히 전국경제인연합회 소속 재벌들에게 투자를 촉진했지만 불투명한 이윤 전망 때문에 결과적으로 실패하고 말았다. 재벌 자본들에게는 당시 100조원 가까운 여유 자금이 있었지만, 그들은 생산에 투자하기보다는 대부분 자신들의 안전한 금융자산으로 묶어 놓고 재테크만 하고 있었을 뿐이다. 전국경제인연합회 측의 변명은 회사의 이익(이윤율)을 획기적으로 증대시킬 수 있는 마땅한 투자 기회가 없을 뿐만 아니라 지금 세계가 금융 위기(공황)로 접어들었으므로 — 이미 미국에서는 2007년부터 시작되었지만 — 투자를 늘릴 시기가 아니라는 것이었다. 또한 이명박 정권이 친자본적 성격을 두드러지게 나타내는 이유는 자본이 투자의 증가로 경제성장을 진작시켜 권력은 물론이고 자본도 함께 국민의 지지를 획득하려는 것이다. 그러나 정권의 이러한 의도도 결국 국내총생산GDP 성장률이 2008년에 2.2%, 2009년에 0.2% 각각 증가하는 데 그쳐 총체적으로 좌절되고 말았다.

이명박 정권의 친親자본 성향, 따라서 이명박 정권이 실행하고자 하는 친자본주의 정책이 거듭 실패하고 있음에도 불구하고 현 정권이 높은 지지를 얻고 있는 근거는 어디에 있는가? 간단히 말해, 오늘날 국민들이 자본주의야말로 최선이라고 생각하고, 그것을 심지어 신앙적 교리처럼 추종하고 있는 것에 그 원인이 있다. 이명박 정권뿐만 아니라 1948년 이른바 대한민국이 건설된 이래로 모든 정권들이 자본주의를 제1의 원리로 수호한 권력들이다. 자본주의 정권들은 지금의 이명박 정권처럼, 비록 경제에 실패한다 하더라도 그것은 전적으로 국가가 책임질 일도 아니라고 변명하고, 경제의 실패가 비록 투자의 실패에서 기인한다 하더라도 그것은 자본 자체보다는 국내외 경기 때문이라고 변명하면 그만이었다. 이에 따라 피지배계급인 노동자를 포함한 일반 대중은 경제 상황의 직접적 책임이 노동을 제공하는 자신도 포함하는 기업 — 기업을 자본으로 보지 않고 노사 공동의 조직으로 본다 — 에게 있다고 인식하고 있을 뿐만 아니라, 심지어 신자유주의를 믿고 있는 국민은 대부분 자신 스스로에게 경제 위기에 대한 책임이 있는 듯이 임금 동결도 이의 없이 달갑게 받아들이고 있는 현실이 되고 있다.

한국에서 벌어지는 이러한 자본주의 선호 현상을 일반적으로 민주주의의 역설paradox이라고 부를 수밖에 없다. 민주주의의 보루로서 절대적 다수를 차지하는 대중은 자신들을 옭아매는 자본주의의 모순을 축출하는 데 나서는 것이 아니라 오히려 그것에 부응하거나 동조하는 행동을 주저 없이 보이고 있다. 이러한 민주주의의 역설이 한국뿐만 아니라 세계의 어디에서도 상식으로 통용되고 있는 현실을 극복하기 위한 방안은 어디에 있는가? 지금까지 좌파 가운데 사회주의자로 불리는 사람들이 투쟁해 온 역사를 알면 답을 찾을 수 있을 것이다. 그들이 그러한 역설을 깨기 위한 방안으로 채택했던 궁극적 방안은, 사회변혁을 목표로 하는 정당의 지도에 의해 대중이 자본주의의 모순을 깨닫고는 그 모순을 유지하는 자본과 이에 기생하는 권력을 거부하는 계급투쟁을 통해 스스로 민주주의 투쟁 — 그것이 대중 혁명이든 선거이든 — 에서 승리하여 자본주의 권력을 바꾸어야 한다는 것이다.

이것은 곧 사회주의가 피와 땀을 흘린 계급투쟁의 역사에서 주장해 온, 자본주의의 폐기에 의한 사회정의social justice의 실현이다. 이에 관해서는 제3장과 제4장에서 자세히 논하겠지만, 여기서 간단히 규정해 보면, 정의란 사회에서 정치적 억압과 소외가 배제되어 경제적인 차별과 착취가 종결된 상태를 의미한다. 서구 좌파의 역사를 연구한 제프 일리Geoff Eley도 다음과 같이 결론을 맺는다. "사회정의의 문제가 정치 의제에서 영원히 추방당하지 않는 한, 자본주의가 마침내 윤리적 · 평등주의적 비판에 대해 면역력을 갖게 되지 않는 한, — 위험천만하게도 현재 이 두 조건은 가까이에 다가와 있다 — 사회주의의 주장은 여전히 급진적 민주주의의 희망을 위해 절대로 필요할 것이다." (Geoff Eley, 2008, 911쪽)

그러나 민주주의의 역설은 위와 같은 대중의 행태라기보다는 그들을 지도하는 현실의 정치·경제 세력들이 권력을 독점하기 위해 계획적으로 의도한 지배 이데올로기의 표출이다. 한국에서는 대표적으로 이명박 정권을 지지하고 있는 보수 우파 내지 신우파 New Right 세력들이 그들이다. 그들은 사실 자본주의의 모순을 과학적으로 분석한 정치경제학 지식에 일천하여, 그들 대부분에게는 현실 사회에 대한 문제의식이 전혀 없다. 그런 사람들 가운데 다소 계몽된 사람들은 자본주의의 모순을 깨닫고는 있지만, 개혁이라는 이름으로 그 모순을 완화하게 되면 선거에서 다수의 지지를 받기가 어려워져 보수 좌파(개량파)에게 질 수밖에 없다고 생각한다.

그런데 자본주의의 최근 국면인 신자유주의 neoliberalism가 그것의 모순을 확대 재생산하는 이념이고 정책이다. 그럼에도 불구하고 그것이 유지되는 근거는 국가 자체가 그런 모순을 은폐하는 정치와 법률을 민중에게 강제하거나 그것의 폭로와 저항을 폭력으로 제압하는 메커니즘이라는 사실에 있다. 자본주의의 사회적 모순을 깨닫고 있는 일부 우파는 사회정의와 민주주의를 위해 궁극적으로 국가를 새로운 전망으로 다시 세워야 한다는 것을 자신들의 신념으로 세우지 못하고 있다. 그들은 그런 사회변혁에 대한 전망을 전혀 제시하지 않은 채 이미 낡아 빠진 지식과 정당과 언론을 통해 국민들을 기만하거나 현혹시키는 일에만 몰두하고 있을 뿐이다. 역사의 발전을 믿는 우리는 그들이 국민에게 사회정의와 민주주의의 진전에 협력하지 않는다면 곧 자유선진당과 같은 소수 야당으로 전락할 수밖에 없는 운명을 맞게 될 것이라 생각한다. 그들이 그런 운명을 맞을 것이란 것은 이명박과 같은 수구 인사인 박근혜를 국민의 차기 지도자로 각색 중인 사실만 봐도 충분할 것이다.

자본주의는 당초부터 민주주의의 역설을 오히려 이용하는 체제이다. 자본주의는 서구에서 이백여 년 전에 봉건주의와의 경쟁에서 완전히 승리했다. 나아가 자본주의는 지난 세기에는 사회주의 — 20세기의 현실 사회주의, 곧 우리가 말하는 '구舊사회주의old socialism' — 와의 투쟁에서도 그것을 패배시켰다. 자본주의와의 투쟁을 이어가고 있는 우리로서는 그것이 승리한 계기가 '무엇'으로부터 시작되었는가를 알아야 한다. 그것은 추상적으로는 자본주의가, 구체적으로는 자본가계급이 바로 국가를 장악한 기나긴 혁명으로부터, 무엇보다도 노동자를 위시한 민중을 동원한 근대의 민주주의혁명으로부터 시작한 권력이다.

예나 지금이나 사회의 어떤 계급이나 세력이 권력을 장악하는가가 그 국민의 운명을 결정짓는 잣대가 된다. 이것은 향후에도, 아니 국가의 역사가 끝날 때까지, 어떤 예외도 없이 흔들림 없는 진리가 될 것이다. 이에 지금의 어떤 국가에서도 헌법적이든 초헌법적이든 인정할 수밖에 없는 진실은, 민중 혁명에 의한 권력의 획득이야말로 사회과학이 규명해 온 실증적인 철학인 동시에 기초적인 과학으로 영원히 남을 수밖에 없다는 것이다. 그런데 현실의 정치 세력들은 이러한 근본적인 과학을 부정하고, 민주주의혁명에 의한 사회 발전을 주장하는 사회주의 세력을 폭력으로 국가 전복을 도모하는 세력으로 규정해서 구속하고 감옥에 보내는 등으로 탄압하고 있다. 현대 민주주의 이론은 이러한 성격의 권력을 과거에는 파시즘 국가로, 그것이 괴멸된 후에는 일반적 의미의 독재 국가로 낙인찍고 있다.

자본주의국가를 배제하고 그것의 대안인 사회주의를 추구하려면, 그것을 지도하는 정당과 그 정당을 지지하는 대중의 혁명이 필요하다는 것은 동서양 역사에서 너무나 자명하다. 그럼에도 불구하고 한국에서 이명박 정권에 반대하는 이른바 '진보 세력'들은 유럽이 현대적 중도우파로 변신하기 전에 채택했던 사회민주주의 social democracy와 대체로 비슷한 노선을 걷고 있다. (여기서 말하는 '진보 세력'에 해당되는 합법 정당으로는 민주노동당과 진보신당을 들 수 있으며, 이들은 '변혁 세력'이 아니라는 점에서 사회주의 정치 세력과 일정한 차이가 있다. 이에 관해서는 제5장에서 상론할 것이다. 또한 여기서 말하는 사회민주주의는 20세기의 것을 말하며, 이에 관해서는 제3장에서 논할 것이다.) 그러나 유럽의 사회민주주의 정당은 이미 자본주의는 물론 최근에는 신자유주의까지도 옹호하는 보수적인 제도 정당이기 때문에 더 이상 사회주의 이념을 추구하는 변혁 정당이 아니다. 사회민주주의 정당이 자구책인 '제3의 길The Third Way'의 '현대화' 등으로 유럽이라는 좁은 정치 지형에서 벗어나 세계로 확산된다 하더라도, 이제는 기존의 친자본주의 정당 그 자체이다.

'제3의 길'이 유행했던 1998년 한국에서 집권했던 김대중 보수 권력은 그것이 제안하는 '생산적 복지' 정책의 도입 여부를 검토한 적이 있다. 그러나 유럽처럼 복지국가를 경험해 본 적 없는 자유민주주의 노선의 한국은 그것 자체를 따르는 것조차 많은 비용(재정)이 드는 '진보적' 개혁이라는 것을 깨달았을 것이다. 최근 집권에 실패했던 프랑스, 독일, 영국 등 중도좌파(사회민주주의) 정당은 지금 자본주의 반대 운동이 벌어지는 세계에서 오히려 신자유주의에 대한 '비판적' 지지를 국내외에서 널리 홍보하고 있을 뿐이다. 그런 점에서 한국의 이명박 정권에 반대하는 이른바 '진보적' 정치 세력도 자본주의 현실을 개혁하고자 하지만, 사실 문제의 핵심은 자본주의 권력을 궁극적으로 바꿀 수 있는 변혁적 대안인 사회주의의 기획에 동참하는 데 있다. 사회주의 기획의 핵심에는 지난 세기 '구舊사회주의'가 성공했던 혁명의 재고再考도 응당 포함되어야 하지만, 일단 선거 민주주의에서 승리해 정권을 잡는 것이 21세기 사회주의자들이 취할 인본주의적 행동이다. 이에 사회주의자들은 자본을 사회화하여 사적 권력을 공적 통제 아래 두어 재산과 소득을 재분배하는 일에 착수해야 할 것이다. 그렇지 않을 경우, 진보적 정치 세력은 유럽의 중도좌파처럼 기회주의를 쫓는 정당으로 만족하는 데 그치고 말 것이다.

현재 한국에서 선거로 권력을 담당하고 있는 이명박 정권은 향수 다수가 바라는 역사의 진전을 가로막는 소수 세력으로 영락할 것이다. 이 점은 국민의 다수가 반대했던 2008년의 미국산 쇠고기 수입은 물론 2009년 이후의 4대강 개발을 강행하고 있는 것에서 잘 알 수 있다. 우리는 이명박 보수 정권이 한국을 향후 임기 동안 어떤 방향으로 끌고 갈 예정인가, 그럴 경우 어떤 분야에서 한국의 모순들이 확대될 것인가, 그렇다면 국민은, 아니 적어도 그런 모순을 인식하고 있는 우리는 한국을 과연 어떤 국가로 전환시켜야 할 것인가, 이런 점들을 중심으로 우리는 이번 "이명박 정부 비판과 대안"을 준비했다. 앞의 질문들 가운데 두 개의 문제들은 이미 제1권과 제2권에서 논했다. 그래서 이 책에서는 마지막 질문을 다룰 차례이다. 이 주제가 곧 이명박 정권에 대한 대안이다. 여기서 결론을 미리 이야기 하자면, 한국은 궁극적으로 자본주의를 버리고 '새로운' 사회주의, 즉 '신사회주의neo-socialism'를 채택하는 권력으로 나아가야 한다. 이것을 달성하기 위해 한국은 노동자계급이 국가의 권력으로 등장하는 '민중의 민주주의'를 우선적으로 실현하여야 할 것이다. 이것은 사회주의로 넘어가기 위한 '이행기' 권력이며, 자본주의 정권의 '대안' 권력이 될 것이다.

신사회주의 권력을 창출하고자 하는 우리는 '구舊사회주의'의 발전과 퇴보의 역사를 간단히 짚어볼 필요가 있다. 지난 세기에 있었던 러시아혁명(1917년의 10월혁명)이 인류의 역사가 새로이 쓰이는 확고한 계기를 만들었다는 데에는 모든 좌파와 사회주의자들이 동의할 것이다. 그런 인류의 역사가 소련공산당의 실패로 다시 뒷걸음질 치던 지난 세기말, 적대적 관계에 있던 자유주의에 대한 사회주의의 패배는 지금까지도 많은 좌파 담론의 주제가 되고 있다. 그러나 자본주의가 인류의 역사에서 잠시 거치는 과도기 체제라는 점은 그것이 지금까지도 이어지는 '인간에 의한 인간의 억압과 착취의 체제'라는 본질로부터 당연히 주어지는 명제이다. 독일의 철학자 헤겔G. W. F. Hegel이 완성한 관념론을 거부하고 맑스가 창시한 역사 유물론historical materialism의 입장에서 보면, 자본주의는 그 자체의 물질적 모순으로 인해 차기 체제인 사회주의로의 혁명적 변화가 역시 불가피한 체제인 것이다.

하지만 자본주의는 경제 위기(공황)와 대량 실업이라는 주기적인 위기로 성장 패턴이 굴절되어 왔긴 해도 여전히 권력을 유지하고 있다. 미국의 정치학자 후쿠야마Francis Fukuyama(1989)는 구소련의 붕괴를 자유주의의 승리라고 규정해, 맑스가 예언했던 공산주의로 귀착되는 역사는 끝났다고까지 예찬하였다. 물론 소련을 위시한 동구권이 변화되던 1989년의 사태가 사회주의의 미래를 토론하는 시발점이 된 것은 분명하다. 물론 자유주의를 신봉하는 전통적 주류는 사회주의에는 미래가 없으며 그것은 단지 과거일 뿐이라고 이야기한다. 미국의 정치경제학자 헤일브로너Robert Heilbroner(1989)가 지적한 대로 "자본주의와 사회주의 간 시합이 공식적으로 시작된 지 75년도 되지 않아 그 시합은 끝이 났다. 자본주의가 이겼다." 그러나 우리는 그런 주류적 견해가 사회의 상하부 구성 요소 간 변증에 의한 역사의 발전보다는 특히 자본주의 사회의 잠재된 모순을 은폐하고 있는 자본과 권력의 융합(정경 유착)이라는 자유주의의 오랜 폐해에 뿌리를 두고 있다는 점에서 분명히 반대한다.

소련은 초기에는 중앙 계획에 의한 유휴 자원의 총이용으로 눈부신 성장을 이루어 미국 다음의 경제 대국으로 성장했다. 그러나 1960년대가 되면서부터 자원의 효율적 배분에 실패하게 되어 낭비와 부패를 초래한 것이 몰락의 근본적인 원인이 되었다. 소련의 대중이 자본주의국가들과 비교해 경제적으로 풍족하지 못한 책임을 결국 국가의 실패로 돌림으로써 공산당 정권은 소련에서뿐만 아니라 동구권에서 모두 무너지게 된 것이다. 공산당은 자신 특유의 계획경제의 조기 운용에 급급했을 뿐 맑스가 『공산당 선언』에서 제안했던 사회주의경제의 단계적 전략을 제대로 수용하지 못했다는 것을 진작 인정했어야 했다. 이는 곧 그들이 적어도 패망하기 전까지 20년 가까이 성장과 효율을 제공하는 데 뚜렷이 실패했을 뿐만 아니라 개인 간 차별을 폐지하는 평등의 달성에도 실패했으며 또한 생태적으로도 파괴적이었다고 자인해야 함을 뜻한다.

그러나 이러한 모든 실패의 근저에 놓여 있는 공산당 패망의 결정적 계기는 자유주의국가에서처럼 '형식적으로' 정경 분리의 원칙 — 물론 실질적으로 정경 유착 체제이지만 — 인 선거 민주주의 원리를 세우지 못함으로써 정치도 경제에서처럼 실패할 수 있다는 것을 대중에게 인식시키지 못한 데 있다. 반민주적이고 반민중적인 정경 유착이 '무대의 뒤에서' 횡행하는 자본주의국가와는 달리 그것의 '실질적인' 통합 체제를 취한 공산당은 국가의 계획 자체가 파생시키는 문제와 이를 해소하기 위한 시장경제의 일시적 차용을 엄밀히 타진하지 않은 채 무모하게 중앙 계획을 도입하였던 것이다. 다시 말해, 공산당은 자본을 유연하게 통제할 수 있는 이행기 체제인 사회주의로의 진정한 '단계적' 전략과 전술을 밟는 데 실패했던 것이다. 이것은 자신들의 체제를 일찍이 '사회주의' 단계에 돌입했다고 규정한 스탈린주의의 조급한 오류에서 파생한 것이기도 하다.

이제는 위의 소련 체제와 비교되는 자본주의 자체의 본질을 지적해야 할 단계이다. 앞에서 지적한 대로, 국가권력을 장악한 자본가계급과 그 피지배계급인 노동자계급과 사이에 적대적 관계가 성립되고 발전하게 되는 기본적 모순은 우선 생산양식에서 발생한다. 자본주의적 생산이 점차 사회화socialization되는 과정에서 더욱 심화될 수밖에 없는 기본적 모순은 바로 생산의 사회적 성격과 생산 결과의 사적 전유專有 사이의 모순이다. 그런 모순은 이명박 정권의 한국에서처럼, 현대적인 대규모 생산 체제가 생산수단(죽은 노동)과 노동자(산 노동)의 대량 참여로 생산의 사회적 면모를 강화하는 데 반해, 사회 전체에 귀속될 생산수단과 생산물은 여전히 자본가계급의 사적 소유에 귀속되는 자본주의의 고유한 생산관계에서 비롯된 것이다. 오늘날 자본주의 생산방식이 기술의 개발과 혁신에 의해 강조되면 될수록 생산력의 '사회적' 발전과 생산관계의 '사적' 전유 간 모순은 더욱 첨예화 된다(김영규, 2005, 146쪽). 이에 자본주의사회의 발전 그 자체에 내재하는 대립과 투쟁은 불가피하다. 자본주의가 존속하는 한 생산력 발전의 담지자인 노동자 등 생산계급과 이처럼 모순된 생산관계를 유지하고자 하는 당사자인 자본가 등 생산의 결과만을 향유하는 계급과의 적대적 대립과 그것이 낳는 계급투쟁은 불가피하다. 결국 자본주의 생산관계를 폐기시키는 것만이 경제의 모순을 완화하여 역사의 진보적 발전에 기여하는 것이다.

나아가 자본주의사회의 추가적 모순은 생산양식과 그것을 토대로 하는 이념적 형태인 국가, 정치, 법률, 철학, 교육, 언론, 종교, 문화 등 상부구조 간에 발생한다. 일반적으로 이념적 상부구조인 '국가' 는 기본적으로 생산양식에 조응한다. 다시 말해, 자본주의적 생산양식과 균형을 이루는 국가, 즉 자본가계급독재bourgeois dictatorship가 등장하는 것이다. 지난 두 세기 동안 서구에서 벌어졌던 수많은 노동자계급의 해방 투쟁이 승리할 수 없었던 진정한 이유는 이미 앞에서 지적한 대로 경찰과 군대를 보유하는 국가 자체가 자본가계급을 수호하는 권력이기 때문이다. 그래서 만약 사회의 기초(하부)를 구성하는 생산양식과 그것의 생산관계가 바뀔 경우, 종래 생산양식에 부응해 왔던 상부구조와의 모순이 발생해 급기야 국가도 바뀔 처지에 놓인다. 이처럼 생산양식이 사회주의적으로 바뀌게 되면 국가도 이제는 자본가계급독재에서 노동자계급독재proletarian dictatorship로 바뀌게 된다. 맑스는 이것을 '진정한' 의미의 혁명revolution이라고 불렀다. 여기서 우리는 맑스의 말을 빌려 보자. "사회에서 물질적 생활의 생산양식이 사회적, 정치적 및 지성적 생활의 일반적 과정을 조건 짓는다. 이에 사람들의 의식이 그들의 존재를 결정하는 것이 아니라, 이와는 거꾸로 그들의 사회적 존재가 그들의 의식을 결정한다."(맑스, 1859, 제29권 263쪽)

2. 이명박 정권의 본질

우리는 앞에서 한국과 같은 자본주의사회의 특징을 자본과 국가와의 관계를 중심으로 분석하였다. 이제 우리는 그런 자본주의 사회 가운데 하나인 한국 사회에 눈을 돌려 그것의 현 국가권력인 이명박 정권의 본질을 살펴볼 차례이다.

이명박 정부는 2008년 출범 후 3개월 만에 미국산 쇠고기의 광우병 우려로 국민으로부터 이른바 '촛불시위'라는 거센 저항에 부 딪힌 바 있다. 당시 이명박이 미국을 방문해 조지 W. 부시에게 대 통령 당선 신고식을 치르는 자리에서 미국산 쇠고기 무조건 수입 을 약속한 것이 직접적인 발단이 되었다.

그러나 한국과 같은 보수 사회에서 촛불시위의 '정치적' 의의 를 고찰하면 크게 반역과 경쟁이라는 두 가지로 대변되는 본질이 드러난다. 먼저 촛불시위는 국민의 전체 수준에서는 이명박 정부 의 반민주성, 친독재성을 규탄하는 '반역'이었다. 말하자면 촛불 시위는 이명박 정부가 국회의 공식적이고 민주적인 논의를 거치 지 않은 채 일방적으로 추진하는 반反대의제적인 정책 추진을 공 개적으로 거부하는 것이었다. 하지만 국민의 일부가 노리는 촛불 시위는 이명박 정부라는 수구파 정권과의 '경쟁'(흠집 내기)을 위 한 정파적 반발이었다. 미국산 쇠고기 수입에서 국정의 주요 의제 인 국민 건강권이 흠결되는 것을 기회로 개량파와 비정부기구 NGO인 시민사회 세력이 수구 권력의 약화를 노린 일종의 반동이 었다. 결국 이런 정세는 보수 세력의 당리당략을 비판해 온 진보· 변혁 세력에게, "근로민중은 '어떻게 하면' 자신들의 세력을 조직 해 민주적 권력을 잡을 수 있을까?"하는 과제를 다시 한 번 진지 하게 생각할 기회를 제공하고 있다.

또한 2008년 촛불시위는 이명박 정부에게, 반민주적 정책을 추 진할 경우 자칫하면 개혁파에게 차기 선거에서 정권을 뺏길 수 있 다는 위기를 실감케 했다. 이런 위기의식은 이명박 집권 첫 해인 2008년 6월 지방선거에서 현실로 드러났다. 한나라당은 당시 재· 보궐 52개 선거구에서 자신의 텃밭에서 자유선진당, 무소속 등에

29

게 패배하는 치욕을 경험했다. 그러나 이명박 정권은 촛불시위와 같은 국민적 저항이 아무리 거센들, 한번 선거로 뽑힌 권력은 헌법에 따라 그것의 임기가 5년간 보장된다는 법치주의를 과신하는 정권이다. 이 점은 2008년에 위기 때마다 정부가 국민에게 짐짓 사과하면서도 사과문의 마지막에서 늘 외치는 '국법 질서 확립'이라는 언질에서 잘 엿볼 수 있다. 이 점은 역대 어느 정권도 마찬가지였다. 그러나 이 정권에 특이한 점이 있다면, 그것은 역사의 민주적 '발전'을 전혀 의식하지 않는다는 것이다. 국가의 법과 질서만을 강조하는 정권은 사회의 변화를 제대로 인식하지 못하는 경우가 예사인데, 지금의 이명박 정권이 그런 사례로서 기존의 수구적 질서만을 강조하는 '퇴행 정권'이라는 것을 확인시켜주고 있다. 이 정권이 시대의 민주주의 흐름을 읽지 못하는 정권이라는 점은 이 정권의 출범 그 자체가 반역사적 사건이라는 것을 말해 준다.

정권의 이런 반역사적 본질을 결정적으로 폭로시킨 것이 2009년 1월 20일 용산 한강로에서 철거를 반대하는 세입자들의 농성에 대한 강제 진압 결과 터지고 말았던 학살사태이다. 철거민들에 대한 '집단학살사건'은 한국 등 30개 선진국들의 동아리인 경제협력개발기구OECD에 속한 어떤 나라에서도 최근에 발생한 적이 없는 반민중적인 폭거이다. 선진국에서는 이런 유형의 사건은 권력의 하야를 각오하지 않고는 가히 상상해 볼 수 없는 사유권의 만행일 뿐만 아니라 더구나 최근에는 거의 유례가 없는 국가의 폭력 사건이다. 용산철거민학살사태는 국가 질서의 무력적 유지 기관인 경찰에 의해 저질러진 사건이었다. 한국과 같은 자본주의사회에서는 철거민에게도 자신의 사유 경제에 대한 권익이 있는 만큼 경찰과 행정이 그것을 보호해야 함이 당연하다. 그것의 보호 기준은 최소한 철거민의 생존권이다. 그러나 건물의 소유자와 세입자인 철거민과의 경제적 충돌은 우선 당사자 간 자율적 해결에 일임하여야 될 뿐만 아니라, 그것이 해결되지 않을 경우 무력 기관인 경찰이 아니라 행정 기구(서울시청과 용산구청)의 중재로 당사자 간 해결해야 할 사안이다. 그리고 국가가 민주주의 권력이라면, 그것은 철거민과 같은 사회적 약자를 위한 사회정의 관련 권한을 다른 권한에 비해 우선적으로 관철해야 할 책임이 있다. (김영규, 2008. 3월, 제5장)

이런 용산철거민학살사태를 일으킨 국가의 본질을 평가해 보자. 다시 말해, 이명박 정권이 선거를 의식해 '중도 실용 서민 정권'이라고 홍보하는 그 권력의 현상이 아니라 본질을 알아보자는 것이다. 우선 이명박 정권은 이번 사태가 벌어지기 전에는 아무런 대책 마련도 준비 안 된 무능한 반사회적 정권이다. 또한 사태가 벌어진 후에는 어떤 공식적 사과나 공개적 원인 규명도 없는 반민주적이고 반민중적 권력이라는 것을 알 수 있다. 이처럼 국가의 공적 의무와 책임 과정을 무시하고 회피한 이 사건은 경찰의 강제 철거가 '발단'이 되어 저지러진 살인이기 때문에, 경찰과 행정의 책임자는 당연히 처벌을 받아야 한다. 그러나 이 사건의 궁극적 책임은 청와대에 있기 때문에, 이명박 정권은 용산학살사건의 재발을 방지하기 위한 대책을 마련하거나 이것이 싫다면 임기와 상관없이 도중에 권력을 포기해야 하는 것이 올바른 해결이다. 국가기구의 폭력·살인에 대해 권력에게 책임을 묻는 것은 민주국가라면 어떤 경우에도 정당화되는 주권자의 권리이다. 그런 해결은 한국을 한 단계 더 높은 수준의 인권 존중과 민주 정부로 끌어올리는 데 기여할 것이다. 최근 세계에서 철거민을 강제로 해산해 물의를 일으킨 국가는 개발도상국 태국과 주변부 '선진국' 한국뿐이다. 이 점 하나만 보더라도, 이명박 정권의 권위주의적 공안 정국의 본질에 대한 종합적인 규명 자체가 오히려 때늦은 주제가 되고 말았다.

용산철거민학살사태는 사실 2008년 촛불시위에 대한 정부의 반인권적 행태로부터 그 발생 가능성을 짐작해 볼 수 있는 일이다. 국민 누구나 집회와 시위를 할 수 있는 권리가 헌법상 권리라는 것을 망각한 경찰의 강경한 폭력 진압에 이어 사법 당국의 엄중 처벌로 인해 이미 예고되었던 공안 정국이 학살을 일으킨 주범이다. 공안 통치란 이미 박정희 독재 정권 이래로 국민들이 경험한 바와 같이, 설사 민주적 정부라 하더라도 그것의 철학, 이념, 정책 등에 의해서는 합헌적이고 합법적으로 통치할 수 없을 때에 그런 정권의 보위와 연장을 위해 국민 위에 불법적이고 억압적이며 폭력적으로 군림하는 반민주적 통치행위이다.

한국의 공안 통치 역사에서 가히 치욕적인 사건을 하나 소개해 보자. 최근에 사법부는 박정희 독재 정권 이래의 공안 통치로 조작된 사건 가운데 하나인 '인민혁명당재건위원회(약칭 인혁당)' 사건에 대한 판결이 부당했음을 시인하고 있다. 하지만 당시 불법하고 부당한 판결을 내린 대법관 등 당사자들에 대한 처벌을 동반하지 않았다는 것은 국가 그 자체가 인류의 양심과 정의에 반하는 반역사적 권력이라는 것을 말하고 있다. 나아가 독재 공안 통치가 낳은 인혁당과 같은 사건은 이제 겨우 국민의 의식을 깨우치기 시작했을 뿐 그것을 일으킨 군사 독재 정권의 당사자들에 대한 심판이 없다는 점에서 여전히 미완의 사건으로 남아 있다. 그런데 독재 유형의 공안 통치 결과로 발생된 철거민학살사태를 두고, 권력과 언론은 '선 진상규명 후 책임자 처벌'이라는 낡은 정치적 수사를 되풀이하고 있을 뿐이다. 다시 한 번 강조하지만, 용산의 철거민처럼 인간의 생존권마저 박탈된 국민을 공안 정국의 획책으로 죽음으로 몰아가는 이명박 정권은 이제 진상을 규명해서 국민에게 사과하고 책임자를 처벌하는 것만으로는 충분하지 않고 자신의 권력을 내놓고 그것을 다시 선거에 부치는 결단을 내려야 할 것이다.

우리는 민중에 대한 학살 만행을 저지른 이명박 정권을 국가 폭력으로 민주주의를 말살하는 '독재주의' 권력이라고 규정짓는다.

이명박 정권에 대한 '독재주의' 규정은, 한국과 같은 자본주의 사회가 자본가계급의 권익을 우선적으로 추구하는 '독재 권력'이라는 일반적 속성을 지닌다는 점에서 너무나 당연하다고 할 수 있다. 그러나 중심부 선진국은 국가의 폭력 자체가 자신의 국내 기반인 민주주의를 훼손시켜서는 권력의 창출이나 유지를 어렵게 한다는 점을 지난 세기 파시즘fascism 붕괴부터 일찌기 터득한 바 있다. 더구나 파시즘은 국가 폭력을 앞세워 국내적으로는 근로민중을 탄압하고 국민 전체를 억압하는 반민주적인 정권인 한편, 국외적으로는 제국주의적 헤게모니 쟁탈을 위해 전쟁을 일으킨 군국주의 체제를 낳았다. 파시즘의 본질은 자본가계급의 권익을 추구하는 '극우적' 성향의 국가를 탄생시켰다. 지금 한국의 이명박 정권은 자본가계급을 위해 그것과 적대적 관계에 있는 노동자계급을 폭력에 의거하여 죽음으로 내몰 수 있는 권력인 점에서 파시즘이 내재된 독재주의를 추구하는 정권이라고 규정할 수 있다.

자본주의사회에서 독재 정권은 전통적으로 자본가계급을 위한 수구적인 보수 우파 권력으로 전락한다. 이명박 권력은 자본주의를 적극 옹호하는 신우파New Right 집단의 지지를 받고 그것의 연장으로서 자본가계급과 부유 계층의 정당인 한나라당 권력이다. 또한 누구나 이명박 정권의 '보수 우파적' 본질을 사례를 들어 구체적으로 입증하기란 쉽다. 우선 이 정권에 대해 신우파의 이념적, 현실적 후원은 물론이고 보수 언론들의 적극적인 지지도 있다. 특히 한국의 전통적인 우파 언론인 『조선일보』, 『중앙일보』, 『동아일보』 등은 최소한 2007년 대통령 선거 때부터 노골적으로 이명박을 옹호하는 기사와 사설을 실었다. 이들이 노무현 정권을 '좌파' 라는 이름을 붙여 비판함으로써 이명박 진영의 '우파' 는 반사적 이익을 얻기도 했다. 또한 그런 우파 언론들은 선거가 임박해 지면서 '좌파' 비판을 넘어서서 자신의 극우적 성향 — 이것을 다수의 대중들이 의식하기가 어렵다 — 도 서슴없이 드러내어 사회 개량파(이른바 보수 좌파)에 대해 이념적인 악랄한 비난도 공세적으로 취했다. 그 결과 중도 성향의 국민들 의식을 우파로 악화시켜서는 그들을 정치에 실망하거나 무관심한 대중으로 만들기도 했으며 급기야 선거에 기권하게 만드는 부수적 효과도 얻어냈다.

우리는 이명박 정권의 우익적 성격을 결정적으로 보여 주는 더욱 명백한 기준도 제시할 수 있다. 이명박 정권은 다른 중심부 선진국처럼 노동조합의 총연맹으로 활동하고 있는 전국민주노동조합총연맹(민주노총)을 마치 반사회적 단체로, 또한 그 가입 단체인 공무원노동조합총연맹(공무원노조)과 전국교직원노동조합(전교조)를 마치 반정부 집단으로 치부置簿하고 있다. 나아가 이명박 정권은 1987년 이래 한국 사회의 민주화를 위해 헌신했던 거의 모든 중도적 시민사회단체들을 자신의 기준에 따라 '좌파' 성향으로, 심지어 반정부적 세력으로 오해하고 있다. 이들 단체들이 한국이라는 민주공화국을 개혁하기 위해서는, 그것도 이 국가 사회가 물신주의fetishism로 지지하는 자본주의를 개선하기 위해서는, 현재의 권력인 이명박 정부를 겨냥할 수밖에 없다는 것은 누구나 다 인정하고 있지 않은가? (우리는 이명박 정권의 독재 내지 친파쇼적 성향에 관해서는 제4장에서 자세히 논할 것이다)

끝으로 이명박 정권의 반민주적인 독선적 성격을 더욱 구체적으로 지적해 볼 수 있다. 그것은 정부의 「2009년도 비영리민간단체 공익활동 지원사업 시행을 위한 기본계획」이란 긴 제목의 문서로부터 나온다. 행정안전부의 이 공문은 향후 지방자치단체에도 권장될 것으로 보이는데, 그것의 의도는 친정부 성향의 시민단체들에 대한 재정 지원을 강화하는 한편, 정부의 정책에 반대하고 비판하는 단체들은 지원 대상에서 제외시키는 데 초점을 맞추고 있다. 이것은 이명박 정권의 독재주의적 본질로부터 나오는 하나의 사례에 불과하다. 또 하나의 사례를 들자면, 정부가 앞으로 시행하기로 한 '국민경제교육지원'(2013년까지 95억원 예산 지원)을 주관하는 경제교육협의회에는 재벌 위주의 경제 이념을 담은 경제 교과서를 출간한 전국경제인연합회와 우편향 역사 교육을 강요하고 있는 교육과학기술부 등 '전력이 있는' 단체와 정부 기관이 주축을 이루고 있다. 국회 기획재정위원회도 국가의 전통적 고유 사업도 아닌 경제 교육에까지 재정을 지원할 필요성에 대해 회의적이었으며, 그런 우익적 경제관과는 다른 의견을 가진 경제정의실천시민연합, 참여연대 등 경제 분야 시민사회단체는 이 협의회에서 배제되었다.

3. 이 책의 목적과 구성

이 책은 적어도 지난 2년간 드러나고 있는 국정 실패의 전형들을 골라 그것들의 오류를 규명함과 동시에 궁극적으로 정부가 깨우쳐 그것들의 시정을 요구할 목적으로 쓴다. 그런 목적을 이 책에서는 「한국 자본주의사회의 이행기 대안」(제4장)이라는 과제로 다루고 있지만, 그것은 동시에 한국 사회가 민중의 민주주의로의 이행을 위한 대안이기도 하다. 이 방안들은 적어도 '합리적인' 중간계급(중산층)이라면 동의할 수 있는 것들인데, 왜냐하면 그것들은 국민 모두에게 인간적으로 보다 살기 좋은 사회를 만드는 '진보적 내지 변혁적' 요구안이기 때문이다. 이런 요구들은 자본주의사회에서 소수 유산계급의 기득권과 이익을 옹호하는 이명박식 실용주의 내지 실리주의philistinism를 넘어서는 국민 전체를 위한 대안이다. 특히 여기서 실리주의란, 사회의 유산·지배계급이 마치 전체를 위한 것처럼 포장하지만 실질적으로는 자신의 이익을 챙기는 속물근성의 원칙을 의미한다. 예컨대, 2008년 종합부동세의 완화와 심지어 환세 조치는 형식상으로는 모두를 위한 감세 조치이지만, 현재 한국에서처럼 경제 위기로 인해 사회 양극화가 더욱 심화되는 현실에서는 실질적으로는 소수의 부자 계층만이 특혜를 보는 정책이다. 이것이 바로 대표적인 실리주의 정책의 사례이고 그것은 곧 신자유주의 정책의 일환이다.

여기서 제안되는 진보적·변혁적 대안들은 국민 전체의 권익을 보호하면서 신장하고자 하는 '민주적' 대안이기 때문에 필연적으로 일부 소수 지배계급의 이익은 훼손될 수밖에 없다. 우리의 이런 제안이 자본주의 체제에서 생활하는 국민 다수의 의지로 실현 가능할 것이라고 보는 '이론적' 이유는 크게 두 가지이다. 하나는 정태적 가정이다. 한국 사회는 정치경제적(자본주의적) 이해관계가 계급 간 '파레토 효율'의 균형 상태에 있다는 것을 전제로 한다. 파레토Vilfredo Pareto 효율이란 사회의 일부 지배계급의 이익이 희생되지 않고는 다른 다수인 피지배 대중의 이익을 제고시킬 수 없다는 가정이다. (이것은 재정학 혹은 공공경제학을 연구하고 있는 일반균형이론의 기초 원리이다.) 다른 하나는 동태적 차원의 가정이다. 한국 사회도 다른 사회와 마찬가지로 역사의 발전 법칙이 계속 적용되고 있다는 것이다. 이것은 향후 제3장에서 거론하겠지만, 역사의 발전이란 인류의 역사가 지금까지 보인 바와 같이 다수의 이익이 진화적으로(진보적 견해) 또는 혁명적으로(변혁적 견해) 관철되는 것을 의미한다. 이것은 곧 사회의 발전이 결국에는 민주적으로 관철될 수밖에 없다는 원리를 인정하는 것이다.

우리는 이상의 두 가지 전제들을 기초로, 국민의 절대적 다수인 근로민중이 요구하는 대안들을 궁극적으로 제안할 것이다. 이런 대안들은 지난 한 해 동안 정태적·동태적 측면에서 결코 민주적이지 못했고 합리적이지 못했던 정부 조치들을 선택해 이것들에 관한 올바른 해결 방안들로 제시될 것이다. 이를 위해 우선 자본주의사회를 역사적으로 과도기인 체제로 규정하면서 이를 추종하고 있는 이명박 정권의 본질을 규명한다(제1장). 이어서 자본주의사회의 근본적이고 보편적인 문제들을 짚어 보고(제2장), 오늘날 한 마디로 신자유주의로 명명되고 있는 그러한 문제들을 시정하기 위한 대안들을 제시하면서 궁극적으로 사회의 변화를 모색한다 (제3장). 오늘날 신자유주의의 세계화를 따르고 있는 한국 사회의 문제들을 극복하기 위한 대안들을 크게 다섯 가지로 나누어 정리 할 것이다(제4장). 끝으로, 이 책은 결론에서 한국 사회의 변혁을 위한 당면의 조직적 과제들을 살펴보고, 나아가 진보 세력 및 변혁 세력의 단합과 연대의 길을 모색한다(제5장).

우리의 대안은 한국 사회를 보수적이 아닌 진보적으로 변혁시 키는 목표를 시사한다는 점에서 나의 『이명박 정책 비판』(2008년 11월 출간)과 동일한 선상에 있다. 특히 이 책은 『이명박 정부 비 판』(2008년 3월 출간)에서 제기한 바 있는 이명박 정부의 일반적 성격, 즉 자본주의적 민주 정권, 미국 지향의 보수주의, 신자유주 의 노선의 심화, 민간 주도의 성장 전략, 정부 권한의 왜곡 심화 등 을 다시 한 번 추고하는 담론의 과정을 밟을 것이다.

우리는 "이명박 정부 비판과 대안 시리즈"의 제1권과 2권을 통 해 이명박 정권을 신자유주의적 자본주의 권력으로 비판함에 있 어, 가급적 비판의 강도를 낮춰 상식적이고 개혁적인 차원에서 진 단했다. 그러나 제3권에서는, 사회변혁을 위한 좌표를 설정하고 실천하는 사회주의 진영에서 근로민중의 의식을 개선하고 행동을 촉구하는 차원에서 이명박 정권의 본질을 과학적이며 진보적인 차원에서 진단한다. 예를 들어 제1권에서 비판한 바 있는 다섯 가 지 속성들은 다음과 같이 변경할 것이다.

제1주제 : 자본주의적 민주 정권

　　　　　→ 부르주아 등 유산계급의 지배 정권

제2주제 : 미국 지향의 보수주의

　　　　　→ 미국 패권에 종속된 자유주의

제3주제 : 신자유주의 노선의 심화

　　　　　→ 초국적 자본의 신식민지 예속 심화

제4주제 : 민간 주도의 성장 전략

　　　　　→ 재벌 독점자본의 자본축적 전략

제5주제 : 정부 권한의 왜곡 심화

　　　　　→ 국가독점자본주의의 체제 강화

　이 책이 목표로 하는 한국 사회의 변화는 변혁 운동이 종래 주장해 온 것, 말하자면 한국 사회의 태생적 한계인 신식민지 예속을 벗어나 독립적인 국가 사회로 나아가야 할 뿐만 아니라 현대 자본주의의 일반적 성격인 국가독점자본주의, 즉 독점자본과 권력의 융합을 폐기하여 권력이 근로민중에게 귀속되도록 하는 것이다. 한국 사회의 이런 변화는 결국 노동자를 위시한 민중이 제국주의에 반대하고 독점자본에 저항하여 이른바 민중의 민주주의 변혁을 실현하는 일이다. 지금의 신자유주의는 한국 내외의 (초국적) 독점자본의 권력을 더욱 강화시킴으로써 선진 중심부 국가에의 종속을 여전히 심화시키는 체제이며, 신식민지국가독점자본주의의 연장선상에 있는 이데올로기로서 근로민중을 억압하는 이른바 세계 지배적 구조이다. 그 결과, 신자유주의 하에서 노동자계급은 더욱 강도 높은 착취와 소외, 더욱 심화되는 차별과 탄압으로 인해 실업과 불평등으로 고통 받고 있다. 이런 현대 자본주의 체제를 빨리 종결시킬수록 근로민중의 생활은 더욱 빨리 정상으로 회복될수 있다는 것을 우리는 신념으로 삼는다.

제 2 장

자본주의사회의 근본적 문제

자본주의가 사회에 미치는 지배 원리는 그것의 경제적 작용은 물론이고 그것이 정립한 정치, 종교, 예술, 언론, 교육 등 제도를 통해 작용하는 것까지도 동시에 총체적인 구조로 파악해야 한다. 그래서 자본주의의 지배 작용 가운데 그것의 부정적 측면을 지적한다는 것은 사실상 자본의 총체적인 운동법칙을 객관적으로 이해하는 일일 뿐만 아니라, 그것이 비판하고자 하는 사물의 양면인 사회의 기본적 계급을 대립적인 관점에서 조사하는 것이기도 하다. 우리는 여기에서 자본주의의 문제들, 그것도 근본적인 모순으로부터 제기되는 대표적인 문제들을 천착하기 위해 그간 인류가 구체적으로 경험했던 자본주의를 다시 추상화하여 그것의 '본질적' 문제에 접근하기로 한다.

자본주의는 근 5백년 가까이 인간 사회의 주요 생활양식으로 고착되어 왔다. 자본주의가 사회를 지배하는 거의 유일한 원리로 유지되어 온 과정을 추적해 보면, 인류가 자본주의에 대한 본질적 비판을 통한 계급의 극복보다는 오히려 그것을 정치적으로 옹호하거나 경제적으로 개혁하는 데에 노력과 비용을 전적으로 투자했다는 것을 알 수 있다. 그럼에도 불구하고 인간 사회의 보편적인 특성으로 여겨져 온 정의, 양심, 평등, 자유와 같은 가치는 자본주의의 변화 국면별 특징은 물론이고 그것의 근본적인 한계까지도 규명하는 데 이용되어 왔다. 어떻게 보면 선진사회의 국민 가운데 다수는 자신들의 실제 경험으로부터, 소수는 자본주의에 대한 이론적 규명으로부터, 자본주의의 약점을 발견하거나 문제를 깨닫고 있다. 다만 그들의 문제 제기는 자본주의의 속성에 대해 본질적이지 못하거나 총체적이지 못함으로써, 지금까지 자본주의를 종식시키는 수준의 활동으로까지 진화하지는 못하고 있을 뿐이다.

그러나 자본주의를 비판하는 사람들은, 나아가 자본주의가 종료되기를 희망하는 사람들은, 어떤 신념이나 정신으로 일하든 상관없이, 인류가 지금 깨닫고 있는 진보에 대한 희망을 결코 버리지 못하는 사람들이다. 우리가 자본주의의 문제를 더욱 근본적으로 파악하고자 하는 이유도 사실은 그런 희망을 포기할 수 없기 때문이기도 하다. 자본주의의 근본적 문제는, 즉 자본주의가 지속적으로 반복하고 있는 모순은 시대와 함께 변용되지만 결코 그것의 본질적인 양상은 변화되지 않는다. 예를 들어 과거의 제국주의, 지금의 신자유주의와 같은 역사적 변용도 자본주의의 모순을 강화하지 본질적으로 완화하지 않는다. 자본주의의 문제는 그것의 역사만큼이나 긴 만큼, 우리는 자본주의가 존속하는 날까지 그것의 지배 양식의 변화를 발견해서는 그것의 종식을 위한 활동을 계속해야 할 것이다.

우리는 자본주의가 '독립적인' 변수로 작용해 온 불가피한 모순은 그간 사회에 다양하고도 복잡한 문제들을 더욱 가중시켜 왔다고 전제하며 확신한다. 오늘날 자본주의의 모순을 더욱 심화시키는 이른바 신자유주의neoliberalism는 사회에 계급 간, 세대 간, 지역 간 갈등과 대립을 더욱 조장하고 있다. 그런데 우리는 자본주의의 모순이 일으키는 문제들을 맑스 이래의 변혁적 과학이 아니라 자본주의 시민사회를 대상으로 연구해 온 주류 과학을 빌려 발굴하는 것이 대중의 이해에 '쉽고 빠르게' 접근하는 방법일 것으로 이해한다. 따라서 주류 사회과학이 일반적으로 규정하고 있는 사회에 대한 정의와 범주, 이에 기초한 이론에 의거하여 핵심적인 사회문제들을 발굴해 보자. (여기서는 자본주의사회를 포함하여 '일반적' 의미의 사회를 기본적인 범주로 규정한 Elgin F. Hunt and David C. Colander, 2005, Steven Vage, 2004, Anthony M. Orum, 2001 등의 문헌을 참고한다.)

우선 주류 사회과학은 개인의 인격이 사회에 의해 크게 영향을 받는 것과 마찬가지로, 사회는 그것을 구성하는 사람들로부터 떨어져 존재할 수 없다고 전제한다. 이렇듯 사회는 개인들이 어떤 집단의 구성원들로 살아가기 위하여 형성한 집합적 개념이다. 사회는 당대의 사람들이 후대에 모든 유형의 변화를 계승시키며, 나아가 사회는 모든 부문에서의 혁신에 의해 변화하는 과정을 밟는다. 사회에 대한 개인의 영향은 작지만, 수많은 개인들의 장기간에 걸친 사회적 헌신은 클 수밖에 없다. 예를 들어 축구 경기나 야구 경기를 보러 온 일단의 사람들은 일정한 공간을 차지하지만 그렇다고 반드시 '사회'를 구성하는 것은 아니다. 이들은 잠시 경기가 진행되는 동안에 우연히 모인 관중들이지 어떤 목적을 위해 필연적으로 '조직된' 집단이 아니다. 그들이 진정 어떤 사회를 구성하기 위해서는 반드시 일정한 관계로 함께 구성되거나 포괄되어야 한다. 여기에서 중요한 것은 사람들이 일정한 시간을 넘어, 예컨대 위에서 지적한 야구 경기 시간을 넘어 조직되어 존속해야 한다는 것이다. 그래야 그들은 공동의 관념과 이익을 추구하며, 그들은 함께 살고 일하기 위한 방법과 기술을 발전시킨다. 그것은 결국 사회를 구성하는 인간 집단이 공동으로 살아간다는 의식을 기본적으로 갖게 한다. (사회에 관한 주류의 관점들을 자세히 보려면 특히 E. F. Hunt and David C. Colander, 77~84쪽을 참고하라.)

이와 같은 주류 사회과학의 사회에 대한 일반적 '정의'를 전제로, 우리는 사회를 아래와 같이 크게 다섯 가지의 부분적인 핵심 구성 요소로 분해해서는 이것들의 총합이 사회를 다시 종합적으로 정의하는 것으로 본다. 이미 앞에서 지적한 바와 같이, 여기서의 사회는 권력이 통제하는 국가 사회이다. 현재 어떤 사회에서든 사람들은 예외 없이 일정한 영토 위에 통치 권력을 수립한 주권국가에 소속되어 국민으로 생활하고 있기 때문이다. 이에 따라 국가 사회를 현대의 '전형적인' 사회로 정의하는 사회과학은 국가 사회보다 작은 지역 사회 또는 그것보다 큰 세계 사회도 근본적으로는 국가 사회와 유사한 성격을 갖고 있는 사회로 규정한다. 여기에 우리는 주류 과학이 놓치고 있는 사회의 공간적 요소 — 아래의 (2) 요소 — 를 추가하여, '사회'를 기본적으로 아래처럼 다섯 가지 부분적 구성으로 정의한다. 여기에서 '사회'의 정의에 (2)요소를 추가하는 것은 인간을 포괄하는 자연의 인식에 대한 현대적 패러다임의 변화를 반영한 것이다. 주류 사회과학은 지난 세기 말까지 지구온난화로 인한 자연 파괴가 사회의 존속을 정지시킬 수 있다는 자연과학의 경고를 무시해 왔다. 그간 자연 파괴야말로 자본의 생산 활동이 주범인 관계로 주류 과학은 고의적으로 환경의 중요성을 회피했지만, 지난 세기말부터 인류의 자연에 대한 자각은 급진적으로 변화고 있다. 이처럼 자연을 사회에 당연히 포괄하는 것이야말로 진보적 관점에서만 나올 수 있는 정의이다.

(1) 사회는 각자 자유롭게 평등을 누리는 사람들이
(2) 자연의 물질적 공간에서 자신의 생존과 번영의 터전을 마련해
(3) 자신들이 집단적으로 규정한 목적을 위해 서로 차이가 있지만 공동의 이해관계를 맺어
(4) 자신들의 생활을 영위하고 계승시키며 그것을 더욱 평화롭게 발전시킴으로써
(5) 이에 전체적으로 일정한 인본적 질서를 이루도록 조직하는 실체이다.

우리는 사회에 대한 위의 '구성적' 정의에 입각하여, (1)~(5)까지의 요소들과 가장 밀접하게 연계되어 있는 자본주의의 '사회문제들'을 아래에서 차례로 발굴할 것이다. 사회에 대한 이러한 구성적 정의는 맑스의 역사 유물론에서 사회구성체social formation와 비교되는 사회 이론(사회론)이라 부를 수 있다. 이와 같은 사회 이론으로부터, 우리는 현대의 민주주의 이념을 목표로 하는 국가 사회와 그것의 상·하부구조 사이의 변증법적 종합을 통해 발

전하는 역사에 대한 새로운 전망을 세울 수 있을 것이다.

1. 인간에 대한 억압과 소외의 역사

자본주의에 대한 첫 번째 비판은 사회는 "각자 자유롭게 평등을 누리는 사람들"로 구성된다는 명제에 반한다는 문제 제기이다.

국가 사회를 구성하는 기본단위는 역시 자유롭고 평등한 존재인 개인이다. 어떤 유형의 사회에서도 개인이 사회에서 차지하는 위치나 지위가 있기 마련이다. 이와 같은 사회적 지위로 인해 어떤 개인이 다른 개인에 대해, 나아가 전체 사회에 대해, 일정한 '영향력'을 갖게 되는 것은 자연스럽고 당연하다 할 것이다. 그러나 어떤 개인이나 집단이 행사하는 영향력이 사회를 제도적으로, 그리고 법률적으로 규정하게 되면, 사회과학자들은 이를 권위authority 또는 권력power이라는 현상으로 이해한다.

사회에서 어떤 개인의 권위 또는 권력이 제도적으로 행사되며 법률적으로 보장된다는 것은 당연히 다른 개인들을 지배하고 그들에게 복종(종속)을 요구한다는 것을 의미한다. 그래서 국가 사회에서 권력을 획득하는 정치적 활동이란 사회에서 자연적으로 발생하는 현상이 아니라 인위적인 계획에 의해 발생하는 결과로 이해하여야 한다. 이것이 국가 사회의 정치적 영역이다. 그것은 권력을 매개로 한 지배와 복종이라는 사회관계를 형성한다. 사회에서 이런 권력관계에 포괄되는 개인 또는 집단 사이에는 자유롭고 평등한 관계보다는 부자유스럽고 불대등不對等 내지 불평등한 관계가 형성된다.

현대사회에서 어떤 개인이 다른 개인으로부터 어떤 이유에서건 지배를 당한다는 것은 당사자들 간 지배와 피지배의 부자유하고 불평등한 관계에 있다는 것을 의미한다. 사회를 구성하는 개인들 간 권력적인 인위적 관계는 사람들 간 자유와 평등의 유지라는 인간의 본성적 관계에 어긋난다. 그러나 사회 자체의 구조와 기능을 완수할 목적으로 '개인들 간' 권력적 관계를 형성하는 것은 그런 목적과 무관한 '인간들 간' 비권력적 관계를 유지하는 것과는 엄연히 구별해야 한다. 이에 동양과 달리 서구에서 발달했던 합리주의rationalism는 그런 구별을 전제로 하는 관점이다. 서구의 합리적 정신에 따르면, 현대사회의 개별 구성원은 개인과 인간이란 두 가지 측면을 동시에 가진 존재이다. 그래서 맑스가 강조하는 '인간' 해방의 사상은 사회의 권력적 본성을 부정하는 '개인' 해방이라는 사상이 아니다. 오히려 맑스의 사상은 사회과학이 과학의 기능을 수행하는 본연의 성격을 명확히 규명하는 것으로부터 그 가치를 찾을 수 있다.

　　서구의 이성주의 역사에서 부당한 권력관계는 정당한 권력관계에 의해 대체되어 왔다. 사회에서 부당한 권력관계의 전형은 사회적 신분제도이다. 서구에서는 사회적 신분제도에 의해 부자유하고 불평등한 사회를 구축했던 이른바 구체제ancien regime인 봉건사회는 마침내 근대 시민사회로 대체되었다. 과거의 한국 사회도 전제군주 시대에는 양반과 평민이라는 사회적 신분에 따라 개인 간 지배-복종의 사회였지만, 현대사회로 진입하던 지난 세기 중반부터 신분제도는 서서히 무너지기 시작했다. 이에 서구의 근대 민주주의는 국가가 무단으로 신분제와 같은 것에 의거하여 인간의 본성을 침해하는 것을 금지한 인권human rights을 기본법(헌법)에 규정하기에 이르렀다. 그래서 현대사회는 인권을 존중하는 민주주의 전통을 기반으로 구축된 권력과 그것에 의한 지배를 정당한 것으로 간주하게 된다. 이는 곧 권력의 '정당성' 문제이다.

그런데 현대 민주주의에서 국가의 권력이 정당한지에 대한 판단은 궁극적으로 국가 제도인 선거에 의한 국민의 결정에 달려 있다고 한다. 여기에서 사회주의자들은 선거 민주주의 제도 자체뿐만 아니라 정당성 여부에 관한 다수결 결정에 대해 회의적인 입장을 갖고 있다. 사회주의의 전통에서는 근대 민주주의 이래로 권력의 정당성 문제에 대한 국가 사회적 판단은 이미 종결되었다고 할 수 있다. 만약 지금의 이명박 정권처럼 인권을 존중하지 않는 부당한 권력이 계속 집권할 경우, 역사적 판단은 주권자의 헌법상 '저항권'의 행사에 의해 집권자를 축출할 수밖에 없다. 과연 다른 방안이 있는 것인가? 국민의 정당한 저항권이 군대와 경찰의 폭력적 진압에 의해 무산되는 국가는 정치적으로 국민을 억압하는 독재국가이다. 그런 저항권의 행사까지 갈 필요도 없이, 한국에서는 2008년에 미국 쇠고기 수입 반대라는 저항권의 행사마저 이명박 정부의 폭력적 공권력에 의해 무참히 진압된 바 있는 독재국가이다.

자본주의가 사회의 실질적 원리로 작용해 온 이래로 대부분의 개인이 자본의 생산관계에 묶여 노동자인 피지배계급으로 전락하고 있다. 이에 피지배적 지위에 있는 노동자의 인권은 통치의 객체 내지 대상일 뿐이기 때문에 그것을 국가는 단지 선언적이고 사후적인 법률적 제도로 보장하고 있을 뿐이다. 더구나 지금은 자본을 막대하게 집중시키는 독점자본이 사회를 전횡적으로 지배하는 권력이기 때문에, 독점자본은 사실상 정치적 권력을 창출하는 실체일 뿐만 아니라 인권의 사회적 성격도 실질적으로 규정하는 지위에 있다. 이미 앞에서 규정한 대로 자본주의 권력관계에서는 당초 국가 위에 자본이 있는 것과 마찬가지로, 자본 간 경쟁 관계로 자본 일반 위에 독점자본이 있는 것이다. 그렇다면 현대사회는 독점자본이 사실상 국민들을 지배하는 체제이다. 하지만 독점자본은 시장경제를 지배하는 권력일 뿐이지 사회를 지배하는 '공식적인' 권력으로 사회에서 수용된 바 없을 뿐만 아니라 수용할 수도 없다. 따라서 독점자본이 사회적 실세 권력으로 군림하는 것은, 비록 민주적 정치체제가 자본주의를 인정하는 일반적인 형태라 하더라도, 근본적으로 국민 위에 군림할 수 없는 부당한 권력이다. 그러므로 자본가계급 나아가 독점자본가가 군림하는 자본주의 제국은 보편적으로 국민인 개인들을 억압하는 독재 사회가 된다. 그 결과, 자본주의국가는 대중이 좀처럼 의식하지 못하는 정치경제적 권력인 자본 일반이 본질적으로 국민을 억압하는 체제이다. 이에 억압 oppression은 국가독점자본주의state monopoly capitalism 또는 종속적인 신자유주의 현대사회에서 제일의 문제가 되고 있다.

한국 자본주의사회는 일찍이 건국 초기부터 좌파 민주 세력을 탄압하는 국가적 억압 체제를 공고히 하는 독재 체제를 마련했다. 이승만 독재를 거쳐 박정희 독재에 이르러서는 국가의 억압을 거부하고 민주화를 요구했던 수많은 좌파 인사들이 반정부 내지 반체제 인사들로 낙인이 찍혀 구속되거나 사형을 당하는 등 고초를 겪었다. 박정희에 이어 전두환, 노태우에 이르는 군사 독재 정권이 종결되면서 들어선 김영삼 정권은 민간 우파 세력으로서 형식상

민주화를 도모하였을 뿐 신자유주의 억압 체제의 토대를 마련했다. 그것의 가장 대표적인 사례는 1996년 말 안기부법과 노동 관계법의 개악이다. 당시 한국은 경제개발협력기구에 가입하는 등 선진국으로 진입하던 시기였으나 인권을 가차 없이 억압하고 노동자의 생존권을 말살하려는 정리 해고제를 도입하는 등 역사의 진전을 가로막는 탄압을 펴려 했다. 그런 퇴보는 대중의 강력한 저항에 부딪힐 수밖에 없었다. 우리는 신자유주의에 관해 다음 장에서 상세히 논하겠지만, 그것은 국가독점자본주의의 현대적 변용이며 독점자본의 지배와 통치를 더욱 강화하는 체제이다. 또한 김영삼 이후 이른바 좌파 세력으로 등장했던 김대중과 노무현 정권은 민주화의 진전을 시도하였지만, 그것의 본질은 민주주의를 자본과 시장에 예속되는 처지로 이행시킴으로써 세계 초국적 자본 주도의 금융 개방, 기업 구조 조정, 재정 긴축 등 신자유주의 정책을 본격 추종하는 억압 체제를 강화하였다.

현재의 이명박 정권은 기존의 신자유주의 정책을 지속적으로 강행하면서 재벌 독점자본이 지배하는 정치경제적 억압을 심화시키는 전형적인 '선진적' 독재 체제를 유지하는 보수 우파 세력이다. 또한 이명박 정권은 역사적으로 중심부 선진국들이 근로민중을 기만하고 호도하기 위한 독단이었던 개인주의, 자유주의, 공리주의, 제국주의 등을 철저히 추종하는 수구적 권력이다. 이런 독재 권력은 일반 대중의 저항을 국가의 물리력으로 탄압하는 전형적인 억압 체제를 구축한다. 이명박 정권이 향후 극우적 성향을 띨 경우, 그것은 바로 지난 세기에 이미 심판을 받았던 파시즘 독재로 변형되는 운명을 맞게 될 것이다.

2. 자연 파괴와 오염의 세계

　자본주의사회의 두 번째 문제는 사람들이 "자연의 물리적 공간에서 자신의 생존과 번영의 터전을 마련한다"는 명제에 반한다는 것이다.

　사회는 자연의 물질로 구성되어 있는 공간인 동시에 그것의 지속을 위한 시간을 필요로 한다. 사람도 자연의 일부로서 공간을 차지할 뿐만 아니라 생물로 활동하기 위한 공간도 필요로 한다. 이는 곧 사람들의 활동으로 이루어지는 생활 그 자체가 공간에서 수행된다는 것을 의미하는데, 이것은 사회 그 자체가 자연의 사물로 구성되는 공간임을 뜻한다. 이처럼 자연이 인간에게 의미하는 기본적 개념은 사람들이 매일 실제로 노동하고 생활하는 현장을 의미하는 물질의 세계이다. 이런 세계는 지구의 땅, 바다, 대기, 그리고 지구 바깥의 우주에까지 걸치는 자연이다.

　사회생활이 더욱 다양해지고 복잡해짐에 따라, 그리고 사람 사이의 접촉과 왕래가 더욱 빈번해짐에 따라, 공간과 시간이 인간에 미치는 영향은 더욱 확대되어 왔다. 사람들 사이의 접촉과 왕래라는 사회적 필요가 증가하면 할수록 이를 더욱 편리하게 하는 교통과 통신의 수단이 개발되기 마련이다. 오늘날 가장 편리한 통신수단으로는 사람의 공간 이동을 보장하는 휴대전화를 꼽지 않을 수 없으며, 또한 지난 세기 정보혁명 결과로 등장한 인터넷을 이용한 전자우편electronic mail을 들지 않을 수 없다. 특히 인터넷은 하나의 독자적인 공간을 구축하여, 현대 사회생활의 모든 영역에서 활용되고 있다. 그런 점에서 물질적 공간 일반과 구별하기 위해 인터넷을 특히 '전자 공간'이라고 부르기도 한다.

그러나 자본주의의 모순에서 도출되는 사회문제 연구와 관련해 중요한 것은 역시 자본의 생산과 인간의 소비로 인해 지속적으로 바뀌어 온 자연이다. 자연의 정상적인 상태는 그것의 생태계가 온전하게 보전되어 생육生育될 수 있어야 한다. 지금까지 자연과학이 조사한 바로는, 자연의 생육 가능성viability은 탄산가스의 배출해 의해 주도된 지구온난화global warming 현상으로 인해 그 한계를 이미 넘어섰다. 지난 세기 말부터 지구촌을 엄습한 가뭄, 태풍, 폭설, 해일 등은 지구온난화가 그 주범인 것으로 밝혀지고 있다. 지구온난화는 결국 자연의 생태계ecosystem를 파괴시킴으로써 인간도 지구에서 생존할 수 없는 한계에 이르게 될 것이다. 이에 1997년에 최초로 맺은 국제 협약인 교토의정서가 발효되어, 선진국은 1990년 탄산가스 배출량을 기준으로 5.2% 감축 계획을 결정하고 배출권 거래제, 공동 이행제, 청정 개발 체제 등을 이용해 의정서 실천에 들어갔다. 그러나 오늘날 자본주의, 특히 독점자본주의가 주도하는 세계는 기술의 진보가 이루어진다 하더라도, 제3세계에서 자행되는 자원의 무차별 남용과 대량생산의 체계로 인해 빚어진 자연 파괴로 인해 생태계는 전례 없는 절멸 위기를 맞고 있다. 이것이 우리가 현대 자본주의사회의 두 번째 핵심 문제로 제기하고자 하는 오염pollution이다.

자연의 위기에 대한 담론이 그간 사회과학에서 빠져 있었던 이유는 자본주의의 생산과 성장 논리에 자연주의의 철학적 세계관 혹은 환경론자의 생태계 보존 이론이 뒷전으로 밀려나 있었기 때문이다. 일찍이 헤겔의 철학 체계에서는 자연의 생명은 아예 인간의 손에 의해 좌우되었다. 자연이란 애초부터 정신이 자유롭게 스스로를 외부로 드러낸 존재라고 규정함으로써 그것은 아예 물질적인 존재로 인정되지 않았다. 이처럼 관념론이 일방적으로 자연을 정신과 동화시켜버리는 것에 반대한 맑스는 "인간과 자연의 본질적 통일을 완성한 것"으로서의 진정한 사회를 구상하였다.(강성위 옮김, Max Müller and Alois Halder, Kleines Philosophisches Worterbuch, 2004, 269~270쪽.) 맑스의 자연에 대한 혜안은 엥겔스Friedrich Engels로 하여금 『자연 변증법』(1973~82)에서 인간의 자연에 대한 세계관 정립에서 나아가 자연의 사회와의 통일을 추구하는 이론을 개발하기에 이르렀다. 맑스와 엥겔스의 자연관은 그 후 맑스주의Marxism의 이름으로 채택되지는 못했는데, 이것은 제국주의와의 경쟁 관계에서 경제개발과 중공업화의 길을 서둘렀던 소련을 비롯한 동구권이 결과적으로 지난 세기 생태계를 파괴하는 데 동참하게 만들었다.

지금 세계는 지구온난화의 주범인 석유 자원을 대체할 수 있는 에너지를 개발하고 있다. 지금 세계가 에너지의 대부분을 의존하고 있는 석유 자체도 21세기에는 고갈될 위기에 처해 있다. 세계 인구의 증가와 더불어 상품의 생산과 소비의 지속적 증대는 석유 에너지의 소비 확대를 가중시켜 결국 그것의 생산을 초과할 위기에 처해 있다. 현재 석유를 대체할 수 있는 에너지로는 사탕수수, 옥수수 등 농산물로부터 추출하는 에탄올이 대두되고 있지만, 예를 들어 에탄올을 대량으로 생산하는 브라질의 경우에도 아직은 휘발유와 에탄올의 이용 비율이 9:1일 뿐이다. 또한 석유 대신 사용할 수 있는 재생에너지로는 수소 연료, 하이브리드 기술, 전기에너지, 태양력·풍력·조력을 이용한 청정에너지 등이 개발되고 있다. 그러나 이런 대체에너지의 문제로, 이것들을 생산하기 위해 역시 석유 에너지가 필요하고 식량 위기를 부채질할 뿐이라는 점, 무엇보다도 아직도 높은 수준의 개발비와 생산비는 시장가격을 높여 그것의 대중적 소비가 어렵다는 점이 지적되고 있다. 이에 에너지자원은 현재 가격이 싼 석유에 의존할 수밖에 없으나 이것도 금세기에는 고갈될 위기에 처할 운명에 놓여 있다. 이처럼 에너지 위기에 인류가 대처할 수 있는 유일한 방안은 에너지 보존을 위한 개발이며, 나아가 기후변화 방지를 위한 투자와 협약인 동시에 위에서 언급한 대체에너지의 비용을 떨어뜨리기 위한 기술의 개발과 상호 이용이다.

지난 세기 자연의 파괴와 오염의 주범이 독점자본들과 그것을 비호한 국가들이라는 점은 말할 것도 없다. 일반적으로 생산과 이윤이 있는 곳에서 자연은 상대적으로 오염되고 있으며, 대량생산과 높은 이윤이 있는 곳에서 자연은 절대적으로 파괴되고 있다. 오늘날 신자유주의를 구가하는 초국적 자본이 지구 오염의 근원이다. 이에 초국적 자본에 대한 국제적 감시와 규제가 절대적으로 필요하다. 하지만 초국적·다국적 기업은 환경오염 규제가 느슨한 주변부 제3세계에서 무차별적으로 자연을 파괴하고 있는 주범이다. 이들 자본에 대한 탄소세와 환경오염세의 부과로 그것을 국가 간 협정을 규제할 수 있는 힘은 국가 그 자체와 그것의 연대인 세계적 협약뿐이다. 그런데 이것이 지지부진한 이유는 지난 코펜하겐 세계환경회의의 실패에서 드러나듯 그것이 실세인 초국적 자본 간 협약으로 탈바꿈할 수 없었기 때문이다. 여기에 한술 더 떠 한국의 이명박 정권은 이미 선진국에서는 치명적 위험을 알고 점진적으로 폐기하려는 핵에너지를 다른 주변부에 수출하고 있는 반자연적, 반생명적 작태를 보이고 있다.

이미 앞에서 규정한 바와 같이 주류 사회과학은 '사회'의 정의에 자연환경 문제를 빠뜨리고 있으나, 우리는 너무나 당연한 자연적 공간을 추가함으로써 향후 독점자본의 오염 규제를 세계의 모든 국가들이 의무적으로 이행할 것을 촉구한다. 최근 한국의 이명박 정권은 향후 4%의 탄산가스 배출 감소를 약속하고 있으나, 이것은 세계의 기후변화협약을 제대로 준수하는 수준이 될 수 없다. 이에 한국은 여전히 자연 파괴적 성장주의에 매달리고 있는 것이다. 오염 감축에 대한 한국 정부의 약속이 지켜지는가 여부는 결국 독점자본인 재벌이 어느 정도 자연과 환경의 오염을 완화하는 기술을 개발하기 위해 투자하는가에 달려 있다. 그런데 이명박 정권의 선택은 역사의 진보와는 거꾸로 가고 있다. 예컨대, 이명박 정권은 '재벌 살리기' 대對 '4대강 살리기'라는 양자택일의 예산 조건이 주어질 경우, 재벌 자본을 살리기 위해 4대강을 핑계로 22조원의 예산을 분배함으로써 오히려 그것을 '죽이는' 선택을 하고 있는 것이다. 오히려 이명박 정부는 재벌 자본을 규제해 환경오염세의 강화는 물론이고 환경 개선을 위한 기술을 개발하도록 촉구하거나 명령해야 할 것이다.

여기서 우리는 끝으로 미국의 국방부가 2003년에 작성한 바 있는 대통령에 대한 비밀 보고서를 소개할 필요가 있다. 이 보고서는 미래의 주적主敵이 테러 집단이 아니라 '자연재해'라는 사실을 경

55

고하고 있다고 영국의 『옵서버』가 지난 2004년에 보도한 바 있다. 그럼에도 불구하고 미국은 9·11 사태 이후, 신자유주의 권력인 초국적 자본의 생산방식에 대한 규제로 자연오염을 방어할 생각은 하지 않고 오히려 중동 지역에 널려 있는 반미 세력의 공격을 방어하는데 초점을 맞추고 있다. 이 보고서는 특히 향후 20년 내인 2010~2020년에 지구온난화로 인해 미국의 우방 동맹 세력인 유럽이 그런 자연재해의 최대 피해국이 될 가능성이 높은 것으로 진단한다.

세계의 기후변화로 인한 해수면 상승으로 네덜란드의 헤이그 같은 유럽의 해안 도시 절반이 침수될 우려가 있는 한편, 기후온난화로 녹아내린 빙하가 심해 해류에 영향을 미쳐 유럽 날씨를 좌우하는 멕시코만 난류의 흐름을 바꿀 것으로 위 보고서는 진단한다. 이에 따라 연평균 기온이 지금보다 3.3도 떨어져, 영국은 더 춥고 건조한 날씨로 바뀌어 향후 러시아 시베리아 지역의 기후와 유사해질 것으로 보고 있다. 또한 미국과 유럽은 32도를 넘는 날이 지금보다 3분의1가량 더 늘어나, 이로 인한 가뭄과 폭염은 세계 곡창 지역을 사막으로 변화시킬 것이다. 지금까지 많은 학자들과 환경운동가들이 자연재해에 대해 경고해 왔지만, 이처럼 자연재해에 대한 미국 정부의 공식적인 경고는 그 재해가 자신의 북부 문명권에 먼저 타격을 가할 것이라는 '솔직한' 내용으로 인해 세계에 충격을 던지고 있다.

3. 개인 간 차별이 고착된 사회

자본주의의 모순이 사회에 끼치는 세 번째 문제는 그것은 사람들이 "집단적으로 규정한 목적을 위해 서로 간 차이를 넘어 공동의 이해관계를 맺는다"는 명제에 반한다는 것이다.

사회는 자신이 집단적으로 설정한 목적을 추구하는 공동체이다. 이에 따라 근대 이후에 국가는 정치 세력 간 경쟁과 대립에 의해 선출된 대의제도를 마련해 사회가 추구하는 공통의 목적을 규정하고자 한다. 그러나 현대의 정치체제는 자본주의가 안착한 이래로, 불법과 부정으로 얼룩진 자본과 권력의 통합인 정경 유착에 의해 국민의 의사에 반하는 정책을 결정하는 등 국가 제도로 인정하기 어려운 지경에 도달해 있다. 한국을 위시한 자본주의국가들에서 국가의 의사를 결정하는 의회를 중심으로 터져 나오는 부정비리 사건은 의회가 자정해야지 사법기관만이 책임지기에는 분명한 한계가 있다. (이것의 가장 좋은 사례는 미국의 경우 의료보험 제도의 파탄을 들 수 있다.)

자본주의 체제에서 정치인과 관료 사회가 저지른 부패의 역사는 자본가와 이사회가 국가에 자행한 뇌물의 역사와 거의 일치한다. 노무현 정권은 자본의 뇌물 공세 등 부정부패로 인해 대통령 자신이 자살까지 할 정도로 국민에게 좌절과 실망을 안겨 준 역사를 기록했다. 이런 노무현 보수 세력이 국민참여당을 조직해 다시 정치 세력화하는 것은 그들이 아무리 깨끗한 정치를 약속한다 하더라도 자본의 검은 돈이 더욱 정치를 혼란과 궁지로 몰아넣는 것을 막을 수는 없을 것이다. 노무현 정권만이 아니라 이명박 정권도 포함해 세계의 거의 모든 보수 정치 세력이란 자본의 힘에 눌려 민주주의를 망각한 채 정의도 양심도 제대로 세울 수 없는 세력으로 낙인찍힌 처지이니 만큼 그들은 정계를 떠나야 한다.

자본주의 자체가 개인 간, 집단 간 차이를 차별로 전환시키는 부정한 이념이기 때문에 불법 비리가 난무하고 부정부패가 홍수를 이루는 정치사회는 불가피하다. 이런 환경에서 국가의 목표를 올바르게 설정하기는 연목구어緣木求魚에 해당될 만큼 어렵다. 국민 일반은 자본주의 정권 내부의 교체를 위한 선거라는 행사를 '차이는 인정하되 차별을 거부하는' 진정한 민주주의의 이름으로 주기적으로 시행하고 있다. 국가적으로 반복되는 참정권의 행사는 국민에게는 막대한 비용 부담이긴 하지만 정치적 민주주의를 위해 치러야 할 과정인 것으로 인식되고 있다. 일반 민주주의 사회에서 선거가 필요하고 다수결이 필요한 이유는 서로 의견을 달리하는 다양한 세력들이 존재하기 때문이다. 그래서 국가 사회는 다양한 정치적 의견을 토론으로 수렴하고 선거에 의해 치뤄지는 최소한의 민주적 절차는 지켜야 한다. 이런 정치적 결정 과정이 중심부 자본주의국가에서는 평화롭게 지켜지고 있는 이유는 굳이 '부정선거'를 하지 않더라도 그런 자본주의적 정권이 국민에 의해 마치 정당한 것처럼 선거로 창출될 수 있기 때문이다.

현대의 선거 과정에서 자본가계급의 독재 정권이 버젓이 창출되는 것은 근본적으로 '민주주의의 역설'이 작용하기 때문이라고 전술한 바 있다. 한국에서 대통령 선거나 국회의원 선거, 심지어 지방선거에서는 기본적으로 언론 자본이 평소 줄기차게 조작한 보수 세력들이 '인지도'를 앞세워 항상 후보로 등장하고 그 가운데 가장 유력한 보수 인사가 당선된다. 어떤 언론이든 자신이 선호하는 세력은 적어도 자본주의를 유지시키는 정치적 민주주의를 선택하는 세력이나 인사이어야 한다. 언론의 이런 자유주의적 행태는 후보 간 사상적 차이를 이념적 차별로 둔갑시켜 오히려 사회의 통합과 발전을 저해하고 있다. 언론의 이런 행태는 위에서 든 각종 선거가 치러지기 이전인 평소에도 자본주의를 반대하고 그것의 정치제도를 반대하는 좌파 사회주의 세력을 아예 국민의 인식으로부터 배제시키는 데 목적이 있을 뿐이다. 이것은 정치적 기득권 세력인 보수 정치인들의 이해관계와 일치한다. 한국에서는 이런 정치적 차별을 깰 수 있는 언론은 없다. 언론 자체가 자본이기 때문일 뿐만 아니라 어떤 언론이든 자본 일반이 통제하는 광고수입으로부터 자유로울 수 없기 때문이다.

지금까지 살펴본 자본주의 정치사회는, 언론만이 아닌 사회 전반이 사회주의 세력을 차별해 보수 세력이 기득권을 유지하고 있는 사회이다. 이런 차별은 정치권에만 통용되는 것이 아니다. 사회의 모든 활동 분야에서 소수자나 약자의 지위에 있는 계급이나 계층은 비민주적이며 반인권적인 대우를 받고 있으며, 공식적으로 혹은 비공식적으로 마치 봉건사회의 '신분'에 의한 차별과 같은 일을 당하고 있다. 한국에는 비非백인종 차별, 이주 노동자 차별, 장애인 차별, 양심적 병역 거부자 차별, 백혈병 환자 차별, 비정규직 차별, 철거민 차별, 노점상 차별 등 부지기수의 차별이 존재한다. 그래서 현대사회에서 누구나 겪는 인간 사이에서 벌어지는 차별discrimination은 제삼의 사회문제로 부각되고 있다.

이런 차별의 근원을 찾자면, 그것은 사람마다 서로 다르다는 점, 곧 '차이difference'일 것이다. 사람들은 누구나 자신이 속한 자연적 범주로 인한 특징을 갖고 있을 뿐만 아니라, 이와 더불어 자신이 처한 사회적 조건으로 인해 자신만의 고유한 특성을 갖고 있다. 자연적 요소로 인한 차이로는 인종, 성, 연령, 유전자 등이 있으며, 사회적 조건으로 인한 차이로는 능력, 재력, 학력, 경력, 종교, 국적 등을 들 수 있다. 인간에게는 이런 고유한 특성들이 당연히 통합되어 하나의 인격으로 개성individuality이라는 세계가 완성되어 개인 간 차이로 드러난다.

인간의 사회적 관계는 이런 차이 때문에 기본적으로 형성되는 것이며, 나아가 인간관계가 정상이 되려면 서로 그런 차이를 인정하고 존중하는 인성humanity이 확립되어 있어야 한다. 물론, 대중과 유리되어 고고하게 존재하는 '도덕군자' 같은 인간성을 차별화하는 영웅적 논리는 민주주의의 원리는 물론 사회 연대적 가치와도 배치되는 결과를 낳는다. 현대사회에서 대중의 인성이 보편적으로 구축되기 위해서는 기본적으로 모든 인간의 생활 자체가 인간다운 삶을 일반적으로 꾸릴 수 있어야 한다. 자본주의가 도입된 이래로 인간다운 삶을 좌우하는 관건은 정신적인 것이라기보다는 오히려 물질적인 것이며, 이는 더욱 물신주의로까지 변했다. 우리는 과거 레닌V. I. Lenin이 기회주의의 하나로 비판한 바 있는 경제주의economism에 궁극적으로 경도될 리가 없지만, 대중이 자본주의 시장 생활에서 차지하는 물질적인 경제적 측면이 결코 무시될 수 없다는 점을 인정할 수는 있다. 그러나 자본주의사회는 노동자와 민중이 경제적으로 곤궁에 처하지 않고 누구나 인간답게 살 수 있는 필요가 충족되는 사회가 결코 아니다. 인간의 기본적 필요를 충족할 수 있는 사회적 조건들도 마련되지 않은 상태에서, 사람 간 차이에 따라 조건에 맞는 사회적 역할과 직업을 분담시키지 못하는 경쟁 논리가 지배하는 사회가 자본주의이기 때문이다.

우리는 차이가 차별로 둔갑하는 사회를 원하지 않는다. 우리는 차이가 있는 개성을 갖고 있는 사람들이 서로 공통으로 갖고 있는 인성에 의해 통합되는 사회를 원한다. 이런 통합으로 사회의 목적을 올바르게 규정할 수 있는 연대의 관계가 형성되어야 사회는 비로소 공동의 이해관계를 맺는 가치를 발휘한다. 그런데 자본주의 국가 사회는 거의 모든 영역에서 차이를 무시하고 기득권과 경쟁으로 사람들을 차별하고 서로 분리하는 체제를 근간으로 유지되고 있다.

경쟁은 학교나 직업을 선택하려는 누구에게나 예컨대 시험이라는 일정한 자격 심사를 요구한다. 우리는 개인 간 경쟁에서 우열을 가리는 기준이 합리적이며 종합적 평가에 따른 것이라면 수용할 수 있다. 경쟁에서의 기준은 개성을 존중하여 각자에게 일정한 주체적 역할을 부과시키면서 동시에 인성의 계몽과 사회의 발전에 객관적으로 기여하는 것이어야 한다. 여기에서의 '사회의 발전에 객관적으로 기여하는 것'이란 인성적 가치와 진보적 가치가 결합하는 사회적 가치를 말하며, 형성 당시 다수나 소수의 가치라는 분리주의적 기준으로 평가해서는 안 된다는 것이다.

우리는 분리주의적 기준의 예로 학연, 지연, 혈연 등 주관적 차이를 강조하는 기준을 들 수 있다. 그러한 기준은 개인의 객관적인 능력, 창의, 효율 등을 무시한다. 그러한 주관적 기준을 적용하는 것은 자본가계급 등 유산계급에게 널리 유행하고 있는 관행이다. 그들은 자신들의 혈연 관계자가 객관적 기준에 따르면 자격 미달임에도 불구하고 재산의 상속은 물론이고 모회사 또는 계열사의 대표나 이사로 임명하는 '차별적' 인사를 단행한다. 자본가계급의 개인적 행태가 객관적이지 못하고 주관적 차별에 따르는 것은 자본의 생산관계에 근원하는 것이며, 그러한 행태는 자본주의사회에서 제도적으로, 관습적으로, 혹은 강제적으로 반복되고 있다. 이는 사회에 차별을 조장함으로써 연대와 협력이 아닌 갈등과 대립의 사회관계를 심화시킬 뿐이다. 중심부 현대사회에서 '고용 없는 성장jobless growth'이 심화되면서 경쟁이 더욱 치열해지자, 이제 인간 간 차별은 불법적이고 고질적인 병폐가 되었다.

4. 민중에 대한 착취로 유지되는 경제

자본주의가 발생시키는 네 번째 문제는, 사회는 사람들이 "생활을 영위하고 계승시키며 그것을 더욱 평화롭게 발전시킨다"는 명제에 거스른다는 것이다.

사회는 사람들이 자신들의 생활을 개인적이고 집단적으로 수행하는 곳이며, 나아가 개인들의 생활을 더욱 발전시키는 것이 사회가 궁극적으로 달성하고자 하는 목표이다. 현대사회는 자신의 생산력을 발전시켜, 구성원의 필요가 확대되는 대중 소비 단계에 돌입한 사회에 적응해 왔다. 그러나 자본주의사회는 생산수단과 노동력 각각을 소유하는 주체를 계급class으로 분리시킴으로써, 사람들 사이의 자본주의적 착취와 소외는 근본적인 구조로 고착화되어 있다. 사회의 구성원이 생산수단을 소유하지 못하고 노동력만 보유하는 노동자계급과 생산수단을 소유하는 자본가계급으로 분리되는 자본주의에서, 각각의 계급은 노동력의 가치인 임금과 이것으로부터 얻는 이윤을 소득으로 한다. 맑스에 따르면 이윤도 기본적으로 노동자가 생산한 가치의 일부이나, 자본주의 정치경제체제는 이윤을 생산수단의 소유자인 자본가계급에게 전적으로 분배시킨다. 이것이 바로 자본주의경제의 기본적 모순이며, 이것을 인식한 노동자계급이 이에 반발하는 것은 너무나 당연한 결과이다.

자본가계급은 지난 세기말에 이른바 신자유주의neo-liberalism를 세계적으로 선전하고 유포시켰다. 신자유주의의 세계화는 미국 주도의 초국적 자본이 자신의 경제 위기를 타개하기 위해 내세운 1990년 워싱톤 합의Washington Consensus를 출발점으로 삼는다. 신자유주의의 확산을 의도한 이 합의는 자유주의가 성행한 19세기로의 회귀를 꿈꾸는 이데올로기이다. 그것이 내세운 주요 정책에는 재정 긴축, 선별적 공공 지출, 세제 개편, 금융 자유, 경쟁 환율, 무역 자유, 해외 직접투자, 민영화, 규제 완화, 재산권 등이 포함된다 (Callinicos, 2003, 2쪽). 신자유주의 정책에서 드러나듯, 국가가 경제 위기를 맞을 때 자본주의 시장경제에서 그것의 일차 당사자는 자본가계급이며 이윤율이 하락하는 위기를 맞게 된다. 이런 자본가계급의 이윤율 하락을 거의 반半영구적으로 저지하려는 의도가 바로 신자유주의이고 워싱톤 합의이다.

나아가 경제 위기의 이차 당사자는 국가이며, 국가는 경제 위기의 진행 내지는 심화를 막기 위해 자본가계급을 지원하는 체제를 가동시킨다. 이것은 자본의 구조 조정으로부터 시작한다. 구조 조정이 필요한 자본은 이윤을 높일 수 없는 부문이기 때문에 국가가 직접 돈(재정)으로 해결할 수밖에 없다. 지금 세계의 거의 모든 국가들이 겪는 막대한 재정 적자는 바로 자본의 구조 조정 지원 때문이며, 이것은 경제 위기로 인한 세수입의 감소와 함께 국가 위기로까지 번졌다. 자본주의경제의 이런 주기적이고 총체적인 실패인 공황으로부터 물론 노동자계급도 자유로울 수 없다. 자본가들인 사용자는 2008년부터 시작된 지금의 경제 위기에서 보듯, 임금을 동결하거나 하락시키며 비정규직 노동자를 고용하는 등으로 임금을 거의 절반으로까지 떨어뜨려 투하자본을 절약할 수 있다.

현재 신자유주의는 선진 자본주의를 구제하는 데 사실상 절대적으로 실패하고 있는 패러다임이다. 이것은 종래의 케인즈식 국가 개입이 아닌 방식으로 민간경제에 맡겨둘 경우 어떤 국가든 자본의 이윤율 하락을 저지하여 경제 위기에서 벗어난다는 것은 거의 불가능하다는 것을 웅변으로 입증하는 셈이다. 현재 신자유주의의 세계화는 세계 곳곳에서 노동자·민중의 반대와 저항에 부닥치고 있다. 이것은 곧 근로민중의 생활 여건도 점차 나빠지고 있다는 것을 의미한다. 스위스의 다보스에서 매년 1월이면 축제처럼 열리는 세계경제포럼World Economic Forum에 2009년에는 세계의 권력가와 자본가들이 대거 불참함으로써 이 포럼도 해체될 운명에 놓여 있다. 현재 신자유주의를 놓고 이것과 대치하는 세계사회포럼World Social Forum도 스위스의 세계경제포럼이 빛을 잃자 그 열기는 종래에 비해 떨어졌다. 세계사회포럼은 좌파가 주도하고 있지만, 그것은 자본주의 반대에서만 머무르지 말고 나아가 자본주의의 착취를 전면 배제하는 신사회주의neo-socialism의 도입에 의해 노동자·민중의 생활을 복권시키는 정책을 우선적으로 관철해야 한다. (자본주의의 새로운 국면인 신자유주의의 대안으로서의 신사회주의는 이 장에서 논하는 자본주의의 근본적 문제를 해소시킬 수 있는 '새로운' 사회주의이며, 그것의 일반적 유형은 제3장의 '모색'이라는 담론을 거쳐 정립될 것이다. 신사회주의의 정립을 위해 필자는 인하대학교에서 발행하는 『경상논집』 제24집 제1호에 실을 논문을 지금 준비 중이다.) 자본주의를 반대하지 않으면, 다시 말해 지금의 신자유주의를 폐기하지 않으면, 지금 자본주의가 노정하고 있는 핵심 사회문제인 착취가 더욱 심화되어 자본주의 시장경제는 주기적으로 위기와 공황을 맞을 수밖에 없다.

우리가 중심부 문명 수준의 경제생활을 유지하고, 이것을 기술 발전으로 더욱 계승하고 발전시키는 일은 지금까지 자본주의의 공헌인지 모른다. 이것이 바로 현대 자본주의 생산이 효율과 성장으로 달성하려는 목표이기도 하다. 경제성장을 일반적으로 주도하는 생산의 증가는 크게 두 가지 요인의 증가를 통해 달성된다. 한편으로는 토지, 자본, 노동 등 자원의 투입을 증가함으로써, 다른 한편으로는 기술의 개발과 혁신을 도모함으로써 성장은 달성된다. 오늘날 전자에는 이른바 '수확체감의 법칙'이 작용한다. 이에 토지라는 자원은 일반적으로 성장율만큼 지대 상승이 되지 않아 생산에 투입되기보다는 오히려 투기의 대상이 되는 반면, 노동은 기술의 진보로 '고용 없는 성장'에 의해 그 투입이 체감하여 실업을 증가시킨다. 그래서 유일하게 남은 자원은 자본인데, 자본은 현재 내지 미래에 환경오염의 세계적 감축으로 인해 생산비가 높아지는 산업자본을 피해 최소한 일반 이윤율(시장 금리)이 보장되는 금융자본으로 전화되는 경향이 있다. 자원의 투입에 관한 이런 한계는 선진국의 성장률이 낮을 수밖에 없는 이유이기도 하다. 그래서 오늘날 선진국이 매달리는 장기적 경제성장의 열쇠는 기술혁신에 있다. 다시 말해, 기술의 진보로 경제성장이 이루어 질 경우에는 인구 증가나 자본축적에 의한 경제성장과는 달리 생태계의 파괴 없는 성장을 달성할 수 있다.

현대에서 경제성장이 성숙 단계에 접어들었다고 하는 선진국들이 성장세가 낮지만 꾸준히 성장하고 있는 것은 기술의 개발과 혁신 때문이다. 즉 기술의 진보가 이루어지면 장기적으로 경제성장이 지속될 수 있다. 이런 기술 진보는 바로 노동력의 창의적인 연구·개발R&D과 이를 위한 대학 교육의 쇄신 등 이른바 노동 자원에의 투자에 의해 달성될 수 있다. 지난 세기말에 미국의 경영학자 드러커Peter Drucker(2002)는 정보 기술IT 혁명을 볼 때 지식산업이 이른바 후기자본주의post-capitalism의 특징을 이룰 것이라고 예측했다. 이것은 당시 서구에서 독점자본이 정보, 환경, 생명, 해양, 우주 등에 집중 투자하고 인수·합병M&A을 강행하던 것과 궤를 같이하기 때문에 그의 예측에 전혀 새로운 지성은 없다. 여기에서 드러커는 그런 지식산업의 출발이자 종착에는 항상 지식·연구 노동의 사용가치가 개입되어 있지 지식산업은 토지나 자본과 같은 불변자본의 사용가치와는 무관하다는 점을 해명해야 하는 것이다. 바로 그렇기에 기술 개발에 의한 신상품의 시장화는 연구 관련 노동의 착취로부터 시작해서 결국 자본가의 거대 이윤획득으로 종결을 맺는 것이다.

한국은 2008년과 2009년 연속 일인당 국민총소득GNI(경상가격 기준)이 2만 달러에 못 미치는 주변부 선진국이다. 향후 한국은 자본과 노동 같은 자원 투입량이 성장을 주도하는 단계를 거쳐 기술 진보가 성장을 주도하는 단계로 발전해야 할 문턱에 와 있다. 한국 경제는 생산요소 투입에 의한 성장이 한계를 보이고 있음을 감안하여, 이른바 '지속 가능한' 성장을 달성하려면 기술 개발에 정진할 수밖에 없다. 그러나 이명박 정권은 이후의 기술 개발과 전혀 상관없는 토목공사인 4대강 개발 사업 — 정부가 정한 명칭은 '4대강 살리기' — 을 추진하고 있다. 이 사업은 22조원이라는 막대한 자금이 드는 사업이며, 그것이 내세우는 환경·수질오염 완화와는 거꾸로 가는 사업이다. 고용 확대 효과도 미미하여 예산의 낭비만 초래할 뿐인 사업을 왜 난데없이 추진하는가? 이른바 4대강 살리기의 명분은 토건 분야의 고용 확대와 재정지출에 의한 경제성장이다. 그러나 그간 아파트 미분양과 가격의 하향세로 인해 축적에 실패한 재벌 내지 중견 토건 회사들에게 22조원의 예산을 재분배하는 데 실제의 목적이 있다. 이명박 정권은 국민경제의 장기적 성장보다는 보수 우파 정권답게 재벌 자본의 성장에만 오로지 관심을 기울이고 있다. 이에 현 정권은 재벌 자본이 국가 예산을 축내지만 근로민중에게는 어떤 유의미한 재분배도 없는 국가와 독점자본간 유착 정권이다. 이명박 정권은 차라리 그런 예산의 일부를 정식 선진국으로 진입하기 위한 기술의 혁신과 인력의 개발을 위해 연구비 내지 장학금으로 대학이나 연구소에 투입해야 한다. 이명박 정부의 '4대강 살리기'는 자본주의 권력이 국민을 총체적으로 착취하는 측면을 여과 없이 보여 준다.

자본주의국가에서 제4의 사회문제는 우리가 지금까지 다소 장황하게 설명해 온 착취exploitation이다. 자본주의경제는 자본에 의한 민간경제뿐만 아니라 국가에 의한 공공경제까지 이중으로, 노동자이자 국민을 착취하는 체제를 유지하고 있다. 국민인 노동자는 자신이 생산한 임금과 이윤 모두에서 저임금과 무이윤 대우를 받는 착취는 물론이고, 그런 저임금 가운데 일부를 국가 예산을 위한 조세를 납부하는 등의 착취도 당한다. 현재 한국의 예산 가운데 4대강 개발 같은 사업은 국민의 과반수가 반대하는 사업으로서 민주주의에 반한다. 이것은 지금까지 보아온 대로 기술 진보로 달성하고자 하는 효율과 성장에 반하는 사업으로서 국가 자원의 낭비에 해당되어, 국민은 내지 않아도 댈 비용을 부담하며 착취당하고 있는 셈이다. 자본주의사회에서는 개인의 임금 소득을 낮게 책정하는 자본의 착취 문제가 기본이다. 어떤 사회이든지 그것이 사회정의를 실현하는 사회라면, 각자에게는 자신이 사회에 기여한 경제적 활동에 대한 정당한 보상이 이루어져야 한다. 개인이 사회에 기여한 경제적 활동이란 사회의 어떤 영역에서든 수행된 노동이다. 노동은 정치, 경제, 교육, 언론, 과학, 문화 등 모든 활동 영역에서 사회에 유익하기 때문에 사회적으로 가치 있는 상품(서비스 포함)을 생산한다. 어떤 사회에서건 개인적 및 집단적으로 가치 있는 상품은 그것의 소비로 인간의 필요를 충족시키기 때문에 사회는 그것의 생산을 반드시 필요로 한다.

　　끝으로, 자본주의경제가 노동을 중시하는 착취 없는 정상적인 상태로 복귀하려면 생산수단이 원칙적으로 사회적 소유로 바뀌어야 한다. 이렇게 할 때만이, 생산수단을 소유함으로써 노동하지 않은 자본가에게 돌아가는 불로소득인 이윤이 사라진다. 이와 동시에 노동자에게 지급되는 소득 형태인 임금도 없어진다. 자본주의적 착취가 제거된 경제(사회주의와 공산주의)에서는, 이제 개별 생산 집단은 자체 재화의 사회적 가치에 따라 그것의 생산자에게 노동력에 따른 보상(분배)을 실시한다. 이와 같은 보상은 무엇보다 그 생산자들 모두의 참여에 의한 민주적 방식에 의해 결정되어야 한다. 이와 같은 노동 보상의 결정에는 사회 전체를 위한 출연을 미리 공제해야 하는데, 이런 공제의 규모는 국가 사회 차원의 경제계획은 물론 조세제도에 따라 결정된다. 이렇게 할 때만이, 사회 구성원 모두가 개인적 소득과 사회적 복지에 의해 자신들의 생활을 자치적으로 영위하는 사회가 구축된다.

5. 국가 폭력이 궁극적 해결인 정치

자본주의의 다섯 번째인 마지막 문제는 "사회는 전체적으로 일정한 인본적 질서를 이루도록 조직하는 실체"라는 명제에 반한다는 것이다.

사회의 이 마지막 부분적 요소는 어떤 국가 사회든 법률, 제도, 관습 등에 의해 일정한 질서가 유지되는 집단인 것을 상기시킨다. 이러한 인간 집단은 '국가'에 의해 비로소 조직됨으로써 전체적으로 통일을 이루는 실체가 되어 그것의 구성원인 국민은 대내외적으로 주권자로서의 지위를 가지게 된다. 이와 같은 국가가 현대에는 거의 모두가 민주공화국이어서, 국민의 민주주의적 선거 절차에 의해 성립된다. 민주공화국은 국민의 자유와 평등을 기초로 국가를 운영하기 때문에 국민의 정당한 주권 행사가 보장되어야 함은 말할 것도 없다. 국민의 대내적 주권 행사는 정치적으로 볼 때 크게 참정권과 저항권으로 구성된다. 양자 모두가 국민을 대표하는 정치적 권력을 결정하는 권리라는 점에서는 동일하다. 그러나 전자는 국민이 새로운 권력을 창출하는 권리이지만, 후자는 기존의 권력에 문제가 생겼을 때 그것을 거부하는 권리이다.

현대 자본주의국가들은 우리가 이미 보아온 대로 억압, 오염, 차별, 착취 등 가장 기본적인 사회문제들을 오히려 은폐하거나 비호함으로써 인간답게 살 수 없는 사회를 유지해 왔다. 이런 비인간적인 사회질서를 유지하는 국가권력의 횡포에 대해 저항하는 대중운동은, 마치 인권이 보장된 것 같은 선진국에서도 일상사처럼 너무나 당연하게 벌어지고 있다. 이처럼 근로대중의 저항권 행사를 국가는 무조건 불법으로 규정한 채 경찰, 나아가 군대를 동원해 실력 행사로 무력화시키는 폭거를 자행하고 있다. 이것이 현대 국가의 마지막 문제라 할 수 있는 폭력violence이다. 국가의 이러한 무장에 의한 폭력은 국내에만 한정되지 않고 국외로까지 연장되는데, 이것이 바로 세계의 평화로운 질서 유지에 전면 배치되는 전쟁이다. 오늘날의 중심부 자본주의국가들은 이미 지난 세기에 두 차례에 걸친 세계대전을 일으킴으로써 인류에게 막대한 피해를 초래한 바 있음에도 불구하고, 지금도 인류를 모두 전멸시킬 수 있는 핵무기로 무장하고 대량 파괴 무기를 보유한 군사력으로 세계를 위협하고 있다.

국가의 폭력은 물리적인 강제를 기본적인 속성으로 한다. 그런데 국가의 폭력은 국민의 동의(헌법과 선거)에 의해 정당화된다는 점에서 불법적인 폭력으로 간주되지 않아 왔다. 이에 반해 사적인 폭력은 국가의 법률 체계에서 불법으로 규정되어 하나의 범죄로 간주되고 있다. 사적인 이익을 위해 행사되는 폭력의 전형적인 예로는, 예컨대 한 국가 사회 내에서 사회경제적 이익을 체계적이고 지속적으로 추구하기 위해 조직된 범죄 조직에 의해 행사되는 폭력을 들 수 있다. 더구나 선진국 자본주의사회에서는 물론이고 한국에서도, 시장의 기능을 합법적으로 수행하는 기업은 물론이고 정부를 창출하거나 정부에 참여하고 있는 정당 등 정치조직들이 자신들의 목적을 위해 다양한 유형의 폭력을 행사하거나 심지어 폭력 범죄 조직들을 활용하고 있다. 그래서 폭력은 그것이 문명사회의 일반적인 도덕 기준이나 윤리 체계에 반하는 반사회적 행위이기 때문에 국법 체계에서도 응당 범죄행위로 규정하고 있음에도 불구하고, 사회의 거의 모든 영역에서 폭력이 목적을 위한 수단으로 활용되고 있다.

국가가 행사하는 공적 폭력은 사회에서 이미 범죄로 규정되어 있는 사적 폭력과는 달리 취급되고 있다는 데 문제가 있다. 특히 국가라는 사회를 창출하거나 유지시키기 위한 명분으로, 일정한 군사 집단, 정치집단, 집권 세력 등이 그들에 반대하는 국민을 상대로 행사하는 폭력이 있다. 이런 집단들이 추후 국민들로부터 선거에 의해 지지나 동의를 끌어내기 위해 주로 이용하는 수단이 결국에는 국가를 명분으로 앞세운 폭력 그 자체이다. 과거에는 반민주적 위헌 집단들이 국가기관인 군대의 폭력을 동원해 쿠데타를 일으키면, 어떤 폭력 수단을 보유하거나 장악하고 있지 않은 입법부나 사법부는 으레 그런 집단들에게 쿠데타에 대한 면죄부를 주곤 했다. (그래서 우리는 이런 국가기관도 국가의 폭력 기구로 간주한다.) 한국도 과거에 예외일 수 없었다. 한국은 과거에 두 차례의 군사 쿠데타로 권력의 창출을 위해 국민에게 무단 폭력을 행사한 바 있다. 그러나 당시의 검찰과 사법부는 물론이고 입법부와 같은 국가기관은 그것의 불법 부당함을 따지지 않고 국가 유지, 경제발전, 사회 보호 등을 이유로 그것이 마치 필요악necessary evil인양 정당화시킨 바 있다.

이처럼 국가를 빌미로 합법적이며 정당한 것처럼 강변되는 폭력의 전형은 특히 지난 20세기에 횡행했던 군사 쿠데타의 위헌 폭력이다. 또한 지난 세기에 국가가 자행한 불법적 폭력은 반독재 민주화 요구에 대한 폭력, 노동삼권 등 합헌적 권리의 요구에 대한 폭력, 나아가 자본주의 폐기에 의한 사회주의사회의 건설이라는 사상의 자유에 대한 폭력 등에서 여실히 드러난 바 있다. 군사 쿠데타에 의한 폭력이 국제적으로 '반인권적' 범죄로 단죄된 대표적인 사례는 몇 년 전 영국의 법원에 의해 심판을 받고 자신의 범죄지인 모국 칠레로 추방된 군 장성 출신 전직 대통령 피노체트의 경우를 들 수 있다. 칠레의 피노체트와 유사한 범죄로 한국에서는 1961년에 최초로 박정희가 저지른 5·16 군사 쿠데타가 있었다. 이어서 1979년에 12·12 군사 쿠데타와 이듬해 '5·18 광주민중학살'이라는 폭력 사태로 집권에 성공해 그 후 대통령직을 수행했던 전두환·노태우가 저지른 쿠데타가 두 번째이다. 그 후 김영삼 정권 하에서 그들에 대한 처벌을 요구했던 국민 여론에 밀려 특별법이 제정되었으며, 이 법에 따라 그들은 심판을 받고 투옥되었지만 곧 방면되고 말았다.

그래서 21세기 국가 사회에서 이제는, 군사 쿠데타 등 불법적인 폭력에 저항하는 국민을 상대로 국가가 폭력을 행사하는 것은 중세 때는 신을 빌미로 한 것, 근대 때는 왕권을 빌미로 한 것 등과 마찬가지로 금지되어야 한다. 더구나 자신들의 정치적 목적인 국가권력의 부당한 획득이나 부정한 유지를 위해, 반사회적, 반인권적, 반인륜적인 폭력을 자행하는 개인이나 집단을 범죄자로 단죄해야 함은 물론이다. 특히 국민 가운데 소수이건 다수이건 상관없이 주권자로서의 합헌적인 저항권 행사의 일환으로 이루어지는 평화로운 서명, 농성, 집회, 시위 등에 대해 집권 세력이 경찰이나 군대를 동원해 진압함은 물론 구속하여 수사하고 재판·수감하는 등의 폭력도 헌법상 정당성을 상실하는 범죄로 규정되어야 하는 점도 강조되어야 할 것이다. 이런 점에서 정부의 폭력 범죄에 대항하는 국민들의 저항 행동은 범죄로서의 폭력이 아니라 정당한 권리의 행사로 인정되어야 한다.

국가를 명분으로 한 폭력이 위헌성 이전에 정당성을 상실하게 되는 가장 근본적인 근거는 현대의 문명사회가 구축해 온 양심과 이성이 규정하고 있는 최소한의 인륜human morality이라는 도덕률이 아닐 수 없다. 그리고 그런 도덕률이 국민들의 실질적인 동의나 지지 — 예컨대, 국민투표 — 를 획득해야 하는가의 여부는 별도의 정치사회적 관점에서 판단되어야 할 문제이다. 왜냐하면 그런 도덕률이 법적 구속력이나 실효성을 확보하려면 주권자인 국민들의 사실적인 힘이 뒷받침되어야 하기 때문이다. 그런 점에서 어느 국가 사회든 도덕률이 의미하는 인륜주의적 기준에 따른 민주적 통치가 종종 실패하게 되는데, 이는 곧 권력적 지배를 정당화하는 법치주의적 통치가 비민주적 한계를 갖고 있는 데에서 연유한다. 이는 한국이라는 국가의 수립 당시와 이후에 저질러졌던 정치적인 테러와 폭력을 단죄하지 못한 수치스러운 법치의 역사에서 잘 읽을 수 있다.

현재 국제사회에서는, 세계 인민의 보편적인 가치인 인륜에 반하는 제국주의와 식민주의의 유산인 강대국의 기득권을 우선적으로 보장하는 국가 간 차별이 첨예하게 대립하고 있다. 물론 인종, 국적, 종교, 이념 등의 차이를 넘어 보편적인 인권과 인륜을 중요하게 여기는 계몽된 사회로의 진전을 위한 「국제인권선언」이 국제연합에 의해 일찍이 채택되는 등으로 오늘에 이르고 있긴 하다. 그러함에도 불구하고 「국제인권선언」이 채택된 지 반세기가 넘는 21세기 초인 지금까지 어떤 국가 내에서는 물론이고 국제사회에서도 구성원 간 다양한 유형의 폭력이 여전히 자행되어 왔다.

국가의 폭력 가운데 최악인 전쟁은 미국 같은 제국주의 국가에 의해 버젓이 정당화되고 있다. 또한 20세기 선진 제국주의 국가들 간 충돌이었던 전쟁도 여전히 유산으로 남아, 지금도 전쟁은 가장 유력한 폭력에 의한 해결 수단으로 묵인되고 있는 실정이다. 최근 미국의 아프가니스탄에 대한 전쟁에 이은 '이라크 전쟁'은 세계 대다수 국가들이 반대하는 전쟁이며 선진국들 간에도 사실상 반대가 우세한 전쟁이다. 그런 전쟁은 국제사회의 인륜주의는 물론이고 평화로운 세계 질서의 유지라는 합리적인 기준에도 부합하지 않는다. 그런 점에서 국가 이념은 물론이고 정당들을 비롯한 정치 세력들, 나아가 정치제도 및 정치과정이 비록 민주주의를 준수한다고 하나, 자본과 돈에 의해 지배되는 미국은 인륜과 법치에 있어 가장 낙후된 자본주의 체제임을 스스로 적나라하게 보여 주고 있다.

그러나 세계 인민들은 양심과 도덕의 이름으로 미국인들과 그들의 자본주의 체제를 전쟁이라는 폭력의 원초적 범죄자로 규정해야 한다. 세계 인류는 이제 양심과 도덕이라는 이름으로, 보다 구체적인 사례로는 반세기전 독일 나치당원들과 일본 군국주의자들을 뉘렌부르크 및 도쿄의 전범 재판에서 각각 반인륜적 범죄로 처단했던 인류 보편적 명분을 다시 강조해야 한다. 이에 따라 인류는 과거의 부시 대통령을 비롯한 미국 전범자들은 물론이고 아프가니스탄 전쟁과 이라크 전쟁에 파병한 국가들의 대표들을 비롯한 책임자들을 반인륜적 범죄자로 책임을 물어야 할 것이다. 우리가 여기서 선언해야 할 임무는 전쟁도 폭력으로서의 책임을 피할 수 없는 범죄로 명확히 규정하는 일일 것이다. 이런 범죄행위가 벌어지고 있는 아프가니스탄에 한국군을 파견했던 노무현 정권이나 이명박 정권은 미국과 같은 침략자와 공범 관계인 셈이다.

제 3 장

자본주의사회의 변화 모색

사회의 변화란 일반적으로 문화가 총체적으로 새로운 상황에 적합하게 진화하는 것을 의미한다. 그러나 사회의 변화가 마치 문화처럼 진화하는 것은 아니다. 예를 들어, 전쟁은 사회에 거의 급진적이고 즉각적인 변화를 창출할 수 있다. 그것은 사회의 이익, 돈, 에너지를 전쟁의 유일한 목표인 승리에 집중시키기 때문이다. 제1차와 제2차 세계대전에서 경험했듯이, 전쟁 당사자인 국가 사회는 다양한 행동들이 아닌 전쟁 관련 활동들을 총체적으로 강조함으로써 사회를 급진적으로 변화시키는 동력이 되었다. 따라서 전쟁에서 승리하든 혹은 실패하든 상관없이 전쟁 후 사회는 전쟁 전의 사회와는 상당히 달라질 것이 예상된다. 이것은 사회의 변화가 자연적이며 점진적으로 진화하는 과정만 쫓는 게 아니라, 어떤 시기, 어떤 계기에는 급진적인 변화를 수반하는 과정이 따른다는 것을 말해 준다.

일반적으로 논의되는 사회의 변화는 인간 사회의 발전 과정이나 양상에 따라 어떤 때는 점차적으로 또는 다른 때에는 급진적으로 변하는 추진력을 얻어 왔다. 예를 들어, 기술 발전의 초기 단계에는 사회의 변화는 속도가 아주 느리지만, 점차 변화의 요소들이 추가되고 복잡해지면서 종국에는 산업혁명과 같이 갑작스런 변화가 크고 빠르게 진행되기도 한다. 국가 사회의 변화에 관한 한, 그것의 진화론이 변혁론보다 사회과학에서는 압도적 다수의 견해가 되고 있다. 그러나 쿤Thomas S. Kuhn이 자신의 명저『과학혁명의 구조*The Structure of Scientific Revolution*』(1962)에서 예측했듯이 어떤 학문이나 이론이 통상적으로 정상적인 과학으로 존재하다가 '패러다임'의 변화로 갑자기 변혁적 과정을 밟듯이, 우리는 인간의 사회도 자본주의라는 현실의 굴레에서 갑자기 일탈해 변혁될 것이라는 세계관을 믿고 있다.

1. 사회 변화는 문화적 개념

인류의 역사를 보면 자본주의가 지배하기까지 사회 변화의 속도를 증가시키는 데 기여한 주요한 요소들이 있다. 이런 요소들 가운데 당초 두드러진 것은 농업의 발전을 들 수 있다. 농산물 수확의 증대는 사람들이 영구적인 주거지에 살도록 허용했다. 그것은 또한 식량의 비축을 통해 인구의 증가를 초래했으며, 나아가 농촌과 더불어 도시의 성장을 이끌었다. 그 외 주요한 요소로는 문자의 발명이 있다. 문자는 인간의 지식을 기록하여 그 이전보다 더욱 충분하게 후세대들에게 정보와 기술을 전달하는 것을 가능하게 했다. 이처럼 인간 지식의 총합이 증가함에 따라 그것의 축적 비율도 엄청나게 가속화되었다. 인류가 이런 초기 사회의 변화를 넘어 그 것을 가속화시킨 발전에는 인쇄술의 발명, 자연과학의 생성, 그리 고 무엇보다도 18세기 중엽 영국에서 시작되었던 산업혁명을 결 코 뺄 수 없다.

현대 자본주의사회에까지 지대한 영향을 끼치고 있는 산업혁명 industrial revolution은 생산방식의 변화를 대표하는데, 그것은 당 시 가내와 공장의 수공업을 기계와 동력을 사용하는 현대 산업으 로 교체했다. 인류의 역사에서 생산에서의 이러한 변화는 사회가 소규모의 농업에서 대규모의 산업으로 이동하는 것을 주도했다. 그리고 공장에는 거대한 숫자의 노동자가 필요했으므로, 그것은 인구를 농촌과 같은 시골에서 도시 지역으로 이동시키는 도시화 를 촉진시켰다. 또한 사회 변화를 가속화시키는 최근의 주요한 요 소로는 통신과 운송을 위한 수단의 발전이 있다. 이로 인해 공간과 시간의 격차가 빠르게 줄었다. 오늘날 세계는 위성통신을 통해 사 건이나 지식들을 전 세계에 동시에 전파할 수 있다.

최근 세계는 기술 변화의 속도가 빨라지고 있을 뿐만 아니라, 문화들 간 상호 교류도 더욱 증대하고 있다고 일반적으로 이야기 되고 있다. 아마도 이것은 최근 주변부 발전도상국의 경우 진실이 다. 중심부의 과학과 기술은 가속적인 속도로 전 세계에 보급되고 있다. 이와 동시에 그것은 주변부 국가들을 더욱 중심부에 예속시 킬 것으로 전망된다. 인터넷internet 기술이 사람들 간 통신을 즉각 적으로 가능하게 함으로써 세계는 하나의 거대한 공동사회로 전 환되는 과정에 있다. 사회가 이처럼 서로 격리되어 떨어져 있지만 서로 밀접하게 연결시키는 접촉의 증가는 세계 인민들의 관습, 생

산물, 생활 방식들을 더욱더 서로 같아지는 결과를 낳고 있다. 이
것을 세계의 동조화 내지 동질화 현상이라고 부른다. 그렇다고 세
계 인민들 간 문화적 차이는 여전히 존재하는 만큼 세계적 동조화
는 문명적 차원에서 위력적으로 진행될 것으로 예상된다. 오늘날
세계에는 국가 간 결코 화해할 수 없는 문화적 적대가 인종적, 종
교적, 이념적 이유로 보스니아 국가들 사이에, 인도와 파키스탄 사
이에, 그리고 미국을 위시한 선진국들과 중동 테러 집단 사이에 존
재한다. 그러나 오늘날 주류 사회과학은 문화적 차이들이 대체로
세계의 문명적 동조화로 인해 감소하고 있으며 또한 그런 감소의
속도가 그 이전에 비해 더욱 빠른 것으로 보고 있다.

그러나 어떤 국가 사회의 특성이나 요소가 한 사회에서 다른 사
회에 일방적으로 보급되어 그것에 동조하거나 예속된다고 보는
것은 제국주의적 발상이다. 이와는 거꾸로 어떤 주변부 사회에서
유행하는 복장, 음식, 예술 행태, 사고 양식 등이 중심부 선진사회
에 보급되어 변화를 주도하는 사례로 목격되고 있다.

사회 변화 그 자체를 반드시 좋은 것이거나 나쁜 것이라고 평가
할 수는 없다. 그것은 단지 과거부터 지켜온 전통적 상황이 현재나
미래의 새로운 상황으로 대체되는 것을 의미한다. 현재 사회의 변
화를 단순하게 '진화evolution'라고 보는 것은 그것을 평가하는 사
람들의 인식적, 지성적 지평이 낮아 어떤 변화든 그 자체를 제한적
인 범주로 보기 때문이다. 우리는 진화의 개념과 의미를 제4절에
서 살펴보겠지만, 진화란 생활, 예술, 기술, 사회조직 등이 단순한
형태로부터 더욱 다양하고 복잡한 것으로 점진적으로 발전한다는
것을 의미한다. 그래서 사회 진화는 그것을 추동하는 변수들 간 상

관관계 내지 인과관계의 길고도 복잡한 과정이다. 지금 주류 사회과학의 입장은 그런 진화적 과정에 의해 인류의 문명과 문화가 발전하는 것으로 본다.

여기에서 우리가 놓칠 수 없는 주류 견해의 맹점은 사회의 변화를 반드시 '발전'으로 간주한다는 점이다. 그러나 인류가 적어도 자본주의를 수용한 지 5백년이란 장구한 변화를 경험했지만, 그것이 인류의 경제적 생활에 기여한 진보적 측면을 제외한다면 사회 전체의 발전 특히 문화적 발전을 도모했다고 간단하게 규정할 수는 없다. 이 주제는 지금까지 좌파 진영의 주요 담론으로 제안되어 왔다. 세계에서 여전히 위력을 발휘하고 있는 물질문명 중심주의적 견해는 변화를 발전이나 진보로 가끔 생각해 왔지만, 이것보다 일반적이고 보편적인 문화적 관점에서는 변화란 반드시 발전이나 진보를 내포하지 않는다. 그것은 오히려 퇴행적인 변화일 수 있다. 결국 사회 또는 문화의 궁극적 목표가 무엇인가와 밀접하게 논의되지 않는 한 변화는 결코 진보로 간주될 수 없다. 사람마다, 사회마다 무엇이 그 자신들의 목표인가에 관해 견해들이 다를 수밖에 없기 때문이다.

우리는 이 장에서 사회 변화가 반드시 발전이나 진보가 아니라는 측면을 우선 세계의 자본주의 '현실'을 놓고 논증할 것이다. 이어서 사회의 변화는 국가 사회의 총체적인 모든 요소들이 그것에 영향을 미칠 수 있다는 점에서 문화의 변화임을 염두에 두어야 할 것이다. 과거 사회의 급격한 변화를 추동한 요소들 가운데에는 자본주의가 지난 두 세기 동안 세계를 지배하는 과정에서 그것의 절멸 위기를 경험하게 한 것도 있다. 자본주의 위기의 근원에는 궁극적으로 노동자를 위시한 민중의 투쟁이 항상 존재한다. 여기서 정치적 민주주의는 한편으로 자본주의가 연명하기 위해 계급 간 타협을 위해 채택한 이념이지만, 다른 한편으로 노동자·민중을 일정하게 배제해 소외시키는 제도이기도 하다. 그러나 우리는 역사상 사회 변화를 추동한 가장 중요한 요소가 민주주의이고 그것을 지배계급으로부터 얻어낸 세력이 노동자임을 분명히 하고자 한다. 노동자계급의 투쟁에 따라 결과적으로 나타나는 민주주의의 변화 양상에 주목해야 하는 이유가 여기에 있다. 그러나 지난 세기 말부터 발호하기 시작한 유산·지배계급의 이데올로기인 신자유주의는 그때까지 노동자계급의 민주주의 투쟁으로 정상적인 발전을 수행하던 인류의 역사를 다시 퇴보시키고 있다.

2. 자본주의의 최근 변화 국면

좌파는 선진사회의 최근 변화 국면인 자본의 축적 강화 운동을 신자유주의neoliberalism라고 규정짓는다. 신자유주의에 반대하는 행동 강령을 추구해 온 좌파 지식인들의 견해를 종합한 사드-필류Alfredo Saad-Filho와 존스턴Deborah Johnston 런던대학 교수들은 신자유주의의 세 가지 측면을 아래와 같이 지적한다(김덕민 번역, 2009, 5~6쪽). 첫째, 신자유주의는 자본주의 사회관계의 재생산을 특정한 형태로 심화시키고 발전시키는 경향을 보이기 때문에 내적으로 일관성이 있는 안정적인 축적 체제이다. 둘째, 신자유주의는 세계화 및 제국주의와 분리하는 것이 불가능하다. 왜냐하면 신자유주의는 일반적으로 국제 자본이라고 표현되는 '금융'의 이익에 의해 지배되지만, 그것은 '국제적 공동체'라는 장막에 의해 보호받는 미 제국주의의 새로운 양상으로 주목받는 국제적 기획의 진정한 내용이기 때문이다. 그렇지만, 끝으로 신자유주의는 사회관계의 내적 정합성과 안정성에도 불구하고, 그것은 진보적 사회운동 — 이것을 우리는 광의의 의미로 해석하여 변혁적 내지 혁명적 사회운동도 포괄하는 의미로 이해한다 — 이 사회 전반에 긴장을 발생시키는 모순과 균열로 인해 자본의 축적 구조가 방해받는 한계를 가지고 있다.

1) 신자유주의의 발단

자본주의는 19세기 말부터 일백년 가까이 좌파 사회주의 세력들로부터 정치경제적 본질이 적나라하게 규명된 역사를 가지고 있다. 자본주의는 지금도 유효한 금융자본주의(힐퍼딩Rudolf Hilferding 이후)로, 또는 지금까지도 위력을 발휘하고 있는 제국주의 내지 독점자본주의(레닌V. I. Lenin 이후)로 비판 받아 왔다. 오늘날 대부분의 좌파 이론가들은 대공황 이후 자본주의를 구제하는 데 '혁명'을 일으킨 바 있는 케인즈주의Keynesianism를 '국가독점자본주의', 즉 국가와 독점자본의 결합에 의해 사회에 대한 지배가 관철되는 자본주의라고 평가하고 있다. 심지어 구 소련에서는 1952년 스탈린의 「소련에 있어서 사회주의의 경제적 문제들」이라는 논문이 발단이 되어 자본주의 체제의 '전반적 위기론'이 제기되기도 하였다. 그러나 자본주의의 전반적 위기론은 당시 자본주의와의 체제적 대결 구도에서 스탈린주의에 의해 탄생한 비판이었고, 당시 전후 경제 호황을 누렸던 중심부 자본주의 체제를 볼 때 소련을 제외한 좌파는 수용하기가 어려운 가설로 여겨지기도 했다.

한국에서는 사회변혁 운동이 본격적으로 시작되던 1980년대, 한국의 좌파 일부는 소련의 정치경제학을 맑스의 사회과학으로 오해하여 곧장 수입했다. 그들은 자본주의의 전반적 위기론까지도 도입하여 자본주의가 곧 폐기된다는 전망까지 제시하며 노동자들의 투쟁을 '강단에서' 독려하기도 했다. 하지만 대부분의 좌파 변혁 진영은 한국의 사회구성체와 계급 구성을 토대로 한국 자본주의사회의 본질적 특성에 대해 진단을 내렸고, 그 진단은 올바른 것이었다. 즉 그들은 한국 자본주의의 기본적 성격을 '신식민지국가독점자본주의'라고 규정하여, 당시 재벌 독점자본의 지배적 실체를 부정했던 '식민지반≠봉건주의 또는 반≠자본주의 이론'과 대치하였다. 이로부터 한국의 좌파는 한국 사회의 성격에 관한 담론과 논쟁으로 20년 가까이 대립하였지만 결국은 전자의 주장이 옳았던 것으로 종결되었다.

그러나 당시 중심부 자본주의에서는 국가독점자본주의로 비판을 받았던 케인즈주의도 이미 쇠퇴하여 국가의 역할이 퇴조하기 시작하던 시기였다. 당시 처음으로 신자유주의가 '시카고 보이즈 boys' — 당시 케인즈주의자들은 시카고학파를 폄하하며 이렇게 불렀다 — 에 의해 1973년 칠레의 피노체트 군사정권의 기본적 정책으로 적용된 바 있다. 신자유주의는 이어서 영국의 1979년 대처 당선, 미국의 1980년 레이건 당선 등을 계기로 중심부 국가에서부터 실천에 옮겨지기 시작했다. 한국은 자본주의 세계 체제에서 월

러슈타인(Immanuel Wallerstein, 2004)이 주장한 주변부에 속하기 때문에, 한국의 좌파는 당시 중심부에서 시작했던 신자유주의를 주목하여 국가독점자본주의에 대한 논쟁은 그만두고 즉시 신자유주의와 투쟁하기 위한 대응과 전략을 미리 마련했어야 했다. 더구나 재벌 자본의 제국주의적 종속을 누구보다도 우려했던 국가독점자본주의 이론가라면 응당 신자유주의가 곧 한국에 상륙할 것이라는 것을 짐작하고도 남았을 것이다.

그렇다면 국가독점자본주의적 성질을 갖고 있었던 것으로 평가되는 케인즈주의가 쇠퇴하고 중심부 국가들이 1980년대부터 본격적으로 신자유주의로 변신한 계기는 어디에 있었던가? 우선 신자유주의는 지난 19세기 초 자본가계급이 사적 전유와 그것을 이용한 이윤율 제고 등으로 자본축적에서 최대 자유를 누렸던 자유방임주의의 부활을 의미한다. 그 당시 국가는 최소한의 경제 개입에 머물러 있었던 이른바 '야경국가' 였다. 이런 자유주의의 전통을 되살린 자본은 이제는 국가의 규제나 개입이 완화된 시장에서 축적을 강화하는 새로운 유형의 자유주의를 강화했는데, 그것은 자본주의 호황이 끝난 1970년대부터 미국 우파의 냉전적 외교 노선이고 독자적 전쟁 노선인 신보수주의 운동과 함께 시작했다.

그때까지만 해도 자본주의의 패러다임은 보수 좌·우파 진영의 '케인즈주의적 타협' 이라고 불렀다. 이 시기는 중심부 국가들인 미국, 유럽, 일본, 캐나다 등이 경험한 바 있는 높은 성장률, 낮은 실업률, 지속적 기술 변화, 대중 소비의 증가, 보건 및 퇴직 복지 체제의 완비 등으로 설명되는 호황기였다. 그러나 그런 호황은 1970년대 이윤율 하락의 결과로 자본주의가 '구조적 위기' 에 접어들게 되자 총체적으로 반전되어, 성장률의 감소, 누적되는 인플레이션, 실업률의 상승, 구매력의 감소 등이 대표적인 경제문제로 부상되었다. 여기에 자본주의를 전반적으로 구제하려면 자본에게 이윤과 축적의 자유를 최대한 허용하는 하나의 '새로운' 사회질서가 필요했다. 그것이 바로 신자유주의의 '반혁명'이요, 이것은 곧 자본축적 패러다임의 전환이었다. 이 새로운 패러다임은 미국과 영국에서의 공식적 시작을 계기로 중심부 제국에서 먼저 출현하였고, 점차 주변부로 수출되었다.

먼저 신자유주의라는 보수주의 경제철학의 핵심을 살펴보자. 우선 '자유주의'라는 용어의 사용은 19세기 자유방임leissez faire을 주장했던 영국의 고전파 정치경제학과 관련된 지적 계보를 나타낸다. 여기에 속한 학자들은 스미스Adam Smith를 비롯해 리카도David Ricardo, 밀J. S. Mill 등이 있다. 이들은 당시 국가의 통제 하에 있던 중상주의 정책에 반대하여 영국의 곡물법 폐지와 함께 자유무역을 강조했다. 신자유주의의 더 가까운 기원을 오스트리아의 신고전학파 하이에크Friedrich von Hayek에게로 돌리기도 한다. 그러나 지금의 신자유주의는 대체로 미국 시카고학파의 주장을 논거로 삼는다. 여기에 속한 주요 학자들은 프리드먼Milton Friedman, 스티글러George Stigler, 코스Ronald Coase, 베커Gary Becker 등인데, 이들의 '권위'는 그들이 수상한 노벨경제학상이 보증하고 있다. 이들의 핵심적인 주장은 시장과 경쟁의 효율성, 정부 개입의 부정적 효과, 경제적 성과에 대한 개인의 역할 강조 등이며, 이것들이 신자유주의의 철학을 대표한다.

2) 케인즈주의와의 차이

그러나 신자유주의는 케인즈주의를 극복하는 것이 최대 과제였기 때문에 그것을 공격할 때 크게 두 가지의 자유주의 이론에 기초한다고 펄리는 주장한다(Thomas I. Palley, 2009, 42~43쪽). 하나는 소득분배와 관련된 이론이고, 다른 하나는 총고용결정과 연계되는 이론이다.

우선 소득분배와 관련하여 신자유주의는 노동이나 자본과 같은 자원(생산요소)들이 그것들의 가치(한계생산물)만큼 지불받는다고 주장한다. 이러한 한계가치는 시장에서 자원에 대한 공급과 수요 과정을 통해 완벽하게 달성된다. 말하자면 자원의 한계가치는 공급과 관련해서는 상대적 희소성에 따라, 그리고 수요에 영향을 주는 차원에서는 생산성에 따라, 시장에서 균형을 이루는 조건에서 결정된다는 것이다. 또한 총고용 결정에 관해 신자유주의는 노동을 포함해 유익한 자원들은 자유로운 시장에서는 결코 낭비되지 않고 효율을 달성한다고 주장한다. 그것들은 가격에 따라 수요가 충족되는 쪽으로 조정되기 때문에 모든 자원들은 시장에서 경쟁에 의해 고용된다. 이런 주장들은 미국 시카고 통화주의자들monetarists의 자유 시장 가설에 기초하여 성립되는 이론으로서, 시장에 맡겨두면 경제가 자동적으로 소득분배 수준을 결정하고 완전고용 수준으로 인도한다고 주장한다. 여기에 정부가 고용을 늘리기 위해 화폐(통화)정책과 재정 정책을 영속적으로 사용하게 되면 시장은 왜곡되어 인플레이션만을 가중시킬 뿐이라는 것이다.

신자유주의의 위 두 이론은 1945년에서 1980년 사이에 지배적인 사상과 이론이었던 케인즈주의와는 대조적이다. 케인즈 J.M.Keynes는 1930년대 대공황의 와중에서 쓴 『고용, 이자 및 화폐의 일반이론The General Theory of Employment, Interest and Money』 (1936년)에서 종래의 정통 경제학을 실패로 규정하고 그것의 대안을 찾는 '혁명' — 우리가 볼 때는 신고전학파 경제학의 '패러다임 변화' 정도 — 을 찾아 나섰다. 케인즈의 신고전학파 이론을 간단히 요약하자면, 정통 경제학이 지지했던 세의 법칙Say's Law을 거부한 것이다. 세의 법칙은 자본주의경제 내의 총수요(유효수요)와 총공급은 장기적으로 일치하는 경향이 있다고 주장해, 자본주의의 경제 위기가 자생적으로 일어날 수 없다는 점을 시사했다. 이에 반해 케인즈는 자본주의경제 내에서 총수요는 총공급에 비해 구조적으로 부족해 시장이 청산하는 데 실패할 것이며 그 결과로 대량 실업을 야기해 당시의 대공황과 같은 경제 위기를 일으킨다고 주장했다. 이것이 바로 세의 법칙을 거부한 케인즈주의의 고용 결정 이론이다. 이는 정통 신고전학파를 복원하려는 신자유주의의 시장 자동 조절 기능과는 정반대의 주장이다. 이에 케인즈주의는 경제활동 수준이 총수요 수준에 의해 결정된다고 보고, 정부는 화폐 및 재정 관련 정책으로 시장에 개입해 수요 창출 과정을 안정화시켜야 한다고 강조한다.

케인즈는 또한 정통 신고전학파가 주장했던 화폐수량론quantity theory of money을 거부하였다. 신자유주의자 프리드먼이 복원했던 화폐수량론에 따르면, 인플레이션(물가 상승)의 수준은 여러 요인들 가운데 화폐량의 증가에 의해 주로 결정된다는 이론이다

(김영규, 2004, 542~5쪽 참조). 그 후 케인즈주의는 화폐수량론을 수용해, 정부가 시장에 개입하여 화폐 공급의 확대로 인플레이션을 일으키게 되면 오히려 실업을 줄인다고 주장했다. 이것은 「영국의 1861~1957년 간 실업과 화폐임금 변화율과의 관계」를 규명하여 인플레이션과 실업의 관계가 대체로 음의 상관관계에 있다고 밝힌 경제학자 필립스A. W. Phillips의 곡선Phillips curve(김영규, 2004, 490~510쪽 참조)에서 유래한다. 그러나 필립스곡선은 학계에서 거부되기에 이른다. 이는 1974년 공급 측면의 충격인 석유파동을 기점으로 경제가 높은 실업과 함께 인플레이션을 동시에 경험하는 이른바 스태그플레이션stagflation(경기 침체하 물가상승)이 주요한 경제문제로 떠오르기 시작하면서부터였다.

또한 케인즈주의자들은 소득분배와 관련해서는 서로 간 언제나 분열되었고, 이러한 분열은 케인즈주의의 고용 결정 이론의 혁명에도 불구하고 신자유주의에게 승리를 안겨주는 데 결정적이었다고 필리는 주장한다(45쪽). 미국의 신케인즈주의자들neo-Keynesians은 시장에서 자원의 가치대로 지불된다는 신자유주의 소득분배의 관점을 수용하는 데 반해, 유럽의 후기 케인즈주의자들post-Keynesians은 그러한 시장역할론을 액면 그대로 수용하지 않는다. 후자는 소득분배는 자원의 상대적 희소성과 생산성만으로 결정되는 것이 아니며, 여러 제도적 여건에 의해 영향 받는 '협상력'을 역시 중요한 결정 요인으로 본다. 이러한 관점은 노동조합, 최저임금 관련법, 실업보험과 같은 사회보장제도의 중요성을 강조한다. 이것이 바로 당시 유럽을 복지국가welfare state로 부르는 이론적 배경이다.

이처럼 총고용 결정과 소득분배에 관한 케인즈주의는 전후 1970년까지 중심부 국가의 경제활동이 결정되는 방식을 이해하는 지배적 패러다임이었다. 국가의 화폐 정책과 재정 정책의 현대적 수단이 발전된 것도 이 기간이었고, 노동조합 조직률도 역사상 가장 높았으며, 정부에 의한 사회보장과 규제 제도가 확장된 것도 이 기간이었다. 그러나 1970년대 중반 케인즈주의는 그 추진력을 잃게 되었고 부활한 신자유주의로 대체되었다. 요컨대, 필리는 신자유주의 부활의 궁극적 원인은 케인즈주의의 특히 소득분배에 관한 미국과 유럽 간 지적 분열과 함께 '자유 시장'이라는 신자유주의의 통속적 수사와 비견될 만한 대중적 지식을 개발하지 못한 데 있다고 본다(45쪽).

3) 신자유주의의 주요 정책

위에서 언급한 이론에 따라 신자유주의는 국가를 배제하고 순수한 시장에 의해 고용을 결정함은 물론 소득분배를 실천할 것을 추천한다. 우선 고용 결정에 관한 신자유주의의 이론은 시장에서의 가격 조정이 자동적으로 완전고용을 달성하는 경향이 있다는 것을 전제한다. 고용 증대를 위해 국가가 개입하는 것은 인플레이션의 원인이 되고 오히려 실업을 증가시키게 된다는 것이다. 고용과 관련된 이러한 이론의 정책적 함의란 완전고용을 목표로 하는 케인즈주의적인 적극적인 수요관리 정책의 포기이다. 또한 신자유주의는 소득분배와 관련하여, 자원은 그것의 가치대로 지불받기 때문에 별도의 사회적인 보장 제도는 물론이고 노동조합도 필

이영탁 정견 대안

90

요하지 않다는 이론을 편다. 사회보장제도는 시장 과정을 저해하여 사회적 후생을 더 낮추기도 하여 실업의 원인이기도 하다는 것이 신자유주의의 주장이다. 이런 주장을 담은 신자유주의가 실제 정책을 지배하게 된 계기는, 위에서 이야기한 대로 영국의 대처와 미국의 레이건의 당선이라는 신보수주의의 정권 장악이었다. 그 이래로 지금까지 신보수주의, 신자유주의의 철학과 이론은 중심부 및 주변부 모두에 확대되어 국가의 이념과 정책에 두루 영향을 미치게 되었다.

미국과 영국에서 시작된 신자유주의 정책은, 이미 앞에서 이야기 한 대로 흔히 1990년에 윌리암슨John Williamson이 세계에 제안한 바 있는 10개 분야 의제인 이른바 워싱톤 합의Washington Consensus를 가리킨다(Alex Callinicos, 2003, 2쪽; Thomas I. Palley, 2009, 52쪽). 그것에 따른 신자유주의 정책에는 재정 긴축, 우선적 공공투자, 조세개혁, 금융 자유화, 경쟁적 환율제, 무역 자유화, 해외직접투자, 민영화, 탈규제 및 사유재산 보호 등이 포함된다. 워싱톤합의로 대표되는 신자유주의 정책은 국가의 권력적 기반을 최대한 약화시키는 동시에 그것을 자본의 권력 강화에 이용하는 자본과 국가 간 구조 조정 프로그램이다. 이것은 종래의 국가독점자본주의에서 '순서만' 바꾼 독점자본-국가주의로의 자본주의 체제의 구조 조정이다. 이처럼 신자유주의는 자본주의가 이윤율의 하락으로 '구조적 위기'에 접어든 것을 신보수주의적 제국주의로 만회하고자 하는 초국적 세계자본의 새로운 전략이다. 그러나 신자유주의자들은 중심국들의 성장률 감소와 누적되는 인플레이션, 실업의 상승으로 악화된 국민(거시)경제를 회복하기 위해 신자유주의가 제안되었다고 설명한다. 그러나 우리는 신자유주의 정책이 채택된 지 한 세대의 기간이 흐른 현재 그것의 국민경제적 성과는 어떤 것인지를 객관적인 자료로 검증하고 반박할 필요가 있다.

신자유주의 경제정책이 채택된 일반적 경로를 보자. 우선 국가의 자본 및 시장 개입에 반대하는 탈규제와 자유화를 기조로 삼고, 또한 국가를 개조하는 재정 긴축과 민영화를 간단없이 추구하며, 나아가 조세 감면으로 사적 이익을 강화하고 보호하는 방안을 택했다. 이것은 결국 자본의 이윤율을 만회하여 재생산을 강화하는 새로운 자본주의 질서를 구축하기 위한 것이다. 이런 방안이 한 세대 동안 지속된 경제적 결과를 이제 종합적으로 평가해 볼 때, 신자유주의 정책은 자본주의 지배계급 가운데에도 상위 분파인 최상위 부유층의 소득과 권력을 재건하는 것으로 나타났을 뿐, 오히려 거의 모든 국민경제를 하나 같이 저성장, 정체, 대량 실업이라는 파탄으로 몰아갔다. (이에 관해서는 곧 이은 「신자유주의의 계급 효과」를 참고하라.)

현대 자본주의에서 상위 자본가 등 지배계급의 권력이 집중되고 집행되는 메커니즘이 바로 '금융'이다. 그러나 1990년대부터 금융자본에 대한 신자유주의 정책은 탈규제와 더불어 자유화와 개방으로 나타났고, 이에 의한 금융자본의 방만한 운용은 결국 경제의 구조적 위기를 일으킬 수밖에 없었다. 이로 인해 미국을 비롯한 중심부 제국에서 2007년 금융 위기가 발생한 이래 세계경제는 크게 위축되어 지금도 경기 침체는 계속되고 있다. (2007년 금융 위기가 한국에 미친 영향은 다음 장에서 검토될 것이다.) 이에 중심부 국가들은 신자유주의를 수정하여 금융에 대한 규제를 다시 강화하자는 논의를 진행하는 한편, 국가의 지원과 규제로 금융자본이 다시 재편되고는 있다. 이것의 세계적 조직이 G20 회의이다.

이처럼 금융자본주의의 현대판이랄 수 있는 신자유주의는 세계 중심부 곳곳에서 금융 산업의 무절제가 시장의 무정부적 성질과 결합하여 이미 그것의 실패는 예고되어 있었다. 신자유주의를 추종하는 중심부 국가는 물론이고 한국은 지난 2년 간 경제 위기를 극복하기 위해 국가독점자본주의의 '별칭'인 케인즈주의의 정책을 다시 끄집어내어 국가의 재정 및 금융 지원으로 자본의 '구조조정'에 일부 착수했다. 이뿐만이 아니다. 세계경제에서 신자유주의 교리는 여전히 저성장, 실업, 그리고 막대하게 벌어진 빈부격차와 소득 불평등을 낳고 있는 근원이다. 특히 뒤메닐과 레비는 신자유주의 아래에서의 심각한 불평등의 폐해는 가장 부유한 계층의 부와 소득이 성공적으로 회복된 데 따른 대가라고 본다(Gerard Dumenil and Dominique Levy, 2009, 26쪽).

4) 신자유주의의 계급 효과

신자유주의 정책이 '부익부 빈익빈'을 더욱 심화시킨 현상을 초래한 것은 위에서 검토한 바 있는 그것의 소득분배 이론으로부터 유추해 볼 때 너무나 당연한 일이다. 그런 소득의 불평등은 신자유주의로의 방향 전환이 가장 먼저 일어났던 중심부 국가들, 특히 경제협력개발기구 회원국들에게 가장 치명적이었다고 『르몽드 세계사』는 보고한다. 이들 국가에서 1979년과 2001년 사이의 변화를 보면, 극빈층 20%의 소득은 8%, 중산층 20%의 소득은 17% 증가하는 데 그쳤다. 그러나 부유층 10%의 소득은 69%, 최상위 1%의 소득은 무려 139%나 늘어났다. 그런가 하면 1980년과 2000년 사이에 20개국(1980년 당시 회원국) 가운데 19개국에서 빈곤이 심화되었다는 증거는 신자유주의 정책이 불평등을 개선하는 데 도움이 되기는커녕 오히려 악화시키는 데 절대적으로 기여했다는 것을 보여 주고 있다. 나아가 신자유주의 정책의 여파는 빈곤한계선 이하에 놓인 가정이 영국에서는 60%, 네덜란드에는 40% 각각 증가한 결과를 초래했다. 이어서 『르몽드 세계사』는 세계 자본주의 체제에서 주변부로 밀려날수록 불평등 격차는 심해지고 있으며 국가 간 격차도 커지고 있다고 보고하고 있다(2006, 52~53쪽).

그렇다면 미국의 사정은 어떠한가? 뒤메닐과 레비는 월프(E. Wolff, Top Heavy, 1996)를 인용해, 미국의 최상위 부유층 1% 가계가 차지하는 국부의 소유 비중을 전체에 대비해 소개한다(29쪽). 여기서의 국부national wealth는 주택, 증권, 현금 및 내구 소비재를 포함한다. 미국 가계의 최상위 1%는 1970년대 이전에 국부의 약 35% 이상을 소유하고 있었다. 이러한 비율은 1970년대 들어와서 20%대로 하락하다가 신자유주의 정책 실시 초기인 1980년대부터 다시 상승해서는 1985년 이래로 35%로 상승했다가 (최근에는) 40%에 이르고 있다. 이처럼 상층부의 부의 급작스런 상승은 신자유주의가 금융자산의 수익률을 상대적으로 제고한 데 기인한다. 이처럼 신자유주의는 부유층에게 거대한 불로소득을 안겨 주는 금융자산을 축적시킨 효과를 유감없이 발휘했다. 이의 가장 좋은 사례는 미국과 프랑스의 장기 실질이자율이 1980년 이후에는 이전에 비해 두 배 이상 올랐다는 사실이다. 이는 채권자에게 부가 집중되는 현상을 초래하는 데 절대적으로 기여했다. 이러한 현상은 결국 금융 투기를, 일반적으로는 금융 활동을, 개인에게든 기업에게든 이전보다 훨씬 매력적인 것으로 만들고 있다.

신자유주의 정책의 주요 결과 중 하나는 우리가 이미 앞에서 살펴본 대로, 자본 소유자 중 상위 분파의 소득과 부를 완전히 회복시켰을 뿐만 아니라 더욱 빠른 비율로 부의 축적을 가능하게 했다는 것이다. 이들의 부는 주식, 채권, 저축과 같은 유가증권의 보유에서 두드러지게 나타남으로써, 그들의 소유와 권력의 금융적 특징을 잘 보여 주고 있다. 미국에서와 마찬가지로 전 세계적으로 더욱 넓은 층의 인구가 유가증권 형태로 저축을 보유하고 있다. 우리가 이미 예상한 대로 여기에 포괄되는 중간계급(중산층)이야말로 자본주의에 대해 상대적으로 우호적인 성향을 표출할 수밖에 없다. 이것이 신자유주의가 일반 대중에게 베풀고 있는 '퇴직급여 방식'이라고 뒤메닐과 레비는 비판한다(34쪽). 자신들이 더 부유해질 것이라는 믿음을 갖고 행동한 이 사회집단은 사실 사회의식이 없는(중립적인) 계층일 뿐만 아니라 그런 상태로는 자본가계급에게 흡인될 수밖에 없다. 그런데 뒤메닐과 레비는 그들이 마침내 유산·지배계급의 '일부'가 되었다고 판단함으로써, 맑스가 예상한 바 있는 프롤레타리아화와는 정반대의 결론을 내리고 있다.

그러나 뒤메닐과 레비의 결론은 잠시 유보되어야 한다. 신자유주의가 심화시킨 사회 전반의 체제화 내지 보수화는 1990년대 후반 자산 가치의 상승으로 더욱 강화되었던 것은 사실이다. 그러나 그 후 10년이 흐른 2007년, 미국에서 금융이 과잉으로 집중된 비우량주택담보대출subprime mortgage loan이 부실화되고 연이어 주가 하락이 현실화되면서, 신자유주의는 마침내 경제 위기를 몰고 오는 주범으로 파탄이 났다. 이로 인해 그런 유가증권에 대한 신뢰, 나아가 금융에 대한 신뢰가 단지 환상일 뿐이라는 것을 대부분의 중산층은 깨달았을 것이다. 여기서 분명히 기억해 두어야 할 것은 중산층의 부의 증가는 신자유주의가 그들의 지지를 얻을 수 있는 범위 내에서만 가능하다는 점, 그러나 금융으로의 거대한 자산 집중은 그들 '개미군단' 채권자가 아닌 금융자본가의 손아귀에 매우 강력한 권력 수단을 제공할 뿐이라는 점이다.

마지막으로, 이와 같은 계급 분석으로부터 신자유주의가 경제에 미치는 효과를 분석해 보자. 그간 중국이나 인도와 같이 신자유주의를 무조건 추종하지 않은 발전도상국을 제외하면, 신자유주의 정책은 중심부·주변부 경제를 가리지 않고 그 이전보다 더욱 저성장, 정체, 위기를 불러일으키고 있다. 가장 좋은 사례로 중심부 미국과 프랑스를 살펴보면, 1950년에서 1979년까지는 연평균 성장률이 4%를 상회했지만 1980년부터 2009년 사이에 그것은 3% 이하로 떨어졌다. 그리고 주변부 가운데 제3세계 국가들의 외채는 2000년 현재 1980년에 비해 네 배나 늘어났다. 그러나 이런 외채로 인한 부정적 영향과는 별도로, 우리는 세계의 주변부 국가들이 자율적 발전 전략의 폐기와 함께 신자유주의적 의무를 강제로 이행해야 하는 착취를 당하고 있다는 점을 특기하여야 한다.

미국이 비록 세계에서 최대의 재정 적자와 무역 적자를 기록하는 채무국이라 하더라도, 세계 여러 국가들에 대한 미국의 금융 투자는 2000년 총 3조 4880억 달러에 달했다. 그에 따른 수입은 3810억 달러였는데, 이것은 총 투자액의 거의 11%에 달한다. 이와는 별개로 해외로부터 유입되는 자본량을 제외한다면, 이 수입은 미국 전체 기업의 세금을 공제한 후의 총 이윤량의 거의 100%에 이른다. 이로써 신자유주의는 제국주의적 종속과 함께 신식민지에 대한 약탈의 체계임을 확인시켜 준다. '워싱톤 합의'로 표현되는 신자유주의 그 자체의 목적에 비춰 평가한다면, 신자유주의는 세계적 지배계급의 소득과 부를 회복시켜 그들의 권력 강화에 매우 성공적으로 기여한 미국적 및 초국적 자본의 '합의'인 것이다. 그들은 자신의 국가와 주변부 국가를 불문하고 노동자와 민중을 착취했을 뿐 아니라, 미국 경제의 독점자본-국가 체제의 우월성을 세계의 컨센서스로 '당분간' 공고히 했다고 우리는 평가한다. 그러나 이런 성공은 그 밖의 미국 민중들과 세계의 다른 지역의 희생을 그 대가로 하였다고 결론지을 수 있다. (Gerard Dumenil and Dominique Levy, 2009, 41쪽.)

3. 신자유주의의 대안 강구

우리는 앞에서 한국을 위시한 세계 자본주의가 지난 한 세대의 기간 동안 변신하고자 한 모습을 신자유주의라고 규정했다. 신자유주의는 유산·지배계급이 새로이 사회를 통합하는 체제이고 질서이다. 신자유주의는 이미 중간계급을 흡수하여 민주주의를 가장하고 있을 뿐만 아니라, 이에 저항하는 근로대중을 이념의 개발로, 생존의 위협으로, 혹은 폭력의 행사로 자신의 지배 권력에 복속시키고 있다. 이 지배 권력은 금융자산에 대한 사적 소유권의 대소에 따라, 그리고 자본 일반의 이윤율의 고저에 따라, 그것의 위계적, 관료적 지위가 결정되는 유산계급 구조를 갖고 있다. 일부 신자유주의 비판자들은 이 유산계급 구조와 나아가 그것의 폐해에 대해 비판하고 있지만, 사실은 맑스가 이미 수행한 바 있는 사유재산인 자본의 반노동자적, 반민주적 축적과 그것의 비인간적 속성에 대한 본질적 비판이 전제되어야 한다. 다시 말해, 지금의 신자유주의를 아예 무효화하려면 중심부의 모든 불평등과 주변부의 빈곤과 기아가 자본의 착취와 차별에 근거하고 있다는 것을 다수의 민중들이 동의할 수 있도록 해야 한다.

우리가 이미 소개한 바 있는 사드-필류와 존스턴(2005)이 편집한 신자유주의 비판자들 대부분이 그들의 담론에서 비판을 중심에 두었지 그것의 대안을 제시하는 사람은 드물었다. 그들은 "신자유주의 이외의 대안이 없다"는 대처의 생각을 거부하는 좌파이긴 하지만, 그들이 대안을 제시하길 꺼리는 데에는 그것을 실천할 근로대중의 의지의 박약성, 사회 '전반'의 대안과 변혁에 대한 회의감 내지 거부감, 나아가 '사회 변화'에 대해 진보적이지만 변혁적이 아닌 진화론적 입장 등이 두루 작용하는 것으로 보인다. (우리는 이 장의 마지막 절에서 사회 변화에 관한 사회과학의 다양한 입장을 살펴볼 것이다.) 그들 가운데 대안을 제시하는 소수도 '추상적'으로 언급하거나, 나아가 전체적 맥락에서는 '상징적'으로만 언급하고 있을 뿐이다. 우리는 여기서 대안을 제시한 그 소수의 입장을 존중하여, 그 입장을 먼저 소개한 후에 우리의 대안을 제시할 것이다. 우리는 노동자를 비롯한 민중이 진실로 필요로 하는 대안을 여기서는 가급적 '중심부' 국가 차원에서 제시할 것이다.

보수주의의 대안 : 신자유주의를 인간의 얼굴을 한 체제로 전환한다.

과거의 사회민주주의 사상이 신자유주의에 대한 반격으로 제시한 '제3의 길'이 여기에 해당된다. 제3의 길이라는 개념은 1990년대 중반에 탄생했으며, 1997년에 당선된 영국의 신노동당 정부, 슈뢰더의 독일사회민주당 정부, 그리고 미국 클린턴의 신민주당 프로젝트와 밀접하게 연관되어 있다(Philip Arestis and Malcolm Sawyer, 2009, 309쪽). 지금은 '제3의 길'이라는 용어는 잘 사용되지 않으며 중도좌파의 현대화, 현대화주의, 진보적 거버넌스 governance라는 용어가 사용된다. 여기에서는 우리에게 익숙한 제3의 길이란 용어를 사용하기로 한다. 제3의 길은 우파의 자유 시장 이데올로기(신자유주의)와 사회민주주의 사이에 위치하고 있는 것으로 간주된다고 아레스티스와 소여는 규정한다. 당시 영국의 토니 블레어 수상은 제3의 길을 채택한 신노동당이 구좌파도 아니며 신우파도 아니라고 선언했으며, 그것은 중도와 통하는 것이지만 그것이 약속하는 변화에 있어서는 발본적으로 급진적인 것이라고 주장했다. 이것은 곧 중도좌파의 쇄신을 의미한다. 제3의 길의 이론가 기든스Anthony Giddens(1998)는 두 가지 다른 길, 즉 고전적 사회민주주의와 신자유주의를 염두에 둔 노선에서 제3의 길을 위치지우며, 미래는 고전적인 좌파적 신념에 있는 것이 아니라 '현대적' 의미의 좌파에 있는 것이라고 선언했다(2003, 38

쪽).

제3의 길은 '인간의 얼굴을 한 신자유주의'로 설명되어 왔다. 여기서 '인간의 얼굴'이란 시장의 냉정한 경쟁이 전적으로 인간 생활을 좌우해서는 안 되고 시장의 일정한 영역에서 국가의 통치를 허용한다는 의미이다. 그러나 제3의 길은 신자유주의와 마찬가지로 경제생활에서 시장의 지배를 인정함과 동시에 인간 활동의 모든 영역으로 시장이 확대되는 것을 수용한다. 다시 말해, 제3의 길은 시장과 이윤 추구가 경제를 조직하는 최선의 방식으로 간주한다. 그렇지만 기본적으로 '시장의 실패'를 바로잡기 위한 정부의 역할을 인정하는 제3의 길은 규제 정책이나 반독점 정책이 필요하다는 것과 교육이나 보건과 같은 서비스를 공급하는 데 정부의 개입이 필요하다고 본다. 이 영역들이 앞에서 언급한 '인간의 얼굴'을 한 시장 영역의 사례들이다. 그러나 정부는 거꾸로 시장을 모방해야 하기도 하는데, 교육을 예로 들자면 학교들은 정부 지원금과 학생 유치를 두고 (교육시장에서) 서로 경쟁해야 한다.

그래서 아레스티스와 소여는 영국의 신노동당과 그것의 제3의 길이 주장하는 각종 이론과 정책을 연구한 결과, 그것들의 성격이 케인즈의 이론을 수정한 신케인즈주의neo-Keynesianism에 해당된다고 결론을 내린다. 그것의 거시 경제정책에서 우선 실업 수준이 유효수요가 아니라 공급 측면에서 결정되는 자연 실업률 또는 인플레이션을 가속화하지 않는 실업률 NAIRU을 강조하는 것, 총수요 정책 또는 유효수요 정책과 재정 정책을 부차화하는 대신 화폐 정책을 강조하는 것, 그리고 경제정책의 '신뢰성'에 대한 관심을 강조한다는 것 등을 볼 때 그러하다는 것이다.

여기서 우리는 신케인즈주의 정책으로 간주되는 제3의 길이 자신의 과거 사회민주주의 이념을 버리고 "현재의 그것이 과거의 것과 어떻게 차별화 되는 길을 걷고 있는가"를 마지막으로 점검할 필요가 있다. 이렇게 함으로써 지난 세기 유럽에서 권력을 잡았던 사회민주주의가 다시 제3의 길이란 중도좌파를 고집해, 유럽의 정치경제 풍토에서는 중도우익인 미국식 신자유주의와 대립되는 권력을 지난 세기말에 유지할 수 있었던가를 이해할 수 있다.

첫째, 사회민주주의는 공적 소유를 확대하는 데 반해, 제3의 길은 민영화를 선호하고 민영화된 공익사업에 대한 일정한 규제로 공적 소유를 대체한다.

둘째, 사회민주주의는 공식적 의미의 '시장의 실패' 보다 시장경제에서의 실패를 총체적으로 파악하는데, 예컨대 투자의 감소, 무능한 경영, 규모의 경제 비이용 등을 일반적인 실패로 간주하여 국가가 시장에 대한 통제를 강화하는 이른바 '사회적 시장' social market의 개념을 도입하여 규제한다. 그러나 제3의 길은 시장의 일반적인 실패를 지적하지 않고 '시장의 실패'를 교정하는 데에만 관심을 기울이며 시장의 효율적 작용을 인정하는 미시 정책을 사용한다.

셋째, 사회민주주의에서는 거시 정책으로 예산 적자를 감수하는 등 재정 정책이 적극적인 역할을 했으나, 제3의 길은 재정 정책을 격하시키는 한편 화폐 정책을 적극적으로 이용하여 금융시장의 신뢰성 획득을 위해 노력한다.

넷째, 그 결과 사회민주주의는 총수요 진작과 더불어 실업 감소에 중점을 두는 데 반해, 제3의 길은 인플레이션을 방지하고 자연 실업률을 중시하는 데 중점을 두었다.

끝으로, 사회민주주의는 실업을 노동시장 정책보다는 지역 정책과 산업 정책을 통해 접근하는데, 일반적으로 3자간 접근이나 소득정책의 운영 등 일종의 코퍼러티즘을 이용하였다. 제3의 길은 그런 정책보다는 개인들이 시장에서 경쟁할 준비를 갖추는 교육과 훈련에 중점을 둔다.

요컨대, 사회민주주의는 복지국가로서의 지위를 유지했으나 제3의 길은 복지국가에서 후퇴해 시장 우선 정책을 시도하고 있다. 사회민주주의든 제3의 길이든 이것은 정치적 평등을 형식상 유지하고 있는 선거 민주주의를 신봉하는 유럽에서 대중 추수적으로 권력을 유지하고자 하는 방안으로 채택된 것이다. 다시 말해, 그들이 미국식 신자유주의를 전면 채택할 경우 일반 대중의 경제적 자유는 더욱 협소해져서 개인 간 사회적 불평등이 더욱 심화되어 자신들이 권력을 잃거나 잡지 못할 가능성도 배제할 수 없어 채택된 교육지책이라고 볼 수 있다. 이와 같은 대중 추수적 민주주의는 오늘날 전 세계적으로 확대해 있다. 한국도 예외가 아니다.

그래서 신자유주의에 대한 보수주의의 대안은 대통령제든 내각책임제든 정기적인 선거에서 부정이나 부패의 징후가 거의 없어 국민들이 권력의 향방과 소재에 대해 미리 예측할 수 있는 국가들에서만 가능할 것이다. 그런 국가들이라면 전 세계 192개 국가들 가운데 대체로 경제협력개발기구 회원국인 30개 국가들에 불과하다. 그러나 그런 국가들 가운데에 신자유주의에 대한 보수주의적 대안의 정책들을 가시화하는 국가들은 현재 영국, 독일, 프랑스, 미국 등 선진국 소수에 불과하다. 그렇다면 현재 전 세계 인민들을 상대로 추천하고 싶은 중도좌파적 대안이 있다면, 그것이 자유국이든 비자유국이든 — 이것은 미국의 프리덤하우스가 전 세계 국가들의 정치적·시민적·종교적 자유를 평가하는 기준이다 — 구분 없이 국가의 '고유한' 기능을 강조하는 방안이 될 것이다. 이것을 우리는 신자유주의에 대한 개량주의의 대안으로 규정한다.

개량주의의 대안 : 정부의 위기관리 등 고유한 책임을 강화하여 신자유주의를 보완한다.

신자유주의에 대한 이런 해결 방안은 우선 국민의 정부 선택이 민주주의 선거 방식에 의할 것임을 전제로 하는 점에서, 신자유주의에 대한 보수주의의 대안의 경우와 같고 다음 절에서 이야기할 민주주의의 역할과 맥을 같이한다. 그런 점에서 이 방식은 선거 민주주의를 별 탈 없이 운용하는 중심부 자본주의국가와 나아가 주변부 일부 국가에 적용될 수 있는 방안이기도 하다. 이 대안이 성공적이기 위해서는 정부의 기능 강화를 위한 가장 최선의 거시·미시 혼합이 무엇인가가 규명되어야 하고, 나아가 이것보다 더욱 중요하게는 정부의 경제적 역할에 대한 대중의 이해를 재형성할 필요가 있다.

정부의 역할 강화론인 개량주의 방안은 정부가 미시 경제정책과 거시 경제정책을 두루 사용해 자유주의자들이 반대하는 정부의 경제 개입을 정당화하는 한편, 케인즈주의에서 경제의 '관리자' 역할을 한 정부에서 후퇴하지만 그것은 공공 정책에 대한 신자유주의적 지배를 무너뜨리기 위한 하나의 대안으로 간주한다.

자유주의자들의 입장은 독점, 자연독점, 공공재 그리고 외부성(외부효과)으로 시장의 실패market failure가 일어날 경우 이를 시정하기 위한 정부의 경제 개입을 허용한다. '시장의 실패'란 상품의 과잉 생산이나 과소 생산으로 인해 최적이 아닌 공급으로 이어지는 경우를 말하는데, 이때 이 문제를 치유하기 위해 정부가 규제, 조세, 보조금 또는 생산 통제를 실시한다는 것이 기본적 개념이다.

시장의 실패에 대한 정부의 개입은 경제학자들 대부분이 찬성하는 주장이지만, 신자유주의자들은 시장의 실패에 대한 정부의 개입이 오히려 정부의 실패government failure를 가져온다는 주장을 굽히지 않고 있다. 시장이 실패할 수 있지만 정부의 개입은 시장 유형의 유인 체계 부족과 관료적 비효율성 때문에 시장 상황을 더욱 악화시킬 수 있다는 것이다. 정부의 실패에 대한 주장은 급진적 개인주의의 문화를 갖고 있는 미국에서 커다란 호응을 불러일으켰지만, 시장의 실패에 관한 한 정부 개입의 정당성은 유지되고 있다고 펄리Thomas I Palley는 지적한다(2009, 56쪽). 하지만 펄리가 여기서 강조하고 싶은 것은 시장경제에서 정부의 역할은 훨씬 비중이 높아졌지만, 정부의 그런 정당한 역할이 대중적으로 충분히 인식되지 못하고 있다는 점이다. 펄리의 이런 주장은 우리가 볼 때, 정부의 실패라는 용어를 주조해 내는 개인주의 강화론자인 신자유주의 지식인들이 국가의 권력 지배층power elite과의 담합 결과 빚어진 민주주의의 중우정치mobocracy화 — 이른바 포퓰리즘populism — 를 비판한 것으로 보인다. 권력 지배층, 곧 파워 엘리트란 미국의 밀스C. Wright Mills가 1956년에 쓴 저서의 제목이기도 한데, 사회의 특정 제도 내에서 권력과 지위를 차지하고 있는 지배 계층을 의미한다. 밀스는 특히 미국 사회에서 지배적인 제도로 등장하고 있는 경제, 정치 및 군사의 영역에서 고도로 집권화되고 관료화되어 있는 이들 제도의 지휘 명령권을 행사하고 있는 사람들을 이 용어로 일컫는다.

신자유주의 정책을 펴고 있는 현대 민주주의 국가에서 정부는 시장의 실패를 치유하는 역할을 수행하고 있을 뿐만 아니라, 교육, 보건, 환경, 복지 등과 관련된 본질적 서비스의 제공자이기도 하다. 또한 정부는 계약 관행을 유지시키는 법적 체계를 제공하여, 민간 시장의 작동에 필수적인 부분이다. 이러한 국가 기능을 떠받치고 있는 토대는 국가의 고유한 권한인 사회정의, 개인행동 규제(집단주의), 사회복지라는 가치를 실현하는 권한에 있다(김영규, 2008년 3월, 제5장). 나아가 정부는 화폐금융정책과 더불어 재정정책을 통해 경기순환을 안정화시키는 데 결정적인 역할을 수행한다. 정부의 거시 정책과 관련해 신자유주의자들은 정부가 완전고용 의무와 소득분배를 위한 노동자 보호 의무를 각각 포기하고 있음에도 불구하고 중심부 자유주의국가들이 실제 거시 정책적 개입을 완전히 포기할 수는 없었다고 라파비트사스Costas Lapavitsas(2009, 68쪽)는 분석한다.

이에 따라 신자유주의는 주류 경제학이 만들어 낸 이데올로기적 주장이지만, 대부분의 정부는 신자유주의를 정책의 '기조'로 채택하고 있다. 그러나 1980년대와 1990년대 자본주의의 주기적 경제 위기가 나타날 때마다 정부는 그것의 주요 기능인 재정 정책과 화폐 정책의 결합을 이용해 위기를 모면하려 시도해 왔다. 2000년대 들어 두 번째 경제 위기인 지금도 국가는 조세 감면과 공공 지출의 확대, 그리고 이자율의 인하 — 이것은 지금 거론되고 있는 '출구 전략'과 연계되는 화폐 정책이다 — 로 위기에 맞서고 있다. 일본의 경우 지금까지 근 20년 가까이 경기 침체를 겪으면서 한국과 같이 신자유주의를 공식적·비공식적으로 지지함에도 불구하고 케인즈주의적 도구인 국가를 이용한 거시 경제적 개입을 지속하고 있다. 특히 한국의 경우에는 케인즈주의 정책을 고집하여, 국가 전체 예산의 60% 조기 집행을 2009년 상반기에 중앙 정부의 명령으로 지방정부에 하달해 시행한 바 있다. (김영규,『지방자치』, 2009년 6월, 52~5쪽)

신자유주의 정책들은 발전도상국 내지 주변부 국가들에서 강탈의 과정을 집중시키고 가속화시킴으로써 이른바 자본의 '본원적' 축적의 속도를 재촉하고 있다. 자본의 본원적 축적이란 비시장적 수단을 사용해 자산(가장 대표적으로 토지)을 비자본주의적 계급에게서 잠재적으로 자본가가 될 가능성이 있는 계급에게 이전시키는 것이며, 그것의 특징은 농민들을 토지 및 그 밖의 다른 생산수단으로부터 분리시키는 데 있다. 그런 과정은 일반적으로 강탈·강제 퇴거를 통하든 명목상 가격으로 구매하는 것을 통하든 '강압적 힘'에 의한 국가의 승인이나 중재로 이루어진다. 그러나 그에 상응하는 강한 국가의 부재 속에서, 이러한 것들은 자본주의적 변형의 속도를 가속화시키는 데는 뚜렷한 기여를 하지는 못했다. 이처럼 자본주의의 본원적 축적을 분석의 도구로 삼아 특히 발전도상국의 신자유주의로의 이행을 연구한 바이어스Terence J. Byres는 국가의 힘에 의해 신자유주의의 영향을 효과적으로 배제할 수 있다고 본다(2009, 147~60쪽).

신자유주의에 대한 보수주의의 대안이 자본주의 중심부 국가들이 채택할 수 있는 방안이라면, 개량주의의 대안은 자본주의든 비자본주의든 구분 없이 국가가 자본에 선행하여 사회체제를 끌어가는 주도적 역할을 담당하도록 하는 데 중심에 둔 것이다.

국가 기능의 후퇴 내지 국가의 부차화를 위한 재조정이 필요한 신자유주의 시기에 이것을 거부하고 국가의 중요성을 강조해 성장을 이룩한 사례가 있다. 그런 사례로는 (프리덤하우스는 비자유국으로 분류하지만) 사회주의국가를 표방하고 있는 중국을 들 수 있다. 정규적 사회주의국가로의 '준비 단계'인 중국은 덩샤오핑鄧小平의 개혁 이후 자본주의적 사유와 시장경제를 수용해 가히 놀랄 만한 성장을 한 세대 동안 유지하고 있다. 이와 같은 중국의 성장은 가히 "혁명적인 기록"이라고 해도 무방할 것이지만, 성장에 대한 좌파의 비판도 만만치 않다.(張維迎, 2009, 8~19쪽.)

그간 중국은 신자유주의자들로부터 국가자본주의라는 비판을 받아 왔다. 이는 '정부의 실패'를 주장하는 자본주의자들이 집단주의적 계획경제를 추종하는 사회주의를 비판하기 위해 주조한 용어이며, 자본주의를 비판하는 좌파의 국가독점자본주의와는 대립되는 개념이다. 국가자본주의라는 비판은 국가가 자본가를 대신해 인민을 착취하고 억압하는 체제인 것으로 오인시키는 데 목적이 있다. 그런데 현실의 정치경제체제에서 이것이 가능하려면 중앙의 계획과 관료 체제가 결합되어야 하지만, 중국은 그런 유형의 구舊사회주의에서 이미 탈출하고 있다. 이와는 반대로 중국은 법률과 규제의 도입으로 국가 중심의 혼합경제를 운용하여, 권력이 직접 경제를 성장시킨 동반 주체로 확고히 자리매김을 하고 있다. 그러나 바이어스는 자신의 논문에서 중국이 자본주의로 전환되었다고 '직접적으로' 규정하지는 않았지만, 중국의 개혁 30년 과정을 자본주의의 본원적 축적 과정이라고 정의함으로써 암묵적으로 '자본주의화' 과정으로 인식하고 있는 것이다.

그러나 중국은 공산당이 지도하고 통치하는 정치체제로서, 국가의 계급적 성격은 노동자, 농민, 지식인 등 근로민중의 연합인 인민민주주의(신민주주의)이다. 중국은 국가정책의 결정 과정에서는 '정치협상회의'라는 과정을 거치는 한편 '전국인민대표자회의'의 지배 체제를 공고히 하는 민주주의를 강화했다. 따라서 중국의 경제성장에 밑거름이 된 사회의 정치경제적 토대의 변화를 음모적 차원에서 '사유 자본'의 본원적 축적이라고 부르기보다는 오히려 '사회적 소유'의 본원적 축적 과정으로 부르는 것이 현 중국이 공식적으로 표방하고 있는 정체를 볼 때 올바르다. 그런 중국 사회의 토대 변화로는 사회적 소유 형성을 위한 국가의 조세 징수 등 자금 조달, 토지를 중심으로 한 생산수단으로부터의 농촌 노동자의 대규모 분리, 국유 기업들로부터 유휴 노동자들의 분리 등을 들 수 있다. 이런 현상들이 국내적 차원에서의 사회주의 현대화를 위한 본원적 축적 과정이라면, 중국은 무역의 성공으로 국외적 차원에서도 본원적 축적 과정을 대규모로 이루었다.

이러한 모든 것들에서 중국은 러시아보다 국가가 매우 조심스러웠고 성공적이었으며, 훨씬 손실을 입지 않았다. 중국의 현대화 계획은 그것의 경제성장을 볼 때 이례적인 속도로 진행되었고 거대한 규모로 자본화와 산업화를 진행하고 있다. 중국 사회주의 '준비 경제'는 오늘날 세계에서 가장 역동적임에 틀림없다. 중국은 신자유주의적 정책 패키지와 유사한 어떤 것도 채택하지 않았다. 국유 산업의 민영화, 금융시장의 승인 등은 신자유주의의 영향 없이 천천히 진행되었고 무모하게 추구되지 않았다. 게다가 중요한 것은 중국의 사회주의 행진이 결코 후퇴하지 않았다는 점이다. 이런 것이 가능한 가장 큰 이유는 국가 그 자체가 능동적이면서 민주적으로 개입하는 성장 추동 세력이기 때문이다.

진보주의의 대안 : 민주주의 사회가 신자유주의 시장을 통제한다.

인류의 역사를 더듬어 보면, 근대국가에서는 민주주의의 근본 원칙인 '일인 일표'라는 보통선거의 원칙에 따라 권력을 선출함으로써 보수 권력의 핵심인 유산계급의 지위는 언제든 위협받을 가능성이 있다. 그러나 매키언은 가장 효과적으로 민주주의를 제한하고 자본주의적 권력을 유지해 주는 사회적 조건은 '일금 일표 one dollar, one vote'에 의해 지배되는 영역인 시장에 의한 사회의 지배라고 말한다(Arthur MacEwan, 2009, 298쪽.)

그는 자본주의 시장의 본질을 규명한 폴라니의 "시장은 사회를 부속물로 운용하는 체계"(Karl Polanyi, 1944, 57쪽)라는 시장 지배론에 영향을 받았다. 그리하여 매키언은 자본주의를 운용하는 수단인 시장이라는 경제체제는 민주주의를 위협하는 성질을 내포하고 있는 것으로 진단한다. 그는 과거 사회민주주의의 복지국가나 동아시아의 놀라운 경제성장을, 그것이 권위주의적인 국가 아래에서 얻은 결과이든 아니든 상관없이, '사회'가 그것을 대표하는 시장을 통제한 결과로 얻은 성과로 간주한다. 이에 그는 신자유주의란 사회에 대한 시장의 지배로 특징지어지는 경제적 생활로 변환시키려는 당대의 이데올로기이며 정책 프로그램이라고 규정한다. 따라서 신자유주의적 프로그램은 민주주의를 경제적인 문제들과 관련짓지 못하도록 하면서 정치 영역만의 것으로 만들어 버리는 특징을 갖고 있다는 것이다.

매키언은 나아가 민영화나 탈규제 같은 신자유주의 정책은 시장이 기업들에게 일종의 정치적 권력을 주는 것이며 그것은 정치의 기본적 전제인 민주적 과정을 넘어서는 권력이라고 본다. 결국 민주주의로 신자유주의에 대항하려는 시도는 국가가 민주적인 유능한 권력임을 주장하면서 사회적 선택의 시장 대안적 관점을 분명히 하는 것에 달려 있다는 것이다. 민주적인 정치 절차를 통해 사회가 시장에 의해 지배당하기보다 오히려 사회가 시장을 이용하는 방법을 찾아야 한다는 것이다. 매키언은 현재 신자유주의 공세에 맞서는 세계 곳곳의 다양한 대중운동이 시장이 사회를 지배하는 규칙rule에 대한 저항이며 그 규칙을 실제적이고 민주적인 제도 운용으로 전환하고자 하는 것이라고 본다. 그래서 매키언은 여전히 국가적·국제적 행동이야말로 신자유주의적 의제에 저항하고 민주주의를 수립하는 데 본질적인 요소라는 결론을 내린다(306~7쪽). 결국 매키언은 사회가 신자유주의에 대항하여 가장 유력한 수단인 시장을 자신의 통제 하에 두는 민주주의의 시행이야말로 지금으로서는 최선의 방책이라고 제시한다.

그는 신자유주의에 맞서는 민주주의의 운용 사례로 유럽 복지 국가의 경험을 들면서, 그 경험에는 한계는 있으나 노동자 등 사회적 약자를 위한 유용한 지침을 제공해 준다고 보고 있다. 민주적

절차가 존재하는 수많은 저소득 국가들에서는 시장의 변화로부터 노동자들을 보호하는 사회복지 입법이 여러 가지 대중운동으로 가능하다는 것이다. 나아가 대중운동은 지역적 차원에서 민영화에 저항하고 또한 공공 기관들에 대한 민주적 통제가 수립되도록 활동할 수 있다는 것이다. 예를 들어 학교는 특히 대중적인 참여가 큰 정치적 목적에 기여할 뿐만 아니라 학생들을 위한 환경을 개선할 수 있음을 보여 주는 중요한 사례이다. 이와 마찬가지로 보건에 대한 대중적 참여도 민주적 행동을 위한 하나의 방식으로 동원될 수 있다. 또한 농업협동조합은 시장 지배를 받아들이기보다는 시장을 억제하고 이용할 수 있는 구조를 지역적으로 만들어 낼 수 있는 길을 보여 준다. 매키언은 커피 무역에서의 비참한 시장 조건들에 반응하려는 국제적인 노력들이 이런 방향에서 움직이고 있다고 보고한다(2009, 306~7쪽). 매키언은 이처럼 발전도상국에서 신자유주의에 대한 저항과 투쟁은 지역적 대중운동이 발단이 되어 국가적·국제적 수준에서 전통적인 정치투쟁으로 나아가는 것이 불가결하다고 지적한다.

자본주의사회의 민주주의와 관련해서는 신자유주의에 반대하는 대중운동은 물론이고 시민운동도 중요하다. 신하는 중심부 국가들은 물론이고 특히 주변부 발전도상국에서는 시민사회의 부활이 신자유주의가 패권을 잡으면서 동시에 일어났다고 강조한다(Subir Sinha, 2009, 283~295쪽). 주변부 국가들이 발전의 실패로 거론하는 신자유주의적 변명은 으레 국가에 대한 비판에서 출발하는 만큼, 이는 한편으로는 시민사회를 위한 공간을 제공한다는 것이다. 그러나 그런 실패는 국가와 관계된다기보다는 오히려 그것의 집행 체계인 '정부'와 관계되는 것이기 때문에 근본적으로 정부의 실패와 연관된다는 신하의 설명이다.

시민사회는 분권화, 참여, 책임, 투명성 등의 '좋은' 거버넌스, 즉 긍정적 공치公治(positive governance)라는 의제를 통해 국가를 개혁하고자 한다. (거버넌스의 의미에 관해서는 김영규, 2004, 348~9쪽 참조.) 시장이 충분히 발전하지 않은 발전도상국의 경우, 시민사회는 정부의 사회적 기능을 자신에게 분배할 것을 주장한다. 신자유주의적인 국제 개발 기관들은 시민사회를 비정부기구NGO와 동일시하여, 이들에게 막대한 발전 기금을 지출하고 정책을 입안하거나 이행하는 데 이들을 합류시킴으로써 그들의 행태와 기능을 정의하려고 한다. 신자유주의 기획과 더불어 여기에서 비정부기구가 맡은 역할은 성과가 있었다. 그러나 비정부기구가 국가나 국제기구들과 더욱 밀접하게 활동하기 시작하면서, 비정부기구가 '국민과 더 가까이' 있는 것이라는 이데올로기는 견지되기 힘들어졌다고 신하는 평가한다(288쪽).

신자유주의는 시민사회와 비정부기구를 이용해 민주주의를 발전시킬 수 있다고 확신한다. 그러나 우리는 '올바른' 민주주의를 위해 신자유주의가 주장하는 민주주의를 철저히 분석해야 한다. 신자유주의는 결국 근대 민주주의가 그랬듯이 계급사회 이전의 시민사회를 이용하여, 적대적이 아닌 '협력적인' 사회관계를 창조하는 데 목적이 있다. 민주주의 발전이 투쟁이 아니라 협력을 통해서만 가능하다는 자유주의 논리의 편파적인 역사관을 내세우고 있는 것이다. 이에 신자유주의는 사회의 고유한 영역과 행태들에 '자본'이란 용어를 대입한다. 예컨대 신자유주의는 1990년대 초

반부터 시민사회 개념을 확장해 그것에 '사회적 자본social capital'이라는 개념을 포함한다.

우리가 볼 때 사회적 자본이란 시민사회가 신뢰, 규범, 상호성, 사회적 네트워크를 활용해 사회의 집단주의적 문제를 해결하는 것을 기본적으로 의미한다. 이를 위해 필수적인 것은 신뢰와 상호 관계를 바탕으로 하는 '좋은' 거버넌스(긍정적 공치)인데, 이런 개념과는 역행하는 합리적 개인주의를 표방하는 신자유주의가 그런 신뢰성 있는 사회적 네트워크를 추동하기는 어렵다. 이에 신자유주의는 적대적인 성향을 갖는 시민사회의 형태와 역할을 제한하는 것을 목표로 한다. 이를 위해 신자유주의는 노동을 '인적 자본'으로 개념화함으로써 그것을 탈정치화하고자 한다. 신자유주의는 노동을 재화의 생산에서 독립적인 요인이 아니라 투자의 결과로서 획득되는 기술과의 결합체로 보는 한편, 노동자들을 자기 자신의 투자(노동력 투입) 결정에 대해 전적으로 책임을 지는 자율적인 경영자인 '인적 자본'으로 보는 것이다.

신자유주의가 노동을 자율적인 책임을 지는 인적 자본으로 규정함으로써 노동자들이 개인적으로 협상하는 주체가 됨에 따라, 집단적인 노동 정치는 불필요한 것이 되었다. 이것은 신자유주의가 시민사회를 '사회적 자본'으로 개념화하는 것과는 다르게, 노동자들이 그들의 집단적 문제를 해결하기 위해 노동조합을 결성하는 취지와는 모순되는 결론을 낳고 있다. 이는 신자유주의가 노동조합을 불법으로 선언하는 것에서 명백하게 드러난다. 신자유주의는 여기에 그치지 않고 개별화된 수행 목표, 평가, 봉급, 보너스, 책임 등을 포함하는 유연한 노동관계를 통하여 노동자들을 분열시킨다. 이처럼 인적 자본에게 합리적 개인주의를 확산시켜 노동을 자본의 주권에 종속시키려는 신자유주의의 목표는 세계의 곳곳에서 도전에 직면하고 있으며 그 실패는 예정되어 있다. 여기에서 우리가 특기할 점은 반노동조합적인 신자유주의 시대에 노동조합으로 뭉친 정규직은 보다 불안정한 상황에 빠질 수밖에 없다는 것이다. 신자유주의가 조장하는 불법 (이주) 노동자들과 비정규직 노동자들이 급속히 증가하는 상황에서, 정규직인들 엄격한 규율과 불리한 임금 조건 등으로 압박하는 자본의 주권에 굴복할 수밖에 없는 것이다.

신자유주의는 이제 노동조합을 방기하는 대신 시민사회와 비정부기구를 활용하지만, 신자유주의에 적대적인 조직이나 집단을 배제한다는 점에서 민주주의의 정치적 평등이라는 이상을 실현할 수 없는 한계를 가진다. 신자유주의는 이처럼 노동조합을 인정하지 않는다는 점에서 역사의 시계를 18세기까지 거꾸로 돌리는 시대착오적인 반민주적, 반노동자적 기획이며, 나아가 노동조합 말살의 극우적, 파쇼적 정치 질서를 배태하고 있다. 이런 정치 질서는 오늘날 한국의 이명박 정권 하에서 명백히 복사되고 있다.

신하는 또한 최근에 전 세계적으로 확산되고 있는 신자유주의에 대한 대항 운동들의 사례를 소개한다(2009, 290~294쪽). 예를 들어 '기아구제를 위한 옥스퍼드위원회' (약칭 옥스팜Oxfam)과 같은 세계적인 비정부기구는 세계은행과 같은 신자유주의 기관과 함께 활동하지만 — 이 국제 비정부기구는 4억 달러에 해당되는 예산을 쓰고 있는 것으로 『르몽드 세계사』(96쪽)는 밝히고 있다 — 신자유주의의 핵심적인 정책에는 반대한다. '빈곤과의 전쟁' 이나 제3세계네트워크Third World Network와 같은 비정부기구는 신자유주의에 반대하는 사회운동들을 적극 지원하고 있다.

신자유주의자들은 성장과 서비스 제공의 책임을 국가에게 지움과 동시에 시민사회에 일정한 역할을 부여한다. 그러나 신하는 시민사회의 민주주의 형식들이 대안적인 책임의 정치politics of accountability를 요구한다고 주장한다. 예를 들어 인도의 정보권 운동은 '좋은' 거버넌스를 위한 운동일 뿐 아니라, 시민권의 한 요소로서 정부로 하여금 정보를 책임지도록 요구한다. 책임의 정치는 국가와 시민들 간의 일반적인 관계를 포괄하는 거버넌스로부터 나온다. 브라질의 뽀르뚜 알레그리에서는 '참여 예산제'가 노동자 정당과 그 정당의 국가적 프로젝트에 대한 요구에 우호적인 정치와 전반적으로 결합되어 있다. 인도의 케랄라Kerala에서 분권화는 좌파 정당 활성화와 결합되어 있다.

신자유주의가 21세기 초에 지배적이라 하더라도, 신자유주의는 그 기만적인 민주주의 정치로 인해 오히려 사회 전반에 정치경제적 위기를 불러오는 것으로 악명이 높다. 신하는 신자유주의로 인해 소수의 일부 사회집단이 이익을 보았던 반면에, 신자유주의에게 책임이 돌아가는 바인 정치의 고질적인 불안정성과 점증하는 경제적 불평등은 그런 성공의 한계를 보여 준다고 강조한다(294쪽). 신자유주의가 반대에 부딪히자, 시애틀에서부터 제노바에 이르기까지 반세계화 운동에 퍼부어지는 가혹한 경찰 진압에서 볼 수 있는 것처럼 신자유주의 신봉자들은 신자유주의에 적대적인 이른바 사회적 자본과 시민사회를 불법으로 선언하였다.

신하는 새로운 국가-자본 형태인 신자유주의가 지닌 억압적이고 폭력적인 성격은 분명히 제국주의 부활의 증거이며, 이는 이라크 전쟁에서 확인된다고 강조한다. 또한 마이애미에서 자유무역지대Free Trade Area에 항의하는 시위 참가자들을 공격하기 위해, 미국은 '테러와의 전쟁'에 관한 법을 발동하였다. 이와 동시에 미국에서는 혁명적 좌파뿐만 아니라 이슬람주의네트워크 등의 조직들도 불법화되었다. 신하는 국가가 반대자들을 다루기 위해 광범위하며 억압적인 권력을 남용하지만 또한 인민주의적 보호주의 정책을 채택하라는 정치적 압력에 굴복하기도 한다고 결론을 맺는다. 결국 민주주의에 굴복할 수밖에 없는 국가로 인해, 권력을 시장과 사회적 행위자들에게 재분배하고자 하는 신자유주의적 기획은 변화할 수밖에 없다. 대중의 민주주의 요구가 거세질수록 신자유주의는 더욱 약화될 수밖에 없다는 것이다.

변혁주의의 대안: 독점자본의 신자유주의적 권력을 무산시키는 '민중의 민주주의'를 실현한다.

우리는 지금까지 자본주의의 최근 전환 형태인 신자유주의에 맞서는 대안으로, 보수 좌파의 시장 규제론, 개혁파 내지 개량파의 국가 기능 강화론, 진보파의 민주주의론 등을 살펴보았다. 그러나 이처럼 정치사회적 차원이 중심이 되는 대안보다는 자본주의 정치의 토대인 경제적 차원이 중심이 되는 보다 '근본적인' 대안을 제시할 필요가 있다. 이것은 물론 맑스적 대안이라고 부를 수 있다. 그 이유는 자본주의경제의 토대를 보면 유산계급 구조의 상위를 점하고 있는 분파인 독점자본이 여전히 불변의 권력을 자랑하고 있기 때문이다. 따라서 독점자본주의의 정치경제적 구조에 대한 분석은 신자유주의의 성격을 규정하는 데 필수적인 요인이다. 신자유주의란 자본의 안정적 이윤과 축적을 위한 장기적 질서인가, 아니면 자본의 그러한 이익이 주기적으로 훼손당하는 불안정과 위기를 타개하기 위한 단기적 체제인가, 아니면 양자 모두인가를 규명하려면, 독점자본 자체의 권력적 본질이 규명되어야 한다. 그래야만 우리는 그것의 권력을 무산시키는 근로민중의 민주주의 권력을 창출하는 방안을 강구할 수 있다.

오늘날 독점자본은 시장의 점유율이 압도적으로 높아 상대적으로 많은 이윤을 거두고 있다. (한국에서는 점유율이 25% 이상이면 공정거래위원회가 시장 지배 기업, 즉 독과점자본으로 간주한다.) 중심부 국가에서 대개 주식회사의 형태를 취하고 있는 독점자본의 경우, 당해 기업 총주식의 1~5% 소유만으로 51% 이상을 사실상 지배할 수 있는 대주주가 된다. 이러한 지배 구조가 가능한 것은 대부분의 주주들이 이른바 '개미군단'이어서 투기 수익에만 관심이 있기 때문이다. 이들 대주주가 세계적으로 이른바 억만장자에 해당하는 부자들이며 2005년 현재 691명에 이르고 있다(『르몽드 세계사』, 2006, 124~5쪽). 그래서 독점자본과 그것의 소유를 대표하는 독점자본가 양자를 구별해야 하지만 가끔 혼동되어 쓰이고 있다.

한국적 독점자본가인 재벌을 염두에 두고 여기서 자본과 자본가를 혼용하기로 한다면, 독점자본의 세계적 권력은 예를 들어 스위스의 다보스 포럼Davos Forum에 참가하는 독점자본가, 정치인, 관료 등 권력 엘리트로 구성되어 있다. 독점자본의 이데올로기인 신자유주의를 추구하는 권력은 그것의 장기적인 축적 체제를 선호하는 수구적(중도우파적) 경향을 띄는 한편, 독점자본에 미치지 못하는 중견 자본은 단기적 위기 타개에 방점을 찍는 '보수 중도적' 입장을 견지할 가능성이 크다. 이들의 정치경제적 권력을 지배 자본 내 중도적 지위로 보는 이유는 이들이 상위 독점자본과의 경쟁에서 승리하고자 하는 의도를 그대로 반영한 것이다. 이러한 자본 간 경쟁으로 인해, 비독점자본은 불가피하게 정치인 및 관료와 비리 및 부패에 얽매이는 불안정한 연결 고리를 맺고 있다. 지난번 한국에서 노무현의 자살을 부른 자본들이 여기에 해당된다. 독과점자본이 지배하는 대부분의 중심부 국가에서 종종 터지는 이 같은 권력 부패 사고는 과거에는 가끔 정권이 바뀌는 계기가 되기도 하였다.

지난 세기말 이래 세계에 권력을 굳힌 신자유주의는 자본 간 경쟁에서 독과점자본의 상대적 우위 지배를 관철하는 권력이다. 그래서 신자유주의 체제의 선거에서는 독점자본과 경쟁해야 하는 다른 자본들을 반사회적 부정부패 세력으로 모는 '언론 플레이'에 집중한다. 이때 언론의 공격을 받는 대상은 불리한 중간지위 자본과 연결 고리를 맺고 있는 정치경제적 권력이 될 수밖에 없다. 그래서 좌파 정치 세력을 진보와 변혁으로 구분하는 가장 쉬운 방법은 신자유주의에 반대하여 정치적 민주주의를 강조하느냐(진보) 아니면 나아가 그것의 근원인 독점자본은 물론 자본주의까지 반대하여 민중의 권력을 세우려 하느냐(변혁)를 확인하는 것이다.

오늘날 중심부 국가에서 자본의 최상위 분파인 독점자본은 여전히 깨지기 힘든 권력을 향유하고 있다. 수구적 속성의 독점자본은 신자유주의 정책의 최대 수혜자인 동시에, 신자유주의가 몰고 오는 저성장, 정체, 위기의 핵심 고리 역할을 수행하고 있다. 그들은 체제 수호를 위한 어떤 가시적인 비용도 치루지 않으면서도 중간계급과 심지어 노동자 등 무산계급의 우호적 지지를 받고 나아가 국가권력으로부터 '특별한' 보호를 받고 있다. 그래서 중심부 제국帝國에서든 주변부 미성숙 제국에서든 의식 있는 노동자계급이 신자유주의를 청산하기 위해 설정해야 할 최대의 적은 — 아나키즘이나 생디칼리슴이 생각하듯 국가 그 자체나 정부기구가 아니라 — 국가와 결합되어 있는 정치경제적 세력인 독점자본과 독점자본가이다. 이러한 방향 설정은 신자유주의 비판자들이 흔히 언급하는 '민주주의'를 특정 주체 차원에서 심화시키기 위한 것 — 이것은 신자유주의에 대한 진보주의의 대안이 갖고 있는 개념이다 — 이기도 하지만, 더 중요하게는 자본주의 권력 그 자체를 정치, 경제, 문화 등 종합적 차원에서 불법하고 부패한 권력으로 규정하고 심판하기 위한 것이다. 이런 과정은 민중이 자신의 독자적 '권력'으로 민주주의를 획득하기 위해 반드시 겪어야 한다.

이제 한국의 현실로 돌아가 보자. 이명박 정권이 인수한 한국의 기본적 사회관계(체제)는 종래 60년간 유지해 온 자본주의인 만큼, 이에 근거하여 당선된 이명박 정부는 그것을 그만둘 자유는 어디에도 없으며 그것을 폐기할 필요는 더욱 없을 것이다. 이명박 정부는 재벌 자본의 착취적 경제를 토대로 해 이미 부정부패로 망가진 보수 정치를 유지하고 있으며 그리고 이미 실패가 예정된 반민주적 정책들을 강행하려고 한다(이에 관해서는 제2권의 10대 정책들에 대한 비판을 참고하라). 다시말해, 자본주의의 반사회적,

반민중적 본질로 인한 현실을 외면한 채, 이명박 정권는 오히려 자본주의 체제를 더욱 심화시킬 독점자본 주도의 신자유주의 정책으로 일관하고 있다. 이명박 정부는 신자유주의의 세계화 정책을 자본주의의 현대적 변화를 모색하는 '유일한' 길인 것처럼 추종하고 있다. 그간 중심부 선진국이 추진했던 신자유주의 정책은 국민에게 편익을 넘는 손실을 초래해 '국민' 차원에서는 실패한 정책들이지만, 국민의 손실 나아가 민중의 고통은 곧 자본가계급의 이익으로 돌아감으로써 계급사회적 '국가' 차원에서는 성공한 정책들인 셈이다. 이처럼 공기업의 민영화에서부터 국제적 투기자본의 자유화까지에 이르는 모든 유형의 신자유주의 정책들이 국가의 주요 정책으로 버젓이 채택되는 것은 권력과 자본의 긴밀한 유착과 단합이 없고서야 불가능한 일이라는 것을 국민들은 새삼스럽게 깨닫고 있을 것이다.

이명박 정부의 각종 정책이라는 것의 대부분은 현재 신자유주의 체제에서 세계의 초국적 독점자본이 추진하고 있는 정책들을 '따라잡는 것'이다. 한국의 정책과 체제는 '크게 보아' 중심부 선진국들의 정책이자 체제라고 해도 틀린 말이 아니다. 한국의 중심부 따라잡기는 '미국 지배, 한국 종속'이라는 지난 세기 신식민지 국가독점자본주의의 원리를 다시 관철하고 있는 것이다. 예를 들어 한국의 독도 영유권 문제에 대해 2008년 7월에 미국의 국립지리원지명위원회의 발표가 관건인 것처럼 비친 것은 바로 제국주의imperialism의 그늘에 의존하려는 한국의 종속적 현실을 드러낸 것이다. 2008년 5월에 이명박 대통령이 중국을 방문했을 때 중국 외교부는 "한미 군사 동맹은 지나간 역사의 유물"이라 평가했다.

중국이 외교적 결례를 저지른 것은 분명하지만, 한국은 이제 어떤 나라로부터도 그런 과거의 부끄러운 역사를 지고 가는 종속적 국가라는 소리를 들어서는 안 되고 지금부터라도 독립자존의 선진국가로 거듭날 수 있도록 해야 할 의무가 이명박 정권에게 있다. 그러나 이명박 정권의 신자유주의 강화는 미국을 위시한 중심부 제국에의 금융 및 기술의 종속, 나아가 시장의 종속을 더욱 심화시키는 현상을 초래하고 있을 뿐이다.

현재 세계의 독점자본들은 이른바 세계화globalization의 진전에 따라 실물의 과잉생산과 함께 금융 투기의 확대로 많은 이익을 올리고 있다. 독점 대기업들은 해외시장으로 쉽게 진출할 수 있으며, 세계의 어디에서나 그들의 활동을 가장 효율적으로 조직해 가장 높은 이윤을 얻고 있다. 그런 기업들은 거의 모두 중심부 선진국들 특히 미국에 토대를 두고 있는 다국적·초국적 자본이다. 세계적 대자본들의 증가된 권력은 세계의 많은 지역들에서 목격되고 있다. 그 결과, 한편으로는 선진국과 후진국이 모두 '동조화homo-genization'로 발전하기도 하지만, 다른 한편으로 부유한 선진국들을 가난한 개발도상국들의 희생으로 유지시켜 주는 세계 체제가 마련되었다. 이처럼 제국주의적 문명의 불평등 발전이라는 전략과 전술은 오늘날에도 유효하다. 이로 말미암아 세계의 다수 국가들인 개발도상국과 신흥공업국들은 국내시장을 선진국과의 무제한 경쟁에 노출하게 되었다. 그들 나라에 진출한 신자유주의가 국가적, 민족적 기업들을 파괴할 뿐만 아니라 그들의 경제 발전을 계속 둔화시킬 것이라는 거시적 예측이 대두하고 있다.

신자유주의의 세계화에 대한 이런 비관적 예측은 세계화에 노출된 국가의 경제 발전(사회의 토대의 발전) 속도에 부응하는 정치체제의 개혁(상부구조의 개혁)과 변증법적으로 직결되어 있다. 오늘날 세계화에 적극적인 국가들은 경제협력개발기구 회원국들로서 자본주의 선진국 블록에 속해 있다. 그러나 신자유주의를 추종하고 있는 경제협력개발기구 회원국에서는 경제 발전이 느린 속도로 진행되고 있어, 그에 따른 정치제체의 개혁이란 앞에서 살펴본 신자유주의에 대한 보수주의의 대안과 개량주의의 대안이 추구되는 정도의 처지에 있다. 이것은 자본주의경제의 개혁 없이는 정치 개혁이란 사실상 불가능하다는 것을 입증하고 있다. 사회의 토대인 생산양식의 변화 없이는 상부구조의 변화란 불가능하다는 것이다. 그런 점에서 신자유주의에 대한 진보주의의 대안이 제안하는 상부구조의 정치적 개혁만으로는 사회변혁이 불가능하고 우리가 제안하는 독점자본, 즉 초국적 자본에 대한 근로민중의 저항을 조직해 자본주의 생산양식을 변화시키는 것만이 거의 유일한 방안이 될 것이다.

이처럼 신자유주의 아래에서 사회의 총체적 구조가 퇴보하고 있는 것이 오늘날 중심부 선진국의 정치경제의 현실이다. 그런데 세계적 독점자본들이 적극 진출하는 중국, 인도, 러시아, 브라질 등 개발도상국들에서는 오히려 경제 발전이 빠른 속도로 진행하는 것이 목격되고 있다. 그렇지만 신자유주의 자본과 상품 그리고 대중매체mass media의 침투로 결국 국가의 고유한 전통적 문화가 잠식될 것이라는 두려움도 항상 존재한다. 이미 제2권에서 논한 바와 같이, 오늘날 신자유주의 세계화에 대한 저항은 대부분 반미주의antiamericanism 형태로 표현된다. 미국 그 자체는 물론이고 미국에 근거한 초국적 자본들은 세계화의 최대 경제적 수혜자들일 뿐만 아니라, 나아가 그들은 미국의 문화적 요소들과 함께 세계의 거의 모든 국가들에 침투해 영향을 행사하고 있다.

21세기 초 신자유주의 세계화의 진전은 미국 위주의 자본에 그 외 국가의 자본이 통합하여 초거대자본ultra-super capital or mega-capital이 출현한 데 따른 것이라고 이미 제2권에서 논한 바 있다. 이 초거대자본이야 말로 초국적 독점자본이다. 이들 초국적 자본은 각급 실물 생산 및 금융 부문에서 세계적 독점을 행사하고 있을 뿐만 아니라 그들의 세계적 그물망network에 들어오는 국가에 대해서는 신자유주의 정책을 적극적으로 강요하는 세계화를 도모하고 있다. 한국도 지금 신자유주의 세계화에 포괄됨으로써, 이명박 정부는 미국 자본의 세계화에 적극 동참해 왔으며 그럴 계획에 있는 산업 분야를 '신성장 동력'으로 추진하고 있다. 한국의 신성장 동력 관련 산업은 철저히 미국 초국적 자본의 이익에 예속되는 분야가 주를 이루고 있어 한국 자본주의의 신자유주의에의 종속은 더욱 심화될 것으로 전망된다. (이에 대해서는 김영규, 『이명박 정책 비판』, 2008, 286~294쪽을 참조하라.)

그렇다면 신자유주의 세계화에 결연히 맞선 좌파 변혁 세력들이 조직할 수 있는 대안은 과연 무엇인가? 구체적으로 이야기하자면, 어떤 국가 사회가 생산력을 세계적으로 높게 유지함과 동시에 이에 조응하는 인간적이고 평등한 사상과 문화를 형성할 수 있는 대책은 무엇인가? 이 과제에 대한 해답은 세계의 어느 나라에서건 자국민은 물론 세계의 성장하는 민중에 대한 경제적 책임을 완수함과 동시에 세계의 근로민중이 민주주의적 문화를 수용하도록 촉구하는 것에서 찾을 수 있다. 이와 같은 변혁 임무를 수행하는 좌파 사회주의자들에게 전제되어야 하는 이념은 초국적 자본의 계급적 착취에 의한 불평등 세계화에 단연 반대하는 바인 민주주의 권력의 자유롭고 평등한 세계화이다. 민중의 민주주의 권력은 곧 이 시리즈의 제2권 『이명박 정책 비판』의 「서론」에서 정립한 사회주의의 다섯 가지 과제를 세계적으로 실천하는 것이다.

민중의 민주주의 권력이 추구하는 자유롭고 평등한 세계화를 실현하기 위해서는, 먼저 현재 신자유주의를 관철하는 초국적 자본이 지배하는 불평등한 세계화가 무엇인가를 설명해야 할 것이다. 21세기 초 미국 중심의 초국적 자본은 러시아의 레닌이 한 세기 전에 정의한 제국주의적 침략을 본질로 하는 독점자본이다. 그리고 초국적 자본은 지난 세기 임마뉴엘 월러스틴Immanuel Wallestein(2004)이 규정한 '세계 자본주의 체제'에서 중심부 자본의 역할을 수행하는 자본이다. 이런 성격의 초국적 자본은 기본적으로 생산이 집적되고 집중되는 산업자본이며 그것이 세계적으로 수행하고 있는 '권력'은 대체로 아래와 같은 특징을 갖고 있다.

우선, 초국적 자본은 자신의 전문적 산업 영역을 지배하기 위해, 세계적 경쟁에서 다른 자본을 초월할 수 있는 정도의 거대한 규모의 금융자본을 구축하고 있다.

둘째, 초국적 자본은 자신의 산업 영역에서 기업 연합 등의 전략을 통해 세계 총매출액의 다수 부분을 점유할 뿐만 아니라 세계 시장에서 독과점 생산력 체제를 유지하기 위해 최첨단 수준의 과학과 기술을 끊임없이 개발한다.

셋째, 초국적 자본은 자신의 산업 영역에서 초과이윤을 달성할 목적으로 세계 기준의 정립과 강요로 관련 산업자본과 금융자본을 퇴출하거나 위축시킴과 동시에 노동자계급의 착취를 가속화한다.

넷째, 초국적 자본은 세계의 국가들을 자신의 통할에 두기 위해 현재 미국을 초강대국으로 부상시켜 그것을 중심으로 자신들의 세계제국world empire에서 경제·군사·외교적 관할권을 확립한다.

끝으로, 초국적 자본은 그간 착취와 부정으로 사유재산을 거대하게 축적한 억만장자들을 세계의 특권계급으로 분류하는 새로운 부유 문화wealthy culture를 창출하고 있다.

현재 세계화를 끌어가고 있는 중심 자본을 초국적 자본이라 부르든 다른 무엇으로 부르든 상관없다. 인류에게 중요한 문제는 그런 자본이 세계적으로 구축하고 있는 착취와 소외의 현실이다. 이로 인해 발생한 세계 인민의 생존권 상실과 위기라는 비인간적 현실을 분석하기 위해 우리는 그러한 자본의 역기능을 위의 다섯 가지 정도로 압축해 보았다. 초국적 자본은 과거 제국주의 시대에는 국가를 하나의 '배'처럼 여겼지만, 지금은 오히려 자신이 하나의 '배'가 되어 국가를 싣고 세계 여기저기에서 자신의 이윤을 확보하도록 국가를 강제하거나 종용하는 세계적 권력으로서의 위상을 확립하였다. 이것이 곧 신자유주의 권력이다.

그렇다면 신자유주의 권력인 초국적 자본이 사회와 국가를 지배하는 그런 비인간적 현실을 빨리 끝장내고자 염원하는 민중의 민주주의 권력이 약속하는 자유롭고 평등한 세계화는 어떻게 실현할 것인가? 우선 고려해야 할 것은 민중의 권력이 어떤 경제체제, 더욱 본질적으로는 어떤 생산양식을 토대로 하는가이다. 자본주의적 착취가 지배하는 것과는 전혀 다른 생산방식을 채택하는가가 근본적인 문제이다. 우리가 추구하는 사회의 토대는 『공산당 선언』에서 말하는 "각자의 자유로운 발전이 모두의 자유로운 발전을 위한 조건"이 충족되는 연합association에 의한 생산양식이다. 이것은 각자의 자유로운 발전이 결국은 모두의 자유로운 발전으로 귀결된다는 식의 자유주의자들의 결과론적 인식이 아니라, 개인의 자유로운 발전이 집단의 자유로운 발전을 위한 전제 조건이라는 원인론적 인식이다. 이런 원인론적 인식의 토대는 바로 각자의 연합에 의한 공동사회적 생산이다.

민중의 민주주의 체제에서 사회적 연합 생산자들은 자본주의적 계급이 '없는' 자유로운 사회에서 각자 자신의 능력에 따라 공동의 협력으로 생산을 발전시키는 존재들이다. 이런 성격의 연합 생산자는 자본가계급이 없는 사회에서 생산을 집중적으로 발전시키기 위한 정치적 실체일 뿐만 아니라 사회의 경제적 토대를 구성하는 요소이기도 하다. 이러한 정치경제적 실체는 신자유주의의 독점과 종속을 거부하여 자치적이고 자율적으로 권력을 떠맡는 세력이다. 이것은 향후 공산주의에서 '국가'가 소멸될 경우에 사회를 정치적, 경제적, 문화적으로 지도하는 실체로 간주될 것이다. 이처럼 추상적으로 규정되어 모호하기도 한 사회적 실체는 향후 사회주의로의 이행 과정에서 노동자·민중의 민주적 결정에 따라 국가를 정치경제적으로 조직하고 통치하는 실재가 될 것으로 예상된다.

4. 변화는 개혁이 아닌 변혁

오늘날 신자유주의를 강행하고 있는 자본주의의 본질에 대한 분석으로부터 알 수 있는 것은 그것의 국가를 변화시키려면 곧 사회의 토대가 근본적으로 변화되어야 한다는 것이다. 사회과학에서 사회의 변화 내지 발전에 관한 이론들은 그것의 동인(독립변수)에 따라 다양하게 분류하고 있다. 우리는 여기서 자본주의를 강화시키고 미화시키는 데 기여한 보수적 견해들을 먼저 소개한 후에, 사회의 개혁적 주장을 펴는 진보적 견해를 소개한다. 이어서 사회 변화를 위한 투쟁은 결과적으로 곧 사회주의의 도입이며 이것은 21세기 사회 발전이라는 변혁적 주장의 핵심이 될 것이다.

1) 보수적 견해 : 사회심리론과 구조·기능론

사회 변화에 관한 극우 보수적 견해는 미국의 맥릴랜드David McClelland(1961)와 헤이건Everett Hagen(1962)이 기여한 이론으로부터 나온다. 이 이론은 현대처럼 급변하는 사회에서 변화하는 것은 결국 사람들이라는 것을 전제로 삼는 점에서 사회심리적 이론으로 불리고 있다. 사회는 어떤 심리적이고 정신적인 요소들이 작용한 결과로 발전한다고 주장한다는 점에서 이들은 헤겔의 후예들이다. 이들의 연구는 특히 독특한 인격적인 성향을 가진 개인들에게 집중하는 경향이 있다. 심리학자인 맥릴랜드는 베버Max Weber(1904; 1958, 76쪽)가 종교개혁과 같은 일이 발생해 대중 일반의 정신적 성향이 변하게 되면 사회 전체적으로 경제적 변화 ─ 당시의 산업자본주의의 탄생 ─ 가 초래된다는 논리를 인용한다. 맥릴랜드는 자신이 '성취동기achievement motivation'라고 부른 심리적 작용이 성취 필요(욕구)로 변화하게 되는 요인과 과정에 대한 연구에 집중하였다. 그 결과, 그는 어떤 사회에서건 경제 발전은 성취 욕구의 선행 발전이 이룩한 결과라고 주장한다. 또한 맥릴랜드와 마찬가지로 경제 발전의 단초에 대해 관심을 가진 헤이건은 현대사회는 창의적 인격innovational personality의 산물이라고 강조한다.

많은 경제학자들은 성취 욕구나 창의성이 경제성장을 유발한다는 사회심리론의 중심이 되는 가설에서 '인과관계'가 입증될 수 있는가에 의문을 제기해 왔다. 우리가 사회심리학적 발전관에 대해 갖는 의문은 간단하다. 자본주의사회에서는, 인간에게 고유한 그러한 정신적인 성향이나 심리적 측면이 발휘되려면 자본(죽은 노동)의 호응이 있어야 하며 자본의 호응이 있으려면 반드시 이윤이 뒤따라야 한다는 점이다. 이에 자본이라는 매개변수paremeter가 없이는 그러한 정신적인 성향이나 심리적 측면이 곧장 사회의 변화로 이어지기는 어려울 것이다. 또한 사회의 전반적인 정신적 변화가 수반된다 하더라도, 경제적 가치를 직접 생산하는 노동의 동의나 결합이 없는 한 정신적 변화가 경제적, 물질적 변화를 동반하기는 거의 불가능할 것이다. 사회 변화에 관한 이런 관념적이고 극우적인 논리는 공상적 담론으로 '사회과학'에서 제외시켜야 한다.

현재 미국 학계에서 주류를 형성하고 있는 보수적 견해는 사회심리론이 아니라 이른바 구조·기능론이다. 파슨즈Talcott Parsons(1971)가 이 주장과 관련된 대표적인 학자이며, 파슨즈 이전의 인물로는 미국사회학회 회장을 역임했던 옥번William Ogburn(1964)이 있다. 옥번은 1929년 미국사회학회의 연설에서 "사회학은 세계를 개선하는 데 관심이 없으며 보통의 과학처럼 새로운 지식을 발견하는 데만 흥미가 있다"고 선언한 바 있다. 이것 역시 '이론을 위한 이론'을 강조한 점에서 헤겔류의 관념론 오류에 빠진 사실을 적나라하게 보여준다.

오늘날 대부분의 사회과학자들은 모든 산업사회들이 제도, 특성, 구조, 문화 등에서 결국 유사하게 되는 발전(동조화)을 추구한다는 이론에 동의하고 있다. 그러나 그런 변화가 일어나는 방법에 관해서는 학자들 사이에 견해가 일치하지 않는다. 바로 이 문제에 접근한 일련의 학자들이 바로 미국 중심의 이른바 구조론자 또는 기능론자로 불리고 있다. 흔히 구조structure란 사회의 단위들 사이의 일련의 상대적으로 안정되고 틀이 잡힌 관계들을 일컫는 데 반해, 기능function이란 사회의 주어진 구조나 그것의 구성 부분들이 상호 적응하는 활동의 결과를 가리킨다. 구조는 상대적으로 지속적이고 정형적인 체제를 가리킨다면, 기능은 구조 내에서 일어나는 동적인 과정을 가리킨다. 사회에서 주요한 구조로는 통상 가족, 정부, 경제체제, 종교, 교육과 같은 사회제도들을 들 수 있다. 이런 제도들은 각자 고유한 기능들을 가지는데, 그것들의 궁극적 목적은 사회가 작동하도록 협력하고 그것을 완전하게 보존하는 데 있다고 구조·기능론자들은 주장한다.

구조·기능론은 생물학에서 정립된 개념을 직접 빌리거나 그런 개념의 유추를 사회학에 도입하면서 탄생했다. 생물학은 19세기 중반 이래 유기체의 구조와 기능을 규명해 왔는데, 생물학에서는 유기체의 각 부분이 전체의 생존과 유지에 어떻게 기여하는가를 개념으로 정립하는 것이 핵심 과제였다. 생물학에서 구조와 기능의 역할이 규명되면서, 그 결과는 인류학과 문화론으로 확대되었으며, 최근에는 세계를 하나의 유기적 체제로 보는 이론인 체제론 systems theory이 등장하기도 했다(Turner and Maryanski, 1995, 49~55쪽). 이 이론에 따르면, 어떤 체제든 자신의 생존을 보장하기 위해 필요와 조건을 갖추게 된다. 그런데 체제의 그런 속성은 정상적이고 병리학적 상태를 추구하는데, 이런 상태란 균형과 항상성(균형유지)을 가진 체제를 의미한다. 이처럼 체제론은 사회가 상호 관련된 부분들로 구성되는 것으로 보는데, 이런 각각의 부분들에 대한 분석은 그것들이 전체로서의 체제의 필요조건들을 어떻게 실현하는가와 그에 따라 체제의 균형은 어떻게 유지되는가에 초점을 맞춘다. 이런 체제론의 과제들은 현대 구조·기능론에 통합되어 주요 부분을 형성하고 있다.

사회 변화에 관한 구조·기능론이 주장하는 내용을 반 덴 버기 Van den Berghe(1967, 294~5쪽)는 다음과 같이 요약한다. (우리는 그가 일곱 항목으로 요약한 내용을 다섯 항목으로 다시 정리한다.)

• 사회는 서로 연관된 부분들의 체제이며, 그러한 체제에서 인과관계는 다중적이며 상관적이다.
• 사회체제는 '동태적 균형' 상태에 있는 만큼, 체제에 영향을

미치는 요인에 대한 반응은 미미한 변화를 초래할 뿐이다.

- 완전한 통합은 결코 도달될 수 없는 바, 모든 사회체제는 긴장과 일탈을 경험하고 있으나 그것들은 제도화institutionalization를 통해 중립화되는 경향이 있다.
- 변화는 혁명적인 변동보다는 오히려 점진적으로 적응해 가는 과정인데, 그것은 체제 바깥의 변화에의 적응, 차별화에 의한 성장, 내부적인 혁신 등의 결과이다.
- 결국 사회체제는 공유되는 가치들을 통해 완벽하게 통합된다.

미국에서 주류를 형성하는 사회 변화의 구조·기능론은 거의 '사회학적' 이론과 동격이 되어 왔다. 그러나 기능론적 이론은 형성될 때부터 이론적 단점을 보유하고 있을 뿐만 아니라 이념적 차원에서 공격을 받아 왔다. 이 이론은 "사회는 과연 누구를 위해 기능적인가?"에 관한 의문에 제대로 대답할 수 없다. 사회는 서로 다른 집단들이 자신들의 이익과 필요를 위해 때때로 충돌하며, 그래서 어떤 집단에게는 기능적인 것이 다른 집단에게는 역기능적 dysfunctional인 것이다. 아이젠스타트S. V. Eisenstadt(1985, 13쪽)가 주장한 대로, 이 모형은 사회 안의 투쟁과 관련된 변화를 설명할 수 없다. 왜냐하면 사회의 기본적인 가치들과 목표들이 이미 합의될 것으로 가정하기 때문이며, 나아가 사회 통합의 수단으로서의 권력과 강압의 중요성을 과소평가하기 때문이다.

또한 구조·기능적 분석은 변화의 문제보다는 '질서'의 문제에 훨씬 더 적합하다고 보는 견해가 있다. 우리는 구조·기능론이 현실 사회의 구조와 기능에 집중함으로써 사회의 변화는 물론이고 그것의 진보적 변화에 관해 부정적인 보수주의를 추종하는 견해 라고 간주한다. 이 분석 모형은 정태적이고 반역사적인 분석 양식 이기 때문에 사회 변화의 동태적이고 역사적인 측면을 충분히 설 명할 수 없다. 심지어 다른 사회학자들은 기능적 분석에는 어떤 암 묵적인 목적론teleology이 개입되어 있다고 평가한다. 이런 분석 양식은 사회제도들이 마치 '의식 있는' 존재인 양 가정해서는, 그 것에 어떤 목표를 부적절하게 귀착시킨다는 것이다. 우리는 사회 의 구조·기능론적 변화론이 현대의 급진적이고 역동적인 변화를 설명하는 데 부족한 이론이기 때문에, 이하 논의에서 제외시키기 로 한다.

2) 개혁적 혹은 진보적 견해 : 사회 진화론

우리는 위에서 인간의 정신적 활동 또는 사회의 제도적 기능을 사회의 변화 또는 발전을 주도하는 요인으로 보는 학설들을 소개 했다. 이런 견해들은 자본주의사회가 형성되고 변화하는 양상을 심리적이고 정태적으로 설명하는 점에서 본질적으로 보수주의 입 장이다. 이런 주장을 하는 학자들은 자본주의의 지배계급 자체에 문제가 있음에도 불구하고 그런 문제에 대해 눈을 감음으로써 근 로민중의 발전을 무시했던 보수주의적 관점을 가졌던 것이다. 우 리는 이런 극우파 내지 전통적 견해를 벗어나 다른 두 가지 학설을 마저 소개함으로써 사회 변화의 본질을 파악하려 한다.

우선 첫 번째 학설은 사회가 '발전'한다는 데 대한 사실과 신념을 뚜렷이 보여 주고 있다. 이 학설은 일반적으로 사회 진화social evolution에 관한 이론으로 소개되는데, 주요 이론가들은 콩트 Auguste Comte(1915), 모건Lewis Henry Morgen(1877;1964), 스펜서Herbert Spencer 등이다. 진화론은 어떤 사회 변화론보다도 가장 오래된 이론이다. 다시 말해 위에서 소개된 구조·기능론은 진화론이 개발한 이론들을 수용하고 있음을 알 수 있는데, 예컨대 사회의 변화는 혁명적인 변동보다는 오히려 '점진적'으로 적응해 가는 과정이라는 논거가 그 사례이다.

진화론은 아주 단순한 단계에서부터 더욱 복잡한 단계로의 사회의 변화가 예측 가능하다는 것을 전제로, 그런 변화는 현실에서의 적응도를 높여 나가는 방향으로 진행한다고 설명한다. 19세기 후반기에 진화의 개념은 사회과학과 생물학 양자에서 인간 발전을 설명하는 데 중심이 되는 지위를 떠맡았다. 생물학적 진화론자 가운데 가장 영향력이 큰 인물은 다윈Charles Darwin이며, 1859년의 저작(On the Origin of Species by Means of Natural Selection)에서 밝힌 자연선택론은 생물학적 진화의 설명에 분명한 토대를 제공했다. 생물학자들이 유기체의 발전을 단계별로 추적하듯이, 사회학자들도 사회가 어떤 일정한 단계들, 예컨대 야만사회, 미개사회, 문명사회 등으로 불가피하게 진행된다고 보았다. 그리고 각 단계를 비교하는 과정에서 이러한 진화는 일련의 자연법natural law에 따라 발생하는 것으로 보았다. 나아가 진화라는 관념은 진보, 발전, 선진 등의 관념과 결합하여, 각각의 단계는 그 이전 단계보다 '높은' 단계이며 지금의 문명사회가 사회의 완벽한 발전을 추구하는 과정에서 최후에 도달한 단계인 것으로 설명되었다.

그런데 니스벳Robert A. Nisbet(1969, 161~2쪽)은 19세기 사회 진화론이 다윈의 생물학적 진화론의 관념들을 수용해 사회제도들의 진화를 유추한 것이라고 가정하는 것은 오해라고 지적한다. 그는 사회 진화에 관한 주요 연구가들의 저서들은 위에서 언급한 다윈의 저서가 출판되기 전에 나타났다고 한다. 두 진화론 사이에는 공통되는 요소들이 있긴 하지만 본질적인 차이가 있다고 니스벳은 강조한다. 그의 설명에 따르면 가장 큰 차이는 방법론이다. 생물학은 대체로 진화에 관한 통계학적 지식인 만큼 유기체에 관한 '통계적 추상'을 취급한다. 이와는 대조적으로 사회 진화론에서는 사회 발전의 구체적인 분류와 함께 그것들의 추상적인 '유형화 typology'가 지배적이다. 사회 진화론은 자료와 관념을 정리하여 그것들을 동일한 집단으로 분류하여 유형화하는 단계를 거친다. 사회 진화의 어떤 이론에서도 연구의 대상은 변함없이 사회 계급, 혈족 관계, 문화, 법률, 전체로서의 사회, 또는 제도화되거나 구조화된 행태의 범주들이라고 니스벳은 진단한다. 초기의 사회학자들은 모두가 사회 진화, 즉 장기간에 걸친 사회 양식의 진보적 발전을 믿었다. 위에서 지적했던 세 이론가들은 모든 사회들이 통과해야만 하는 단계들의 유형들을 확인하는 데 특히 관심을 보였던 것이다.

사회의 진보적 법칙을 발견하려 한 콩트는 당시 생시몽Saint-Simon과 같은 많은 철학자들이 주장한 것처럼, 사회는 완전한 사회를 향해 진보한다고 믿었다. 콩트는 진보란 정치적 혁명에 의해서가 아니라 그 자신이 "새로운 도덕과학"이라고 1839년에 명명한 사회학sociology의 적절한 응용에 의해서 이루어진다고 주장했다. 사회학의 아버지로 불리는 콩트는 사회학은 관찰, 실험, 비교 등 '실증주의적인' 과학적 방법을 사용한다고 믿었다. 따라서 완전한 사회에 이르는 길은 세 단계의 역사적 발전을 밟는 인간 지성을 포함한다. 그 세 단계란 신학적 단계, 형이상학적 단계, 실증주의적 단계이며, 이것이 진화론의 기초를 이루는 지식의 진보적 과정이다. 그는 서구 문명은 이미 물리적 환경을 통제하는 실증주의 단계에 돌입했으며 사회관계들과 관련해서도 실증주의 단계에 와 있다고 한다. 각 단계는 특별한 유형의 정신적 발전을 보일 뿐만 아니라 그 단계에 일치하는 물질적 발전도 달성한다. 신학적 상태에서는 군사적 생활이 지배하며, 형이상학적 상태에서는 법적 형태가 지배를 달성하고, 실증적 단계는 산업사회가 지배하는 상태이다. 이처럼 콩트는 역사적 발전은 그것에 상응하는 관념과 제도의 발전을 보여 준다고 주장했다.

콩트에 이어 19세기에 단선적 진화론을 믿었던 영향력 있는 학자는 모건이다. 그는 미국의 초기 인류학자이며 그의 저서 『고대사회 Ancient Society』(1877년)는 지금도 유명하다. 특히 진화에 대한 그의 관념들은 맑스와 엥겔스에게 강력한 인상을 남겼다. 엥겔스는 저서 『가족, 사유재산, 국가의 기원 The Origins of the Family, Private Property, and the State』(1884)에서 모건의 이론들을 광범위하게 이용했는데, 그것들은 미국의 원주민들에 대한 관찰로부터 나온 것이다. 모건은 기술 발전의 단계들과 혈족 체제는 서로 다른 사회적 및 정치적 제도들과 관계있다고 생각한다. 역사적인 자료들에 기초한 모건은 문화는 세계의 모든 부분들에서 본질적으로 동일한 단계들로 승계하여 진화한다고 결론을 내렸다. 그는 그런 단계들의 순서가 불가피하며 단계들의 내용은 제한적이라 보았다. 그는 인류의 진보는 야만, 미개, 문명이라는 주요한 세 단계의 진화를 거친다고 보았고, 각 단계는 중요한 기술적 발명에 의해 시작된다고 설명한다.

이제 영국의 사회학자 스펜서에 관해 알아보자.(Timasheff, 1961) 그는 우선 진화를 단선적 발전으로 이해했다. 달리 말하자면, 그는 우주에 존재하는 만물은 안정적으로 지속되는 축적 과정을 통해 더욱 높은 수준의 복잡성으로 계속 변화하여 종합되는 것으로 봤다. 따라서 그는 인간 사회 역시 자연적 발전 과정을 따라 부분들의 전문화가 더욱 증가함으로써 단순한 양식의 조직에서부터 상대적으로 더욱 복잡한 구조로 발전한다고 보았다. 스펜서는 사회 진화의 과정이 자연의 엄연한 법칙을 따르며 불가피하게 진보의 과정을 밟아 사회는 바람직하고 정의로운 형태로의 발전을 추진한다고 설명한다.

그러나 스펜서는 인구와 식량 공급 사이에는 균형이 존재하여 생존에 필요한 자원을 초과하여 인구가 증가하면 불가피하게 생존경쟁이 발생한다고 언급했다. 이것은 새로운 조건에 가장 잘 적응할 수 있는 개인들만 생존하게 될 것이라는 설명이다. 나아가 그는 사회 진화의 어떤 특수한 단계가 억압적이거나 소망스럽지 못할 경우라 하더라도 사회가 입법에 의해 개선될 수 있다고 믿는 것은 불합리하다고 보았다. 사회의 자연적인 진화 과정을 방해하지 않기 위해 국가는 사회의 규제에 최소한의 가능한 역할만 수행해야 한다고 스펜서는 주장했다. 아무튼 그의 주장은 사회 소수자를 평등하게 취급하기 위한 입법에 반대하는 사람들에 의해 선호되고 있지만, 그의 주장을 우파 이념과 전적으로 동시하는 것은 사회학자들의 오해에 의해 생긴 잘못이라고 터너Jonathan H. Turner(2003, 442쪽)는 주장한다.

위의 대표적인 진화론자의 견해를 종합해 본 결과로 우리가 알수 있는 사실은 그들이 한 가지 점에 동의하고 있다는 것이다. 그들은 사회 변화가 자연적이고 지시적이며 지속적인 한편, 필연적이고 일률적인 요인들에 의해 진행된다는 점에 동의하고 있는 것이다. 하지만 이 이론 역시 암묵적인 이념적인 성격을 포함하고 있다. 진화론은 일반적으로 진화가 자연적 현상(자연법)에 따라 고정된 단계에 맞추어 이루어진다는 점을 강조함으로써 정치적으로 보수주의와 결합되어 있다. 사회 진화론은 자연선택이라는 작용이 가장 유능한 집단을 사회구조의 상위에 둔다고 주장함으로써 자본주의사회의 계급 체제를 정당한 것으로 인정하는 등의 보수적 견해를 뒷받침한다. 또한 사회 진화론은 사회에서의 경쟁을 자연선택인 양 간주하여 국가가 자연법과 사회 진화에 개입해서는 안 된다고 믿고 있으며, 나아가 사람들이 의도적 행동으로 사회 변화를 수행할 가능성을 거부한다. 나아가 진화론에 특징적인 주장, 즉 현재의 사회가 진화 과정에서 최고의 단계를 대표한다는 주장은 진보적 사회학자들 사이에서 불신을 받아 왔다. 그 후에 사회 진화론자들은 사회 변화와 '진보' 간에는 필연적 관계가 있다는 견해를 피력하기도 한다.

사회 변화에 대한 진화론적 접근은 최근에 '현대화' 된 형태로 개발되고 있다. 예컨대 장기적 경제성장의 양식(Hodgson, 1996)이나 새로운 세계 체제의 등장(Schaeffer, 2003)이 사회 진화를 추종한다는 시도에서 그러한 새로운 형태를 엿볼 수 있다. 나아가 사회과학의 진화론에 대한 새로운 구성이 일어나고 있는데, 그에 따르면 진화 과정의 기본적 측면들은 지속, 혁신, 절멸이며, 진화는 이미 정립된 기초에 새로운 요소들이 점진적으로 추가되는 것이므로 근본적으로는 축적된 변화라고 해석하기도 한다(Lenski, Nolan, and Lenski, 1999, 66~77쪽). 그러나 단선적 진화, 즉 모든 사회가 동일한 유형의 일정한 단계들을 불가피하게 거친다는 진화는 다선적 진화의 관점에 승복했다. 다선적 진화의 관점에 따르면, 사회는 매우 다르게 출발하기 때문에 다양한 변화의 양식을 밟으며 설사 동일한 변화의 양식을 밟아도 다소 다양한 결과를 낳는다. 고전적 진화론의 현대적 유형은 경제 발전과 사회의 진보를 연계시키는 '지속 가능한 발전'을 주장한 제프리Paul Jeffrey(1996)의 이론에서 찾을 수 있다. 하지만 이런 유형의 현대적 진화론은 사회의 변화가 불가피하다는 점(진보적 입장)은 인정하지만 그 변화가 자연적인 변화와 같이 점진적이고 환원적(일률적)이라고 주장함으로써 개혁적 견해에 머무를 뿐이다.

3) 변혁적 견해 : 사회 투쟁론

이에 우리는 마지막으로, 현실 자본주의를 넘어서는 사회 변화를 주장한 일군의 학자들을 만날 것이다. 우리는 이들의 견해를 맑스 이래로 사회과학의 전통이 된 혁명적 이론으로 간주하며, 이런 변화에 관한 이론을 사회변혁적 입장으로 부르기로 한다. 맑스의 계급투쟁론을 따르는 대표적 학자들이 사회주의를 자본주의의 대안으로 생각함은 물론이다. 맑스, 엥겔스, 레닌 등의 후예들인 모든 사회주의자 내지 공산주의자들이야 말로 투쟁론자들이다. 역사적으로 살펴보면, 좌파 가운데에는 대체로 사회 진화론의 입장과 유사한 수정주의자revisionist와 사회민주주의자들을 제외하고 거의 모두가 계급투쟁론을 지지했다. 우리는 여기에서 그런 역사적 입장을 떠나서 최근 사회과학적 차원에서 투쟁론을 주장한 입장들만 살펴보기로 한다. 사회 투쟁론을 최근에 주장한 학자들로는 대표적으로 코우저Lewis A. Coser(1956)와 다렌도르프Ralf Dahrendorf(1999)를 꼽을 수 있다.

사회 투쟁론은 무엇보다, 사회의 변화라는 현상은 집단들 간 그리고 개인들 간 긴장과 투쟁을 통해 가장 잘 이해할 수 있다고 전제한다. 사회는 희소한 자원과 상품들을 얻고자 경쟁이 벌어지는 장소인 만큼, 사회생활에서는 질서보다는 변화가 기본적 요소이고 고유한 과정이라는 것이다. 사회 그 자체가 일부 부적절한 기능의 결과이어서, 그 사회체제의 불균형한 부분으로 인한 사회의 변화는 불가피하기 때문이다. 또한 사회 투쟁론에서는 사회의 어떤 구조적 격차가 투쟁의 근원으로 지적되기도 하는데, 이런 구조의 문제는 투쟁을 통해서만 해결될 수 있다고 본다. 이처럼 사회 투쟁론은 사회의 변화가 불가피하다는 진보적 관점이라는 점에서 앞서 고찰한 '현대적' 사회 진화론과 같은 입장이지만, 그러한 변화에서 인간의 능동적 의지와 구체적인 투쟁이 주도적인 역할을 한다는 점에서는 사회 진화론과 다르다.

동서양을 통틀어 모든 사회 이론가들 가운데 그 누구도, 맑스만큼 중요하거나 명석하지도 않으며 또한 맑스만큼 현상적인 세계를 넘는 근원적인 분석으로 후진들에게 막대한 영향력을 행사하지도 못했다. 철학자이며, 경제학자이고, 사회학자이기도 하며 역사학자인 맑스는 진정한 의미의 사회과학자이며, 그의 저작들에 나타난 깊은 학문적 지식은 자신의 정치적 당파성과 지속적으로 결합하기도 했다. 그의 저서들은 계급투쟁과 사회 변화의 연구에서 가장 기초적이고 결정적인 문헌으로 여겨지고 있다. 다렌도르프(Ralf Dahrendorf, 1959, 27쪽)가 인용한 맑스에 따르면, "투쟁이 없인 진보도 없다. 이것은 문명이 오늘날까지 따랐던 법칙이다." 맑스는 우선 모든 사회는 하나 같이 경제적 토대 위에 존재한다고 가정한다. 이런 사실은 사회가 어떤 역사적 발전 단계에 있는지와 무관하다. 그는 이것을 상품의 생산양식mode of production이라고 부른다. 생산양식을 구성하는 요소는 둘이다. 그 첫 번째는 생산력인데, 이것은 경제활동의 물리적 또는 기술적 동력이다. 두 번째 요소는 사회의 생산관계인데, 이것은 사람들이 경제활동을 수행할 때 상호 간 불가피하게 형성해야 하는 조직적 관계이다. 사회의 토대를 이루는 생산양식의 구성 요소에 관한 이러한 가정에 근거하여 그의 투쟁론이 등장한다. 그의 견해를 직접 들어 보자.

사회가 어떤 발전 단계에 이르게 되면, 사회의 물질적 생산력은 현존하는 생산관계 또는 이것의 단지 법적 표현에 불과한 것으로 지금까지 작동되어 온 재산 관계와 충돌하게 된다. 이 생산관계는 생산력 발전의 형태들에서 생산력의 질곡으로 바뀌게 된다. 그때 사회혁명의 시기가 찾아온다. 경제적 토대의 변화는 곧 전체의 거대한 상부구조의 변형으로 귀결된다. (Marx, 1859, 제29권, 263쪽.)

맑스에게 사회에 진보적 변화를 일으키는 결정적 요인 또는 독립변수는 생산양식이다. 우선 생산력의 변화가 기초가 되어 생산관계를 변화시킨다. 다시 말해 생산양식의 변화는 생산력을 갖춘 사람들의 집단이 어떤 생산관계에 소속되는가 하는 방식의 변화를 초래한다. 이 점을 구체적으로 표현하기 위해 맑스는 인류의 역사를 크게 다섯 단계로 나눈다. 그에 따르면, 각 단계의 특징은 생산양식의 유형에 의해 구별되며, 이제까지의 각각의 단계는 생산관계, 즉 소유관계로 인해 유산계급과 무산계급 간 충돌이 불가피하다는 점에서 동일한 차원에 속하는 사회이다.

맑스는 인류 역사의 발전은 크게 다섯 단계로 구별할 수 있다고 한다. 최초의 단계인 부족 소유의 원시공산제 사회, 공공 및 국가 소유가 지배적인 고대의 노예 사회, 공유 경제와 사유 경제가 혼합된 중세의 봉건주의 농노 사회, 근대·현대의 사유가 지배적인 자본주의 노동자 사회, 그리고 미래의 사회주의사회 및 공산주의사회가 그것이다. 이 마지막 단계는, 초기의 노동자계급독재(사회주의 단계)와 이후의 순수한 공산주의 단계로 나누어진다. 공산주의사회를 제외하곤, 각 단계에서는 서로 분리되어 적대적인 경제적 이익을 공유하는 경제집단들 간, 즉 계급 간 투쟁으로 특징지어진다.

사회에서 경제적으로 기본적 계급 사이의 투쟁은 한 계급이 다른 계급의 희생으로 자신의 이익을 추구하는 관계로 인해 불가피하게도 사회적 및 정치적 투쟁으로 이어진다. 이것은 맑스와 엥겔스가 집필한 『공산당 선언』(1848년)의 첫머리에서 확인할 수 있다. "지금까지 존재해 온 모든 사회의 역사는 계급투쟁의 역사이다." 맑스에게 투쟁은 사회생활의 정상적 조건인 만큼 투쟁과 변화는 결코 분리될 수 없다. 맑스가 볼 때, 투쟁의 요인을 제공하는 것은 우선 경제적 변수인 만큼, 사회는 경제적 가치를 생산하는 양식이 토대(하부구조)가 되며 그 위에 사회의 나머지 비경제적 활동이 상부구조를 구성한다. 사회의 상부구조를 형성하는 정부, 가족, 교육, 종교 등의 사회제도들은 어떤 주어진 사회의 경제적 생산양식에 부응하고 그것에 종속된다. 다시 말해, 사회의 토대인 생산에서의 변화는 사회의 가치, 태도 및 규범 등 관련 제도들을 변화시킨다.

맑스가 규정한 사회의 구성에 따르면, 서로 적대적인 경제적 이익을 갖고 있는 사람들이 기본적인 계급으로 규정된다. 다시 말해 자본주의사회는 봉건적인 신분(계급)에 속했던 모든 개인들을 재구성하여 무산계급(생산수단이 없는 노동자들)proletariat이거나 유산계급(자본가를 위시한 생산수단의 소유자들)bourgeoisie으로 분화하는 계급사회이다. 이 주요 계급 양자 사이의 투쟁은 불가피하며, 생산수단의 유무에 따른 계급의식과 이에 기초한 호전적인 계급 행동이 발전함으로써 기존의 사회체제는 결국 전복된다. 그것은 새로운 형태인 사회주의적 생산으로 발전하여 종국에는 새로운 역사적 단계인 공산주의를 구축한다. 이처럼 혁명을 성취한 무산계급(노동자계급)은 공산주의 전 단계인 사회주의에서 지배적인 집단이 되어 노동자계급독재proletarian dictatorship를 구축하고 이어서 공산주의사회에서는 노동자계급도 소멸하는 '계급이 없는' 세계가 펼쳐진다. 이처럼 종국적으로 '무산계급 혁명'에 이르는 일련의 과정을 간단히 요약하면 아래와 같다. 생산의 필요,

분업의 확대, 사유재산의 발전, 사회 불평등의 증가, 계급투쟁, 계급의 이익을 대표하는 정치적 구조의 창출, 마지막으로 혁명. 맑스에 따르면, 어떤 사람이나 집단도 혁명이 일어나는 것을 결코 멈출 수는 없다.

사회 변화에 대한 투쟁론적 접근은 20세기 중반에 인종, 계급, 이익 등의 적대적인 투쟁으로 인해 추가적인 계기를 만난다. 당시 미국의 사회학자 가운데 가장 유명한 투쟁론의 이론가는 코우저이다. 코우저에 따르면, 우선 투쟁은 긍정적인 동시에 부정적인 효과를 가진다. 투쟁은 사회화socialization 과정의 일부이어서 어떤 사회집단도 완벽하게 조화로울 수는 없다고 코우저는 주장한다. 사회에서 투쟁이 불가피한 이유는 개인들에게는 증오나 애정의 성향이 있기 때문이다. 그러나 투쟁은 건설적일 수 있는 동시에 파괴적일 수 있다. 그것은 어떤 때에는 개인 간, 집단 간 불일치를 해소하여 종국적으로는 상호 일치하는 방향으로 인도하기도 한다. 이런 투쟁의 과정은 적대적 관계의 '조정'을 증가시키는데, 그것은 집단들이 투쟁을 통해 사는 방법을 배우기 때문이다. 그래서 코우저는 투쟁을 사회의 변화를 고양시키는 유력한 수단으로 본다.

그러나 코우저가 강조하는 투쟁은 집단 내로의 집착을 증가시키는데, 그것은 어떤 집단이든 공동의 적과 공동의 대의를 가지고 있기 때문이다. 사람들은 자신들의 필요를 만족시키는 사회는 유지되기를 원하지만, 자신들의 필요가 만족되지 않는 사회에서는 자신들을 억압하는 지배 집단과 대항함으로써 상황을 반전시키고자 한다. 코우저는 그와 같은 사례의 전형으로 미국에서 인종과 계급에 의한 차별로 인해 역사적으로 전개되어 온 인권 운동을 든다.

코우저는 투쟁은 많은 방식으로 변화를 유도할 수 있다고 주장한다. 집단 경계의 새로운 구축, 적의와 긴장의 해소, 투쟁을 다루기 위한 더욱 복잡한 집단 구조의 발전, 투쟁의 다른 당사자들과의 동맹의 창출 등이 그러한 변화이다. 이러한 변화는 사회의 가치를 새로이 분배하는 동시에 새로운 사회질서를 정립한다. 그래서 투쟁은 사회에서의 변화를 촉발하는 '창조적인' 힘으로 여겨진다. (Lewis Coser, 1956, 153쪽.)

여기서 소개하고자 하는 또 하나의 사회 투쟁론자는 다렌도르프이다. 그는 우선 사회에 존재하는 '계급'을 권위의 불평등한 분배와 관련해 정의한다. 그는 사회의 모든 집단을 권위를 가진 것과 가지고 있지 않은 것으로 구분한다. 다렌도르프는 사회적 투쟁은 애초부터 권위의 유무라는 구조적 근원을 가진 것으로 보고, 그것을 권위 관계에서의 정당성에 관한 투쟁으로 이해한다(Ralf Dahrendorf, 1959, 176쪽.) 그는 어떤 조직에서도 조직 내의 역할과 지위는 잠재적 이익들이 서로 적대적인 두 개의 준準집단들로 이원화될 수 있다고 본다. 권력이나 권위를 가진 지배 집단은 현 상태를 유지하는 데 이익을 가진 반면에, 피지배 집단은 현 상태의 변화에 이익을 가진다. 이런 두 집단은 잠재적 적대자들이 되는데, 각 집단의 구성원들은 그 집단에 특유한 경험, 역할, 이익을 공동으로 보유하고 있다. 다렌도르프는 이런 준집단으로부터 이익집단들이 출현한다고 주장한다. 준집단은 구성원들이 조직의 지도적 간부, 집단 내부의 효과적인 의사소통, 상호 일치하는 이념, 자신들의 공동이익에 대한 의식 등을 발전시킬 때에 이익집단으로 등장한다. 그래서 다렌도르프는 피지배 이익집단이 많이 조직될

수록 지배 이익집단과의 투쟁에 더욱 많이 몰두하게 되는 것 같다고 결론 내린다.

그러나 다렌도르프는 이익집단이 많이 조직될수록, 그리고 그들의 투쟁이 더욱 많이 규제될수록, 투쟁은 덜 폭력적이 될 것이라고 본다. 그리고 투쟁은 지배 관계의 변화를 초래해 사회의 구조적 변화를 낳는다. 그는 특히 노동자와 경영자 간 투쟁, 노동조합 과정, 조합에 의해 제기되는 변화들을 이용해 자신의 이론을 설명한다. "사회에서 변화로 이끄는 위대한 창조력은 사회 투쟁이다." 이러한 명제가 그의 결론이다. "사회생활이 존재하는 곳에 투쟁이 있다는 사고는 불쾌하고 혼란스러울지 모른다. 그러나 사회와 사회조직은 합의에 의해서가 아니라 긴장에 의해서, 보편적인 동의에 의해서가 아니라 사람들 간 강제에 의해서 유지된다. 투쟁이 변화를 일으킬 때마다 긴장은 투쟁을 일으키는 것으로 여겨진다. 인간이 사회조직을 만드는 곳에 반드시 긴장이 편재한 이래로 투쟁도 편재한다."(Ralf Dahrendorf, 1967, 479~480쪽.)

우리에게 관심은 다렌도르프가 맑스의 이론을 어떻게 수정했는가 이다. 이미 앞에서 지적했지만, 그는 투쟁을 사회의 모든 부문에서 불평등한 권위의 문제로부터 유발되는 것으로 본다. 이 점은 맑스가 투쟁을 생산수단의 소유 유무에 의해 결정되는 계급 간 문제로 본 것과는 전혀 다르다. 맑스의 사회구성체 이론을 빌리자면, 다렌도르프가 파악한 권위와 투쟁은 이념적인 상부구조의 문제와 관심으로만 파악함으로써 사회의 기본적 토대인 경제적 측면을 무시한 불완전한 논리이다. 그래서 다렌도르프의 투쟁론은 자본주의사회에 널려 있는 경제적 빈곤과 불평등을 무시하고 오로지 정치적, 조직적 투쟁만을 중시한 시민사회운동의 개량적인 관점과 맥을 같이하고 있다.

또한 그는 이익집단이 준집단에 미치는 영향으로 인한 외부 투쟁이 갖는 중요성을 언급했지만, 맑스의 전통에서는 사회의 전체적, 내부적 작동이 투쟁의 기본적 근원으로 파악된다. 다시 말해, 맑스는 어떤 주어진 사회에서 투쟁은 역사적 발전 과정에서 일어나는 내재적 모순들로부터 결과한다고 주장하는데 반해, 다렌도르프는 투쟁이 다른 집단이나 사회가 행사한 외부적 압력으로부터도 결과한다는 것이다. 또한 많은 투쟁들은 맑스가 제안한 대로 변증법적(정립, 반정립, 종합) 해결을 거치지 않는 한 궁극적으로 해결될 수 없는 본질을 갖고 있으나, 다렌도르프는 대부분의 투쟁이 당사자 간 '타협'을 통해 해결됨과 동시에 통제된다고 주장한다.

우리는 다렌도르프의 투쟁론이 맑스의 입장과는 차이가 있다는 것을 확인했지만, 맑스의 투쟁론에 대한 '일반적' 보수주의자들의 태도는 그런 차이를 넘어 오히려 적대적이다. 우선 일부 학자들은 맑스의 이론이 경제결정론economic determinism에 너무 치우쳐 사회 변화에 영향을 미치는 이념적, 정치적 및 기타 요소들을 무시한다고 비판한다. 또한 다른 사람들은 맑스가 사회 변화의 과정에서 정립, 반정립, 종합을 통한 변증법적 모형만을 강조함으로써 역진적인 변화나 다른 유형의 변화는 수용하지 않는다고 비판한다. 특히 보수주의자들은 맑스가 경제에 토대를 둔 모순과 투쟁을 지나치게 강조한다고 비판하면서, 투쟁보다는 오히려 통합, 합의, 협력 등이 훨씬 자주 사회를 지배하고 변화시킨다고 주장한다. 이들은 공동의 조화를 이룰 수 있는 가치들의 규범 체계가 존재하며, 기능적이고 경제적인 상호의존 관계가 계급투쟁을 회피하거나 최소한으로 축소시킨다고 언급한다. 끝으로, 많은 비판자들은 맑스가 주장한 혁명에서의 주체적 공식에 관해 도전해 왔다. 그들은 특히 20세기 혁명들은 거의 모두가 '중산층' 혁명이라는 것을 강조한다. 그들은 맑스가 평균적인 노동자들의 소외와 좌절의 심도를 오판함으로써 혁명의 주체에 관해 부적절한 예측을 했다는 것이다. 특히 맑스는 노동자들이 자신들의 정체성을 민족, 지역사회, 종교, 인종, 성, 직업 등에서 찾는 성향이 있음을 보는 데 실패했다고 비판한다.

　맑스의 투쟁론에 대한 다양한 비판은 일찍이 1950~60년대에 집중되었는데, 이 시기는 제2차 세계대전 이후 자본주의 선진 경제가 전쟁 특수 덕분에 공황에서 벗어나 호황을 맞이했던 시대였다. 서양에서 당시 활약하던 많은 분야에 걸친 학자들이 그런 비판 대열에 참가했으며, 특히 좌파 계열의 학자들로는 영국의 노우브 Alec Nove와 미국의 터커Robert C. Tucker 등이 저명한 사람들이다. 후자는 특히 당시 '새로이' 발견된 문헌, 즉 맑스가 1844년에 작성한 원고인 『경제학·철학 수고Economic and Philosophical Manuscripts』(일명 파리 수고Paris Manuscripts)를 깊이 분석하여 초기 맑스의 세계관과 가치관을 규명했다. 그로부터 터커는 맑스가 우리 시대에 남긴 최대의 '실패'를 공산주의사회의 '공상적' 속성으로 꼽는다. 이 점에 대해서는 노우브도 동의한다(Alec Nove, 1983). 특히 터커는 그러한 공상적 요소를 맑스의 미래학 futurology이라고까지 불렀다 (Robert C. Tucker, 1969, 제7장). 그러나 두 사람 모두, 맑스의 철학, 경제학, 나아가 이념과 혁명론에 대해서는 하나의 새로운 신념일 뿐만 아니라 19세기와 20세기에 세계를 뒤흔든 사회주의 및 공산주의 혁명운동의 좌표가 될 수밖에 없었다고 인정한다.

맑스의 역사관에서 발견되는 경제결정론은 그의 주요 사회학적 업적인 사회구성체social formation 혹은 사회경제구성체socio-economic formation를 근거로 한 만큼, 그의 이론의 '편견' 자체는 오히려 사회과학의 새로운 패러다임을 발전시킨 공로로 인정되어야 함이 마땅하다. 맑스의 역사관, 즉 사회 변화에 대한 과학적 분석은 역사 유물론historical materialism이 보여 주듯 역사 발전의 동인이 바로 생산양식이라고 보는 것은 과학의 지평을 새로이 넓힌 업적으로 이해해야 한다. 20세기에 혁명에 실패했거나 아예 혁명이라는 희망을 포기했던 좌파 진영 모두는 노동자가 정치경제적 중심인 사회의 건설보다는 노동자를 의식이 모호한 중간계급화 — 노동자들이 사회의 주인이 되기 전까지는 바라는 바가 아님에도 불구하고 — 시킨 죄상에 '무릎은 물론 머리까지 굽혀' 맑스에게 사과하는 것이 당연하다. 노동자의 중간계급화를 촉진하는 '진보 정당'을 우리가 기회주의 정당이라고 불러도 그들은 어떤 공식적 반론을 제기할 수 없을 것이다. 그러나 그들의 '진정한' 문제는 '선거' 때문에 노동자의 중산층화(이른바 서민화)를, 그래서 보수화 내지 체제내화를 결코 중단할 수 없다는 점에 있다.

제 4 장

한국 자본주의사회의 이행기 대안

자본주의의 근본적 변화를 모색한 앞 장에 이어, 이 장에서는 그런 변화를 한국에서 이룰 대안을 강구할 차례이다. 그러나 아래에서 밝힐 대안은 한국에만 특유한 방안이라기보다는 사실상 모든 자본주의 체제에 해당되는 '보편적' 사안이다. 한국에서 벌어지고 있는 사회문제들은 지난 세기말 자본주의가 신자유주의로 선회하면서 더욱 악화됨으로써 자본주의와 더욱 구조적으로 결합되었다. 지금까지 한국을 위시한 세계의 여론은 그런 사회문제의 근원인 '자본'의 비인간적 축적을 종료시키는 데에는 아예 눈을 감은 채, 다만 그것이 초래하는 다양한 문제들의 완화 내지 개선에만 유념하는 형식적 사회 개량에 열을 올리고 있을 뿐이다. 그러나 자본주의 하에서의 개량이나 개혁이란, 자본의 축적과 재생산 운동이 계속 존속하는 한, 그래서 그것의 강화를 위한 법칙을 중심에 두는 한, 자본의 선호와 선택을 추종할 수밖에 없는 보수적 변화를 가져올 따름이다. 이것이 자본주의사회의 정치경제적 현실인 동시에 사회주의 등 여타 체제로의 변혁을 가로막는 근본적 한계이다.

자본주의의 대안을 찾는 인간의 양심적 고뇌는, 자본주의의 모순에 눈을 감아서는 안 되고 사회에 마치 '악의 꽃'처럼 피어 있는 문제들에 귀를 막아서는 안 된다는 정의正義를 인류에게 가르친다. 이에 세계는 자본주의를 종료시키는 사회주의혁명·공산주의혁명으로 현대사회의 모순을 종식시키는 운동을 지난 세기에 이어 금세기에도 지속적으로 전개할 것으로 우리는 확신한다. 중심부 선진국에서뿐만 아니라 전 세계에서 근로민중이 한걸음씩 나아가고 있는 민주주의의 도정을 진화론적 결정주의 관점으로 환원해서는 안 되며, 그것이 만인을 위한 보편적이며 일반적인 제도로 급진적으로 탈바꿈할 수 있는 혁명의 계기를 마련해야 한다. 이런 계기의 일환으로 우리는 자본주의의 문제를 완화하거나 개선하는 것이 아니라, 여기에서 자본주의를 배척하여 사회주의로 가는 길을 여는 데 궁극적 목적을 두는 '이행기적' 대안을 제시하고자 한다. 이러한 대안을 민주적으로 실천하는 과정에서 향후 자본주의를 극복하는 '21세기 사회주의(신사회주의)'의 상이 드러나게 될 것이다.

1. 민주주의의 회복과 확대

민주주의는 최소한 인권을 보장하는 이념이다

민주주의의 회복과 확대는 '민중의 민주주의'로의 국가의 변화와 맥을 같이한다. 그러나 그것의 궁극적인 목표는 '21세기 사회주의국가'이다. 그러나 사회주의가 달성되기에 앞서 자본주의 하에서 어떻게 민주주의를 고양시킬 것인가가 이 절에서 다룰 문제이다.

우선 한국에서 민주주의의 '회복'이란 헌법상 채택된 '미국식' 자유민주주의가 최대한 합리적으로 수용되어야 한다는 것을 의미한다. 한국은 1948년에 국가가 수립될 때 3년 동안 미군정의 통치를 받으면서 자유민주주의를 헌법에 도입했다. 자유민주주의는 미군과 우파의 폭력과 공포 상황에서 수용될 수밖에 없었고, 당시 민족주의, 사회주의 등 좌파가 이에 대해 어떤 조직적 반대나 저항을 시도하거나 동원한 바 없었다. 그러나 한국은 국가가 수립된 이후 거의 반세기 동안 국민의 참정권도 제대로 행사하지 못하는 민간 독재와 군사 독재 상태에 있다가, 1987년에 시민 항쟁으로 대통령 직선제가 채택되어 민주주의 국가다운 체제를 갖추어 오늘에 이르고 있다. 그러나 많은 중심부 선진국의 사례에서 알 수 있듯이, 그러한 형식적인 민주주의 제도의 확립이란 '반쪽짜리' 민주주의이다. 입헌군주국을 포함한 현대의 민주공화국에서의 민주주의란, 형식상의 선거 민주주의를 넘어서서 국민의 기본권인 사상, 양심, 표현, 집회, 시위 등의 자유가 근본적으로 보장되는 민주주의이다.

한국에서 민주주의의 회복이란 '적어도' 미국이나 유럽 등 자본주의 선진국이 보장하는 인권을 허용하는 실질적 민주주의까지 관철되는 것을 의미한다. 한국에서 대통령 직선제로의 개헌 이후, 군사 독재로 거의 유실되었던 '자유민주주의'를 현실의 제도와 정책으로 회복시키고자 하는 노력이 있었다. 그러나 역사적으로 볼 때, 한국에는 이념적이고 정신적인 가치보다 경제적이고 물질적인 부의 가치를 강조하는 성장 지상주의 전통이 수립되었다. 국민에게 그런 성장 중시 전통이 각인된 결과 2008년에 집권하게 된 이명박 정권 하에서는, 당연한 결과이지만 자유민주주의의 정신적, 이념적 가치가 오히려 후퇴하고 있다. 자유민주주의는 집권 세력에 반대하는 정치적 약자인 소수 — 선거에서 패배했다는 의미에서의 소수 — 의 권리를 보호해야 한다. 인류의 민주주의 발전에서 이에 대한 교훈을 찾을 수 있다. 로크John Locke나 루쏘J. J. Rousseau 등이 설파한 자유와 평등을 기조로 하는 민주주의에 대한 신념은 당시에는 소수에게만 지지를 받았지만, 그 후 그들의 주장은 정치적으로 다수가 되어 현대와 같이 민주주의가 자리를 잡는 계기를 만들었다. 나아가 민주공화국은 선거에 패배한 반대자를 위해 모든 국민의 사상, 양심, 표현, 집회, 시위 등의 자유를 헌법에 명시하게 되었다. 이러한 정치적 자유까지 실질적으로 보장해야 민주주의라 할 수 있다.

국민의 이러한 정치적 권리가 말살되거나 침해되는 대표적인 사건들이 이명박 집권 이후 무수히 발생했다. 이것은 독재 권력의 복귀이자, 이데올로기 차원에서는 신우파의 '공안 정국' 획책이다. 사상의 자유는 2008년에 '촛불시위'에 가담했다는 이유로 구속되었다가 방면됐던 사회주의노동자연합에 대한 탄압에서 결정적으로 훼손되었다. 양심의 자유는 전국교직원노동조합 소속 교사들이 벌이고 있는 '일제고사 반대'에 대한 탄압에서 여지없이 침해당하고 있다. 표현의 자유는 경제 논객인 '미네르바'에 대한 구속에서, 2008년 사장의 무단·경질에 반대했던 한국방송 노동조합 조합원들에 대한 징계 조치에서, 나아가 미국산 쇠고기의 광우병 유발 가능성을 폭로했던 문화방송의 「PD수첩」 관련 인사들에 대한 검찰의 기소에서 역시 침해되었다. 집회와 시위의 자유는 2008년 '촛불시위'와 2009년의 용산철거민학살사태 및 쌍용자동차 해고 반대 투쟁 사건 등에서 침해된 것은 말할 것도 없고, 최근에는 외국의 법률을 예로 들면서 마스크 착용 시위자들을 처벌하려는 집시법 개악 움직임에서도 철저히 침해되고 있다. 이와 같은 정치적 기본권이 침해되고 말살될 경우, 국민은 '정신이 없는 노예'가 되어 지금처럼 물질적 생존과 성장에만 집착하는 신세로 전락하고 만다. 이명박 정권이 이처럼 국민을 '자본에 착취당하는 노예'로 대우하고 있는데 대해, 우리는 '자본의 착취로부터의 해방'이란 차원에서 분명히 규탄하며 그런 모든 기본권을 회복시킬 것을 강력히 요구한다.

이명박 정권이 이처럼 국민의 정치적 권리를 유린하는 것에 대해, 보수 야권에서는 그것을 민주주의에 역행하는 조치라며 현 정부를 규탄하고 있다. 우리는 그들 역시 김대중·노무현 정권 당시 기본권을 억압하려 했음을 기억해야 한다. 예를 들자면, 그들은 사상이나 양심의 자유에 반하는 국가보안법 등을 개정하지 않아 '선 법치주의(국가주의) 후 민주주의'를 강조하고 시행했다. 결국 이명박 정부의 인권침해에 대한 보수 야권의 반발이란 사회의 진보적 변화를 의식한 투쟁이 아니라 자신의 보수적 기반을 강화하기 위한 전술이다. 최근에 그들은 자신들이 집권했을 때는 탄압하고 방치했던 노동자와 민중을 위하듯 시민사회단체와 연대하고 있

153

다. 하지만 보수 양당 체제로의 전환을 최선으로 생각한다는 점에서, 그리고 선거만을 의식해 민중에게 '배부른 중산층'이라는 환상을 심어 주는 자유주의를 신봉하는 점에서, 그들은 이명박 정부와 질적으로 아무런 차이가 없다. (정치권의 보수주의에 관해서는 다음 절에서 논할 것이다.)

중심부 선진국 차원에서 민주주의 국가인가 아닌가를 판가름하는 기준은 국민의 '헌법상 기본권'의 보장 여부이다. 이에 대해서는 우파든 좌파든 동의할 것이다. 그런데 우리는 이명박 정권 하에서는 기본권이 본질적으로 수호되지 않을 것으로 우리는 확신한다. 한국에서 기본권을 엄수해야 한다는 '정신'은 이승만 민간 독재는 물론 박정희·전두환 군사 독재에 항거해 사형을 당하거나 구속을 당하는 등 희생되었던 수많은 의인들의 투쟁과 저항으로 확립된 것이다. 최근 사법부의 판결은 인권에 대한 투쟁과 그것의 보호 의식이 국민의 정신에 각인되고 있음을 보여 주고 있다. 따라서 어떤 국가기관도 국민의 정신에 반하는 결정으로 역사의 시계를 거꾸로 돌릴 수는 없다. 인권을 근본적으로 제한하고 있는 자본주의의 억압 상태에 비록 놓여 있다 하더라도, 국민의 인권은 이제 국가로부터 보호되어야 할 정치적 권리로 승격되어 국가 통치 질서의 일부로 통합되어 가고 있다. 그런데도 이명박 정부의 일부 신우파는 인권이 마치 국법 질서와 무관하거나 분리되어 있는 것으로 여기고는, 그것을 개악된 법률이나 명령으로 탄압해도 침해까지는 가지 않을 것이라고 자위하는 독재 세력으로 영락하고 있다.

이명박 정권은 선진국들이 인권을 얼마나 중시하고 있는가에 관심을 갖고 그것의 선진적인 면을 귀감으로 삼아야 한다. 미국의 오바마 민주당 정권은 2008년에 집권하자마자, 테러 '용의자' —
부시 정권에 따르면 국가의 적 — 에 대한 인권침해로 논란이 많았
던 관타나모 미 해군 기지 내 수용소(2455명 수감)를 폐쇄하고,
중앙정보부CIA의 해외 비밀 감옥(2만7천명 수용 추정)을 폐지하
는 명령을 내렸다. 물론 오바마 정권은 관타나모와 해외 비밀 감옥
에 수감되어 고문까지 받았던 피해자들의 본국 귀환 조치만을 이
행했을 뿐, 사과나 배상, 책임자 처벌 등의 조치는 취하지 않았다.
이것은 아직도 미국이 지난 세기의 종료와 함께 폐기되었어야 할
제국주의의 잔재를 버리지 못하고 있음을 말해 준다. 오바마의 조
치가 일방주의적 '힘의 외교' 가 아니라 상호주의적 '인권의 외교'
의 시작을 알리는 것인지 여부는 향후 평가될 성질이다.

　한국에서 2008년 말의 특별사면처럼 과거의 범죄 때문에 마땅
히 인권이 정지되어야 할 범법자들을 사면하는 조치는 오히려 법
치 질서를 문란시키는 행위이지 인권의 존중이나 회복이 아니라
는 사실을 이명박 정부는 깨달아야 한다. 나아가 국회는 대통령의
일반·특별사면에서 국가의 임의적 재량권을 배제하고 사면의 포
괄적 제한 규정에 따르도록 하는 법률을 차제에 마련해야 한다.

우파 독선의 관료주의는 민주주의를 위해 배제되어야 한다.

　이명박 정권 하에서 신우파의 공안 정국이 강화된 직접적 계기
는 2008년의 촛불시위가 현 정부에게 남긴 정권의 위기의식에서
비롯된 것이다. 그 이후 이명박 정권은 최고의 권력기관인 국가정
보원, 검찰청, 경찰청, 국세청 등 이른바 '4대 기관' 의 수장들을

물갈이했다. 이들의 물갈이로 친정 체제를 굳힌 정권은 국민에 대한 통제권을 보다 완벽하게 수립하는 한편, 향후 통치 체제에 저항하는 시민은 물론 노동자·민중에 대한 탄압을 더욱 강화하는 공안 통치를 수립한 것이다.

이것보다 더욱 본질적인 정권의 독선은 이른바 '고소영' (고려대학교, 소망교회, 영남) 출신으로 불리는 측근 인사를 기용하는 관료주의적 친정 정책에서 엿볼 수 있다. 우리는 대부분의 역대 정권이 이와 유사한 엽관獵官 체제spoils system를 특히 정권의 초기와 말기에 시행했던 것으로 기억하고 있다. 이명박 정권의 인사에서 특이한 점은 집권 초기뿐만 아니라 2009년 초의 1·19 소폭 개각에서도 그런 인사 정책의 전철을 답습했다는 점이다.

이제 이명박 정부는 적어도 민주주의를 회복하기 위해 먼저 손을 대야 하는 것이 무엇인가를 지난 2년간 국정 수행으로부터 깊이 배웠을 것이다. 그것은 대통령 측근의 인사들로 독주 체제를 구축하려는 정치적 의도를 폐기해야 하는 것이다. '고소영' 인사를 번갈아 정부 요직에 기용하는 이른바 '회전문' 인사를 자행할 경우, 이명박 정부는 지금까지 비판을 면치 못하고 있는 공안 통치와 인권 시비에 휘말려 경제 위기 같은 주요 국정 현안을 제대로 처리하지 못하는 무능한 정권이 되고 말 가능성이 크다. 이른바 '고소영' 관료주의 인사에게는 충성과 복종이라는 특색만 있을 뿐이다.

미국의 시사주간지 『뉴스위크』 인터넷판 (2008년 12월 2일)은 이명박 정권의 엽관 정치에 마치 경고라도 하는 듯, 엽관 정치의 미국식 폐해를 적나라하게 지적하고 나섰다. 이 언론은 미국의 역사에서 성공한 대통령으로 링컨, 루즈벨트, 레이건 등을 들며 그들이 정적까지도 껴안아 요직에 기용했다고 평가한 반면, 실패한 대통령으로는 존슨(베트남 전쟁 실패), 닉슨(워터게이트 스캔들로 퇴진), 조지 W. 부시(이라크 전쟁 개시)를 들며 측근 정치를 편 인물들로 비판했다. 부시는 충성을 고위직 선발의 주요 기준으로 삼았다. 알베르토 곤살레스를 법무장관에 기용한 것과 마이클 브라운을 연방재난구호청장에 기용한 것이 대표적이다. 곤살레스는 관타나모 기지 수용소 등에서 고문을 합법화해 민주주의의 '보루'라는 미국의 위상을 추락시켰고, 브라운은 2005년에 허리케인 카트리나가 뉴올리언스를 강타할 때 보인 무능력으로 인해 미국 정부의 한계를 고스란히 드러냈다. 부시가 고용한 측근 위주의 내각은 이라크에 대량살상무기가 없는 데도 불구하고 증거까지 조작한 딕 체니 부통령 등 극우파의 음모에 휘말려 결국 이라크 전쟁을 일으킨 제국주의 국가로 남게 됐다.

현재 이라크 전쟁이야 말로 지난 세기말 미국이 실패한 바 있는 베트남 전쟁에 이은 두 번째 실패작으로 기록될 것이다. 오바마 정부는 이라크로부터의 철군 시기를 저울질하고 있으나 보수 강경파의 반대에 부딪혀 쉽게 결정할 수 없는 상황이다. 이라크 전쟁은 미국 자본주의의 '꺼지지 않는' 횃불인 군산복합체military-industrial complex와 석유산업의 자본을 축적시키는 데에 지대한 공을 발휘한 반면, 미국 국민은 물론 세계 인민들에게는 자신의 주머니 돈으로 치룬 전쟁이 재정 적자 폭을 더욱 넓혔다는 과를 치룬 것이다. 그러나 이라크 전쟁은 이러한 경제적 측면의 공과보다 훨씬 큰 인륜적 상처를 남겼다. 이라크에서 거의 매달 터지는 반정부 세력의 자살 폭탄 공격으로 인한 수많은 인명 살상이 바로 그것이며, 이로 인해 미국은 자국과 세계에 변명할 어떤 합리적인 도덕적 기준도 제시할 수 없는 난관에 부딪혔다. 과거의 베트남 전쟁과 마찬가지로 이라크 전쟁은 미국으로 하여금 헤어나기 힘든 수렁을 예고한다는 점에서 미국과 동맹군은 즉시 철군을 이행하여야 할 것이다.

이명박 정부는 오바마 정권이 공화당 인사들을 기용하듯이 향후 과감한 탕평 인사를 펴야 한다. 국정에 막대한 지장과 비용을 초래할 독선과 인권 시비에 휘말리지 않는 선진국이 되려면 과감하게 인사와 조직을 개편해야 한다. 그가 장관으로 고용한 인사들은 위장 전입, 논문 표절, 부동산 투기, 이중 국적, 군 징집 기피 등 불법적이고 패륜적인 작태로부터 자유롭지 못하다. 우리는 이것이 다수의 국민들이 이명박 정부에 기대하는 최소한의 국정 개혁일 것으로 확신한다.

민주주의의 확대와 무관한 보수 정당들은 해체되어야 한다.

자본주의국가에서 민주주의는 각종 정치 세력들이 당리당략에 따라 선거에서 경쟁을 벌이는 이른바 선거 민주주의이다. 선거 민주주의는 이러한 형식상의 약점 이외에도 보수 정치의 고착 등 더욱 큰 실질적 모순을 갖고 있어 향후 이 제도가 어떻게 변경될 것인지는 대중들의 지대한 관심거리가 될 것이다.

정치적 민주주의가 낳은 최대의 약점은 보수 정치이다. 보수 정치는 오늘날 각국에서 고질적인 병폐로 부각되는 오염, 빈곤, 실업, 인종차별 등 자본주의가 낳은 문제들을 결코 시정할 수 없다.

그런 사회문제에 심각하게 직면하고 있는 유권자들은 지금의 정치체제에 환멸을 느껴 아예 선거 자체에 등을 돌리고 있다. (현재 각급 선거에서 50%에 육박하는 기권율이 하나의 증거이다.) 자본주의사회의 근본적 문제들을 해결할 수 없는 보수 정치와 대의제도는 이제 개혁되어야 한다. 그런 개혁이 민중의 의지로 실현될 경우 종래 대의제도에 매달리고 있는 보수 정당들도 당연히 해체될 것으로 전망된다.

한국의 보수 정당들이 자본주의 선거제와 정당제, 나아가 의회제가 유효하다고 아직도 믿는 것은 물론 투표율 때문이다. 그러나 국회의원, 지방의원, 심지어 교육감을 다시 선출하는 보궐선거 같은 사례에서 투표율은 반에 훨씬 못 미치는 20~30%, 심지어 10%대라는 한심한 결과를 보이고 있다.

이를 근원적으로 해결하려면 선거에 참여하기 전에 정당을 결성하려는 집단이나 정치인으로 등단하려는 인사들이 스스로 자신이 믿는 이념과 가치에 대해 판단하는 절차를 정당 스스로가 마련할 필요가 있다. 물론 이념과 가치에 대한 심판은 결국 선거에서 유권자들이 하겠지만, 정당이 '사전에' 자치적이고 민주적으로 후보를 올바르게 거르는 절차나 과정의 도입이 필요하다. 그렇지만 세계의 어떤 보수 정당도 그러한 '이상적인' 절차나 과정을 하나의 현실적인 제도로 도입한다는 것은 사실상 불가능하다. 한국에서 지난 대통령 선거 시기 정당들이 채택한 바 있는 '국민경선제' 방식으로 출마 후보를 선출하는 것 외에는 다른 방안이 거의 없는 실정이다.

선거도 결국은 경쟁에 의한 구도이므로 후보자들이 난립할 수밖에 없다. 보수 정치에서 국민의 필요와 희망을 진작부터 정확하고 올바르게 알고 있는 집단과 그런 집단의 지도자가 존재한다는 것 자체가 회의적이다. 나아가 그런 '국민적' 정당과 지도자들이 국민에게 선택되도록 보수 정치권의 경쟁에서 살아남을 가능성이란 그것보다 더욱 희박하다. 따라서 과거 그리스의 어느 철학자가 지적했듯이, 민주주의란 자칫하면 언제든 '중우정치'가 될 가능성이 크다. 보수 정당들이 국민을 계속 '어리석은' 투표기로 만드는 경쟁은 마치 시장에서의 경쟁이 '약삭빠른' 광고로 소비자를 늘리는 원리와 같다.

　보수 정치 세력이 추구하는 중우정치를 방지하려면, 다시 말해 지금의 정치권이 진보적(최소 강령)이거나 변혁적(최대 강령)인 가치를 추구하도록 국민이 강제하려면, 국민 스스로 의식이 바뀌어야 한다. 국민의 의식 전환이 이루어지려면 현 기득권 세력인 보수 정당들이 우선 자진 해체되거나 변질되어야 함은 당연하다. 미국과 유럽은 물론 한국에는 보수 정당들이 여럿 존재한다. 그리고 대체로 그런 다양한 정당들 가운데 유권자의 지지를 일반적으로 많이 받는 두 개의 정당으로 양당 체제를 이루고 있다. 이것은 선거 민주주의의 경합 구도가 만들어 낸 체제이기도 하지만, 더 깊이 분석해 보면 양당 경합 구도가 인간의 상식적 인지에 기초하는 선택 체계와 밀접한 관계를 갖고 있음을 알 수 있다. 인간이 통상 무언가를 선택할 때는 '상식'이라는 틀을 이용한다. 심지어 셋 사이의 선택도 전문적 판단이 필요하므로 대체로 둘을 놓고 그것들의 차이를 가늠하는 것이 보편적인 상식적 판단이다. 그리하여 선거 민주주의가 도입되는 순간, 양당 간 경쟁 구도가 일반적인 제도로 자리 잡을 수 밖에 없다.

  그런데 보수 정치에서 양당 체제의 문제점이란 그들 간에 '이념상' 명백한 차이가 존재하는지, 또는 그들이 제기하는 정책상 차이가 뚜렷한지, 나아가 동일한 문제에 대한 그들 간 해결의 차이가 무엇인지를 발견하는 것이 어렵다는 것이다. 이것은 물론 보수 정당들이 신자유주의에 대해 이견이 있을지 모르나 그것을 배태한 자본주의에 대해서 반대할 이유가 전혀 없기 때문이기도 하다. 그들은 자신들의 지지 세력과 각종 이익단체들의 권익을 대변하면 되는 것일 뿐이다. 이것이 바로 민주주의의 위기이고 정치권의 위기이지만, 근본적으로는 자본주의 정치의 위기이다. 이런 민주주의의 위기를 근본적으로 피하려면 결국 대중이 자본주의의 노예인 상태에서 벗어나 인간 해방의 길로 나아가는 의식을 기를 수밖에 없다.

  보수 양당 체제가 보수-진보의 양당 체제로 전환되려면, 국민이 진보적 내지 변혁적 가치를 추구하는 등 이념과 의식의 대전환이 반드시 선행되어야 한다. 자본주의의 음모는 국민의 다수인 근로민중을 현실의 생존권 위기에 처하게 함으로써, 그들이 물질적 문제의 해결에만 매달리게 할 뿐 그들에게 자본주의사회를 바꿀 이상이나 이념을 진지하게 생각해 볼 여유를 주지 않는다. 물론 생존권의 위기가 설사 자본주의의 '객관적' 법칙의 결과라 하더라도, 인간은 그 결과를 바꾸는 등으로 객관성을 거슬리거나 완화할 수 있는 주관적 의지와 행동을 보유하고 있다. 종래 인간의 의지와 행동을 객관적 사회법칙에 예속되게 하는 요인은 어디에 있는가? 종래 주류적 지위를 점하고 있는 인문과학이나 사회과학과 같은

161

지식에 그것의 근원이 자리 잡고 있다. 이들 주류 지식은 인간의 주관적 의사가 세계의 물질적 변화와 타협하거나 협력하는 변화에 귀의하는 과학과 이론을 구축했다. 이런 타협적 지식이 그간 사회를 지도하고 사람들을 복속시키면서, 정치와 경제는 물론이고 교육, 종교, 언론, 예술, 문화 등 사회의 전 활동 영역에서 그런 협력적 가치관이 마치 인간 의지의 해방의 과학인 양 국민의 지식으로 통용되게 한 것이다.

이런 지식은 결국 자본축적의 법칙이 전횡적으로 지배하는 사회를 구축했다. 자본주의의 객관적 발전 법칙은 지금까지 일반 대중에게는 번영은 고사하고 생존의 위기를 불러오는 한편, 소수 자본가 등 유산계급을 사치와 낭비로 몰아가는 등 인류를 엄청난 차별적인 사회생활로 인도하고 있다. 모든 차별을 뛰어넘어 평등해야 할 사회는 자본주의가 본격 도입된 지 200년 가까운 세월 동안 이처럼 불평등하고 차별적으로 유지되어 왔다. 인류의 역사를 돌이켜 보면, 그러한 차별과 소외가 유산·착취계급의 음모에 찬 관념과 이를 후원하는 과학과 지식에 근거하고 있음을 알 수 있다. 이제 인류가 그러한 역사를 청산할 수 있는 방안은 우선 그런 사이비 지식을 파는 정치권의 쇄신에 있다. 기존 정치권을 바꿀 수 있는 민주주의 제도가 정착된 이상, 근로민중은 이른바 보수 세력을, 국민을 기만하는 그런 정치 세력을, 정치권에서 추방할 수 있는 진보적 내지 변혁적 민주주의 투쟁을 전개해야 한다. 이 세상에서 가장 두려운 존재란 가상의 신이 아니라 현실의 관념 그것이다.

민중이 국가를 맡는 민주주의가 확립되어야 한다.

우리가 지금까지 분석하고 있는 민주주의의 회복은 제2장에서 분석해 본 일반적인 자본주의사회의 모든 문제들, 예컨대, 억압, 오염, 차별, 착취, 폭력 등을 기본적으로 완화하는 효과를 발휘한다. 그러나 여기에서 논의할 근로민중이 주인 되는 민주주의는 민주주의의 회복과 더불어 '확대'이며, 자본주의의 문제들을 사회에서 추방하는 계기를 만들 것이다.

이명박 정권의 최대 국정 실패는 지난 2009년 1월에 발생한 용산철거민학살사태이다. 이것이 최대 실패인 이유는 국가가 사회경제적 약자인 근로민중의 권리를 보호하지 못함으로써 민주주의에 정면으로 배치되는 문제를 일으켰기 때문이다. 나아가 이명박 정권은 그들의 민주적 권리를 무시하는 것에 그치지 않고 심지어 그런 민중들의 생명까지 앗아가는 만행을 저질렀던 것이다.

자본주의사회에서 생산수단을 소유하지 않은 철거민은 물론 노동자를 위시한 모든 민중은 경제적으로는 말할 것도 없고 정치적으로도 약자에 속한다. 이 계층은 정치경제적 의미에서 무산계급인 동시에 피지배계급이다. 자본주의가 계급사회class society인 것을 깨닫지 못하거나 우파 정권의 이념 공세로 그러한 개념을 회피하는 대중은 일반적으로 인민 또는 민중으로 불리고 있다. (민중의 정치경제적 개념에 관해서는 제2절에서 논할 것이다.) 일부 정치권에서 즐겨 쓰는 '서민'이라는 용어도 민중과 거의 같은 개념이지만 ― 중산층화의 음모도 있지만 ―, 그 용어는 민중을 자본

163

주의사회의 객체에 머무르게 하는 '포이어바흐Ludwich Feuerbach 류' 의 추상적이고 피동적인 인간상으로 규정하기 때문에 우리는 반대한다. (민중과 시민과의 관계에 관해서도 역시 제2절에서 논할 것이다.)

그런데 자본주의 체제는 민중을 중산층(중간계급)으로 분류함으로써, 이들이 마치 선거 민주주의에서 정치경제적으로 '주인' 계층인 양 호도하고 있다. 그러나 이들은 정치적 자유를 역사상 최대한 허용하는 민주공화국이라는 체제에서도 그러한 자유를 향유할 수 있는 경제력이 없기 때문에 피지배계급의 지위에 놓일 수밖에 없다. 그래서 우리가 먼저 주목해야 할 점은 피지배계급이 이명박 정권 하에서 경제적 평등(사회주의 정권의 목표) 이전에 그것을 달성할 수 있는 경제적 자유를 누리고 있는가이다. 경제적 자유는 오늘날 자유민주주의 체제에서 누구에게나 주어져 있는 기본권이다. 민중의 경제적 기본권에 관해서는 제3절에서 상세히 논하겠지만, 여기에서 잠정적으로 결론을 내리자면, 이명박 정권 하에서 그들은 경제적 자유를 온전하게 누릴 수 없어 이전의 다른 정권들 하에서와 마찬가지로 생존권은 항상 위기 상태에 놓여있다. 자본주의의 새로운 국면인 신자유주의는 민중의 생존권 위기를 심화시키고 있는 실체이다.

21세기 초 신자유주의가 심화되는 사회에서 피지배계급은 바로 근로민중이다. 그들은 비정규직 노동자, 소농민, 철거민, 노점상, 영세 자영업자를 위시해 실업자로 내몰리는 여성 및 청년과 장애인 등 시장 경쟁에서 탈락되거나 겨우 생계를 유지하여 사실상 생존권이 위기에 처한 민중들이다. 이들이야말로 사회의 진보적 개혁 내지 변혁이 절실한 피지배계급이다. 이런 유형의 '과잉인구' 를 많이 배출하면 할수록 자본주의사회의 빈곤과 불평등 구조는 더욱 심화될 뿐만 아니라, 이들의 무산계급화가 진전되어 소수 유산계급에게 종속되는 의식구조가 형성된다. 그리하여 결국 소수 지배계급의 권력에 유리할 수밖에 없는 사회의 문화가 창출되고 질서가 유지된다. 신자유주의는 그런 피지배 민중의 비인간적인 삶과 비극적인 현실을 더욱 부채질하는 자본주의의 신국면이다. 따라서 우리는 신자유주의에 의해 희생되고 있는 피지배 민중의 생존권을 사수하는 민주주의의 확대인 '민중의 민주주의'로 나아가야 한다. 이를 위해 모든 근로대중은 단결과 연대로 생존권을 사수하는 방향으로 투쟁의 '물꼬'를 터야 할 것이다.

끝으로, 이명박 정부가 국민의 인권을 보장하는 등으로 민주주의를 이루려면 유네스코 세계문화유산위원회의 아지자 베나니 Aziza Bennani가 『가치들은 어디로 가는가?』(제롬 벵데 편저, 이선희.주재형 번역, 2008) 제1부에서 언급한 아래의 말을 분명히 기억해야 할 것이다. "역사의 가장 위대한 순간들은 언제나 인간 그 자체를 중요시했던 순간들이다. 우리 시대의 주요 관심사는 갱신된 인간주의적 기획의 틀 안에서 차이들을 존중하면서, 이렇게 (모두가) 인류에 속해 있다는 사실에 어떤 하나의 의미를 부여하는 일이어야 한다." 여기에서 "갱신된 인간주의적 기획"이란 "공유된 보편적 가치들 위에 기초하며 인간에게 가장 커다란 자리를 마련해 주는 미래의 기획"을 의미한다(31~32쪽). 우리가 볼 때, 이 인간주의적 기획은 한국에서는 '미래'가 아니라 지금 당장 실현되어야 할 '현실'이다.

165

2. 민중의 진보적 가치 추구

근로민중은 최소한 진보적 역사관을 가져야 한다.

한국이 자본주의의 문제를 완화할 두 번째 방안은 무엇보다도 대중의 의식으로부터 나온다. 이것은 자본주의 한국 사회가 안고 있는 문제 가운데 사회적 약자의 인권 위기와 경제적 자유의 유린으로 심화되는 개인 간 사회적 차별을 시정하여, 사회 구성원이 평등하게 연대하는 정의로운 사회를 만드는 데 그 목적이 있다. 앞 절에서 본 민주주의의 회복과 확대로 모든 사람의 인권을 보장하고 민중이 권력을 잡는 토대가 구축되기 위해서는, 이 절에서 논할 예정인 대중의 의식이 진보적이거나 변혁적 가치를 추구함과 동시에 그들의 정치적 참여가 획기적으로 제고되어야 한다. 달리 말하면, 국민의 대다수인 민중이 인간답게 살 수 있는 인권이 보장된다 하더라도, 사회적 차별로 인해 그들의 정치경제적 지위가 보장되지 않는다면 현실 사회생활에서는 인권은 휴지 조각이 될 수밖에 없다.

우리는 이런 사례로 2009년 1월의 용산철거민학살사태를 대표적으로 지목한다. 그들의 생존권 관련 요구가 현실적으로 수용되어 건물 소유자의 권리가 규제되었어야 함에도 불구하고, 국가는 그런 규제 제도를 관련 법률이나 제도에 신설하거나 개정하지 않았다. 민중들의 권리가 국가 차원에서 자본가, 자산가, 지주 등의 사적 소유권에 희생될 뿐만 아니라, 그들의 요구가 정치적 민주주의 체제에서는 관철되지 않아 행정부와 국회 등에서도 제도적으로, 법률적으로 심지어 정책적으로도 수용되지 않는다. 이것이 오늘날 한국이라는 사회에서 자본과 권력이 민중을 무시하고 기만하는 '민주주의와 법치주의'의 진상이다. 이 진상은 유산계급의 비인간적이고 비민주적인 본질을 그대로 대변하고 있다. 이런 현실은 사적 소유권과 이것의 시장 거래를 권력의 토대로 신봉하고 있는 자본주의국가에서만 일어날 수 있는 사회적 차별이다.

이처럼 자본주의적(유산계급적) 민주주의bourgeois democracy는 실질적으로 '자본가계급'의 독재를 의미할 수밖에 없다. 이 자본가계급의 독재를 떠받치고 있는 세력이 바로 개인주의와 자유주의를 신봉하는 보수 정치이다. 이에 민중에 대한 사회적 차별이 시정되지 않는 가장 큰 이유는 유산 기득권 세력의 이익을 대변하고 있는 보수 정치 세력이 권력을 잡고 있기 때문이다. 그러나 한국뿐만 아니라 세계의 어떤 국가에서도 '민주' 권력을 잡고 있는 정치 세력은 국민 '대다수'의 의식 상태를 반영하는 실세이다. 그래서 현재의 정치 세력을 바꾸려면, 그것을 형성시킨 국민의 의식이, 국민의 대다수를 차지하는 노동자를 위시한 민중의 의식이 바뀌어야 한다.

그렇다면 여기에서 민중이란 과연 누구인가가 규명되어야 한다. 기본적으로 정치경제적 개념인 민중은 정치적으로 피지배 집단에 속할 뿐만 아니라 경제적으로도 재산과 소득이 낮거나 없는 계급으로 정의할 수 있다. 역사적으로 민중은 지난 제2차 세계대전 시기에 혁명적 좌파들이 노동자를 중심 세력에 두고 채택했던 인민전선people's front 전술에서 말하는 '인민'과 동일한 개념이다. 인민전선이란 단순히 노동자계급의 전선을 통일시키는 것(통일전선전술)에 그치지 않고, 이른바 중간계급에 속하는 농민, 도시 소자산가, 지식인들과의 제휴, 즉 전체 근로민중의 통일을 실현하기 위한 방안이었다. 인민전선 전술은 특히 파시즘에 대항한 프랑스, 스페인 등에서 현실적인 성과를 얻으면서 1935년 코민테른 Comintern에 의해 반파시즘 통일전선 전술로서 정식화되었다.

21세기 초 한국의 상황에서 민중에 포괄되는 지위에 있는 사람들은 지난 세기의 인민과 거의 동일한 정치경제적 지위에 있는 사람들이다. 민중에는 우선 노동자가 여전히 지도적 지위로 남아 있어야 한다. 이들은 민간 부문이든 공공 부문이든, 다시 말해 민간기업이든 정부 기관이든, 어딘가에 고용되어 주요 소득인 임금으로 생활하는 사람들이다. 그런데 세계 어디에서건 나타나는 '노동귀족 문제'는 근로민중 간에 현격한 임금의 격차와 더불어 노동조건의 격차가 가로 놓여 있는 현실을 반영하고 있다.

우리가 민중을 '피지배계급'이라고 정의할 때는 그들이 자본과 권력으로부터 이성적으로나 감성적으로 지배를 당하고 있다는 '의식'의 유무가 중요하다. 지금까지 좌파 진영에서 민중이란 말을 쓸 때에도 — 지금 한국의 좌파 세력들은 역사적이고 사회적 규정인 인민 내지 민중이라는 용어 대신에 정치적 선거용으로 서민이란 '애매한' 말을 쓰고 있지만 우리는 이에 반대한다 — 그런 의식의 여부가 중요한 잣대로 재고되어야 한다. 우리가 민중의 개념을 이렇게 정의할 때에는, 피지배 의식이 없는 노동귀족은 민중이 아니다. 나아가 고소득 노동자들을 위시해 노동이 대체로 비억압적인 조건에서 수행되어 피지배 의식이 없는 노동자들을 민중의 범위에 포함하기는 어렵다. 예를 들어 연간 억 단위의 임금을 버는 노동자들을 근로민중에 포함시키기 위해서는 현재 노동자의 평균 임금이 얼마인가라는 객관적 기준과 함께 그런 높은 임금을 받으면서도 자신이 피지배계급이란 주관적 의식이 있을 것인가를 보아야 한다. 이들은 노동자라기보다는, 나아가 민중이라기보다는, 직업이나 직급에 관계없이 이미 비노동자적 생활과 의식으로 지배계급인 자본가계급에 흡수된 사람들로 판단하는 것이 옳다.

노동자계급에 대한 민중 개념의 적용은 노동자 이외의 직업에 대해서도 판단 기준을 제공한다. 농민의 경우, 먼저 전통적인 지배계급인 지주계급에 해당되지 않아야 할 뿐만 아니라 도시의 평균 노동자에 해당될 정도의 수입으로 살아가는 소작농과 영세 자작농을 민중으로 분류할 수 있다. 자작농은 생계수단으로 자신 소유의 토지가 있다 하더라도 그것으로 지주계급의 지위를 누릴 수 없어 자신의 노동이 투입되는 준노동자quasi-laborer의 지위에 있다. 이런 판단 기준에 따르면, 철거민, 노점상, 영세 자영업자 등의 집단에 속하는 사람들 역시 민중이다. 극소수의 예외가 있긴 하지만 이들 대부분은 자신의 노동으로 가계의 생계를 유지하거나 금융기관 등에 채무를 지고 있는 사람들이다. 한국의 경우 민중들은 일인당 평균 4천만원정도의 채무가 있는 것으로 발표되고 있다.

한편, 생활수준이 빈곤선poverty line에 준하거나 그 미만의 임금을 받는 사람들은 특히 '경제적' 의미의 민중인 '사회적 약자'로 분류된다. 이들은 정규직이 아닌 불완전고용에 처한 비상근직, 임시직 등 이른바 비정규직에 해당되어 낮은 임금을 버는 노동자들이다. 그러나 사회적 약자에는 비정규직 노동자뿐만 아니라 구조적, 경기적, 계절적 등의 사유로 해고된 정규직이지만 재취업할 수 '없는' 실업자도 포함된다. 또한 여기에는 아예 구직을 포기한 '백수白手'에 해당하는 사람들은 물론 청년 실업자도 포함된다. 분명히 경제활동인구에 포함되지만 일자리가 없어 취업할 수 없는 사람들이 현재 한국에 5백만 명에 육박한다고 언론은 보도하고 있다. 실업률이 5%(통계청, 2010년 1월 발표)라는 통계는 어디까지나 '공식적' 통계일 뿐이다. 현대 자본주의사회에서는 금융과 기술이 발전하면 할수록 사회가 고용하는 인구는 실업을 당하는 인구를 따라 잡을 수 없다. 이것이 흔히 말하는 신자유주의 하의 '고용 없는 성장'이다. 이로 인해 중심부 선진국에서 볼 수 있는 바와 같이 민중에 포괄되는 국민이 주로 경제적 이유만으로도 점차 늘어나고 있는 실정이다. 사회적 약자에는 장애인, 노약자 등은 물론이고 사회적 차별로 인한 여성, 외국인들도 포함된다.

그러나 사람들이 경제적으로 어려운 생활을 영위한다 하더라도, 우리가 의미하는 민중이 되기 위해서는 '정치적'으로 자본과 권력에 대해 피지배적 적대관계에 있다는 것을 의식하여야 한다. 다시 말해, 자본주의사회에서 진실한 의미의 민중에게는 자신이 자본과 대립 관계라는 '계급의식'이 있어야 한다는 것이다. 그래서 민중 가운데 노동자야말로 일찍이 계급의식을 창출하고 함양한 기본계급으로서, 그 누구보다도 자본주의사회의 안정보다는 오히려 그것의 변화를 추구하는 계급이다. 노동자계급의 그런 '반역'의 개연성을 처음 발견하고 그에 따른 '혁명'의 프로그램을 기획한 사람이 바로 맑스였다. 맑스는 자본주의사회야 말로 노동에 대한 착취와 소외로부터 자본이 이윤 획득과 축적을 반복하는 사회로 봤다. 그런 자본의 운동 과정으로 인해 자본주의는 과잉생산과 주기적인 위기(공황)를 맞는다. 이에 맑스는 자본주의가 '노동자계급'의 해방을 위해 청산되어야 한다고 보았다. 그리고 자본주의의 청산은 자본의 사적 전유를 폐기하는 의도적이고 급진적인 변화, 즉 혁명적 변화로만 가능하다는 점을 강조하였다. 그의 뒤를 이은 레닌은 그런 변화의 역사와 의미를 짐짓 깨닫고 있는 직업적 활동가들이 지도를 맡는 정당이 조직되어 노동자를 위시한 민중을 적대적 계급으로 의식화하고 투쟁해야 할 것을 강조했다.

세계의 자본주의 중심국에서는 신자유주의라는 새로운 유형의 자유주의를 쫓는 우파 세력들이 정권을 잡고 있다. 우리는 한국의 이명박 정권도 신자유주의를 추종하는 우파 권력으로 규정한 바 있다(김영규, 2008, 제3장). 우파의 유일한 강점이라면 선거 민주주의라는 정치제도에 의해 당선되어 권력을 유지하고 있다는 것 뿐이다. 그러나 이 정치제도는, 우리가 이미 앞 절에서 본 대로, 다수결 원리라는 숫자 놀음으로 유지되는 체제인 만큼, 투표율이 낮은 경우에는 국민을 '사실상' 대표할 수 없는 '법률적' 권력으로 의제된다는 것이 그들의 최대 약점이다.

프랑스에서는 선거 민주주의가 초래하는 이러한 '비非대표성'을 해소하기 위해 보완적인 제도를 채택하고 있다. 대통령 선거에서 일차 투표에서 과반수를 얻은 후보자가 없을 경우에 1위와 2위를 차지한 두 후보를 놓고 다시 투표를 실시하는 것이 그것이다. 그렇다 해도 프랑스에서는 지난 2002년 대통령 선거에서처럼 2차 투표에의 기권율이 20%를 넘는 낮은 참여 속에 국가의 대표를 뽑을 수밖에 없었다(『르몽드 세계사』, 2006, 145쪽). 선거 민주주의를 유지할 수밖에 없는 처지에 있는 선진국에서는 그래서 기권자들에게 예컨대 국가가 비자 발급을 거부하거나 벌금을 부과하는 등 일정하게 벌칙을 가하고 있다. 우리는 여기에 더하여 투표 참여자에게 문화 행사의 무료 초대권을 발부하는 등 적극적 유인을 제공하는 제도를 도입하는 것도 필요할 것이다.

보수 정치에 동원되는 중산층의 계급적 지위는 민중이다.

보수 정치인들은, 또한 그들을 대변하는 국가는, 노동자·민중의 불만과 분노의 폭발로 사회변혁이 발생할 것을 두려워하여 온갖 제도와 법률을 갖추어 국민을 통제하고 있다. 권력은 이에 대해, 그것들을 경제의 안정과 번영을 위해서는 물론 국가 질서의 유지를 위해 최소한으로 필요한 장치라는 이유로 합리화한다. 그런데 우파 권력은 그러한 국민 통제를 숨기지 않고 그것을 '국법 질서'라고 공표하고 있을 뿐만 아니라 그것을 마치 '시장'처럼 자연스런 질서인 양 설명하고 있다.

이명박 정권은 '친기업적' 정부라고 자신의 정치적 지배 이념을 공표하고 있다. 국가의 지배 이념에 무의식적으로 오염된 국민은 그것이 바로 정경 유착(국가독점자본주의)이며 사유 질서가 공공성을 침해하는 것이며 필연적으로 불법 비리나 부정부패를 낳을 것임을 미처 깨닫지 못한다. 국민이 자본 친화적 정부의 부정적 결과를 알게 되려면, 정권의 불법적 뇌물 사건이나 고급 관료든 기업 임원의 자살 사건이 터져야 한다는 사실을 지금까지의 경험이 알려 주고 있다. 오늘날 국가의 이념은 자본의 이념과 일치한다.

자본이 국민을 통제하는 가장 대표적 방식은 누구든 근로하고 저축하면 안락한 중산층 삶을 누릴 수 있을 것이라는 선전이다. 국가는 자본의 요구에 부응하여 '중산층'을 겨냥한 법률과 제도를 마련해 자본의 논리와 일치시키는 노력을 경주한다.

그렇다면 오늘날 자본주의국가가 말하는 중산층이란 과연 누구인가? 중산층이라는 지위를 정치적 및 경제적 측면에서 검토해 보자. 중산층은 국가의 기본 원리인 민주주의의 가치를 이해하는 국민이자 그런 민주의식을 기초로 생활하는 건전한 상식을 가진 시민으로 정의할 수 있다. 이들은 오늘날 간단히 말해 '민주시민'이라고 정의되고 있다. 각종 사회단체들이 옹호하는 다양한 권익이 중산층 시민의 권익과 대체로 일치한다. 그래서 현대 민주주의를 보다 엄밀하게 부를 때 '시민 민주주의'라고 부르는 이유가 여기에 있다. 그러나 경제사회적 차원에서 규정되는 중산층은 위에서 언급한 정치적 의미의 시민과는 다르게 개인의 소득이나 수입이 전체 인구에서 중간 수준에 해당하는 계층을 가리킨다. 재산과 소득의 격차가 심한 자본주의 경제에서 중산층이란 대체로 소득을 기준으로 개별 가구의 연간 소득이 중간 수준에 해당되는 계층이다. 소득의 중간 수준을 일인당 국민총소득GNI으로 평가할 수 있으나, 그것은 사회의 '평균' 소득 개념이기 때문에 실제 소득액을 기준으로 측정한 '중위' 소득과는 구별하여야 한다. 미국은 인구·소득 통계에서 중위 소득median income(가구 전체를 소득 수준에 따라 서열을 매기고 그 가운데에 위치하는 가구의 소득)을 산출하고 있다. 이것을 기준으로 중간 소득의 '범위'를 구할 경우 여기에 해당되는 인구가 '정확하게' 경제적 수준의 중산층을 대표

173

한다. (U.S. Census Bureau, Current Population Reports, 60~233 쪽, 2007)

미국과는 달리 한국은 일인당 국민총소득GNI을 기준으로 중산층을 산출한다. 이에 중산층은 2008년의 경우 19,231달러(2,119만원)의 50~150%에 해당되는 소득을 버는 사람들이다. 이들은 한국 전체 인구에서 약 50% 수준에 해당된다(유경준,『우리나라 빈곤변화 추이와 요인 분석』, 한국개발연구원, 2009년). 그러나 이같은 평균 소득(또는 일인당 국민총소득)은 최저생계비라 할 수 있는 최저임금수준인 연 1,200만원(월 100만원으로 계산)보다는 높다 하더라도 도시 4인 가족 기준 평균 소득인 연 3,600만원(월 300만원으로 계산)보다는 낮다. 이같은 평균 소득은 도시에서 사실상 최저 생활을 해야 하는 '도시 빈민'의 생활과 같은 수준이다. 따라서 한국에서 — 다른 자본주의국가에서도 마찬가지일 것이다 — 경제적 의미의 중산층이란 도시 빈민에 가까운 생활수준을 유지하는 사람들을 가리킨다. 이러한 도시 빈민이 전체 인구의 절반이라는 것은 이들을 위에서 규정한 정치적 민주 시민으로 대우하기에는 그 수가 다소 많다는 것을 알 수 있다. 그래서 도시 빈민 계층이야말로 보수 정객들이 노리는 전형적인 지지 세력의 중심을 차지하게 되고, 이들이 보수 정치권이 흔히 강조하고 있는 중산층이다. 그러나 한편 진보 정당들도 선거 때면 가끔 인용하고 있는 서민도 바로 도시 빈민에 해당되는 중산층이다.

여기서 우리의 주장은 이렇다. 진보 세력이 오늘날 '대중정당'으로 성공하려면 그러한 '중산층'을 지지 세력으로 견인할 수밖에 없다 하더라도, 그들 가운데 위에서 말한 '민주 시민'으로서의 자격을 최소한 갖추고 있는 사람들을 우선적으로 흡수해야 할 것이다. 그러나 한국뿐만 아니라 세계의 어디에서건 시민은 자신이 근로민중화proletarianization되어 있음에도 불구하고 신자유주의의 이데올로기에 기만당해 중산층으로 착각하고 있다. 그러나 그런 착각보다는 오히려 선거에 흡수되어 자본주의를 신뢰하여 이미 보수화되어 있다는 점이 진보 정당에게 가장 어려운 점일 것이다. 우리가 여기에서 진보 정당에 제안하고 싶은 것은 보수 정당이나 시민단체와의 연대보다는 그들과 구별되는 독자적인 '진보적' 강령, 즉 자본주의의 착취와 소외를 완화하는 교육 지원이나 복지정책이 아니라 그것을 아예 근절하는 자본과 시장의 규제와 생산자본의 국유화 대책들을 마련하라는 것이다. 진보 정당이 전자를 우선시하는 경우, 예를 들어 '무상 급식' 정책을 주장할 경우, 민주시민은 더욱 보수화될 수 밖에 없다.

종래 정치경제학에서는 중산층이 아닌 '중간층' 또는 '중간계급'이라는 용어를 썼다. 여기에는 이른바 프티부르주아계급petti bourgeoisie으로 명명되는 소자산가 또는 소시민계급이 해당된다. 중간층이란 자본주의사회의 기본 계급인 자본가와 노동자 사이에 있는 '중간' 계급을 의미하는 것이지만, 이들은 기본 계급처럼 계급 공동의 권익이 불분명하기 때문에 하나의 독립된 '계급'으로 부를 수는 없다. 그런데 이 중간층에 해당되는 중소 자본가, 농민, 자영업자 등 이른바 프티부르주아의 특징은 독립생산자적 지위를 갖는 사회계층이라는 점이다. 이들의 정치경제적 지위는 자본주의가 발전함에 따라, 특히 국가독점자본 단계에 들어서면 독립생산자로서의 지위를 잃게 되어 무산계급화된다는 것이 정치경제학의 통념이었다. 또한 독점자본주의의 발달과 더불어 국가 기능의 확대에 따라 민간·공공 부문의 중간관리자의 숫자가 확대됨으로써, 종래의 정치경제학은 이들을 새로운 계층인 신중간층 — 프티부르주아는 구중간층이다 — 으로 분류했으며 이들도 전면적으로 프롤레타리아화한다고 규정했다. 그러나 예를 들어 과거 파시즘 체제 하에서 벌어진 일을 볼 때, 중간층이 노동자화할 것이라는 전망은 어떤 경우에도 확신할 수 없다. 오히려 노동자를 위시한 민중이 정치적 헤게모니를 장악하는 것만이 중간층을 끌어들일 수 있는 유일한 전망으로 보는 것이 옳다.

한국에서 중산층 시민을 근로민중의 의식으로 바꾸기란 거의 공상에 가까운 '이상'인지 모르겠다. 그러나 한국의 좌파는 그간 군사 독재와의 투쟁에서 중산층 시민을 개혁적, 민주적으로 바꾸어 냈다. 이제는 한걸음 더 나아가 그들을 선거에 매몰된 보수적 시민이 아니라 진보적이고 나아가 변혁적인 근로민중으로 바꿀 차례이다. 그런데 그들의 의식을 노동자 의식으로 바꾸려면 무엇보다도 민주주의를 확대하여 개인주의와 자유주의가 아닌 사회 연대적 공공성(집단성)을 강조하여야 한다. 여기에 국가의 개입과 규제 권한을 올바르게 세우는 정치권의 사명이 존재한다. 특히 시민의 연대 의식을 함양하려면 무엇보다도 국가가 민주주의를 확대하여 자본에 대한 통제를 강화하여야 하다. 시민의 공공 의식을 함양하는 데 직결되는 분야가 언론, 교육, 종교 등과 관련된 자본이다. 그러나 2009년 국회에 계류된 법률 개정안은 공공성을 함양하는 자본에 대한 규제는 고사하고 오히려 사익성을 내세우는 자본의 권력을 강화하는 데 촛점을 맞추고 있다. 예컨대, 보수 야권은 언론, 교육, 종교 등의 '공공성'을 강화할 어떤 입법안도 제안하고 있지 않을 뿐만 아니라, 한나라당은 한술 더 떠 자본의 신자유주의 권력을 강화할 목적으로 언론 관련법, 공정거래법, 은행 관련법을 개정할 예정이다.

지금 한국의 보수 정치권에서는, 우파가 제안한 각종 법률 개정안을 놓고 이에 대항하는 좌파의 주장이 서로 맞물려 돌아가고 있다. 우파는 '경제 살리기 법'이라고 변명하는 데 맞서 좌파는 'MB 악법'이라고 맞서 있다. 한나라당은 2009년에 반드시 처리할 법률로 15개를 2월에 이미 확정했었다. 이 법률들은 이명박 정부가 국민의 정치적 자유를 억압하기 위한 '정권 안보용' 법안은 물론이고, 이명박식 신자유주의를 강화해 국민의 경제적 불평등을 더욱 심화시키는 '자본 강화용' 법안이 주류를 이루고 있다. 전자에 해당되는 법안들은 불법집단소송법(집회와 시위의 자유 제한), 통신비밀보호법(국민 감시 합법화 및 사생활 침해), 정보통신망이용촉진법(인터넷 여론 통제 및 다양성 훼손), 국회법·국회폭력방지특별법·국회질서유지법(국회 다수당 전횡 보장) 등이 있다. 또한 후자의 사례로는 한국산업은행법·은행법(재벌의 사금고화), 공정거래법(재벌의 과도한 시장 지배), 방송법·신문법(언론 자본에 의한 방송의 공공성 훼손 및 여론의 독과점 초래), IPTV법(자본의 방송 지배)등이 있다.

신자유주의를 선호하는 보수 여야 간에 벌어지는 이른바 '법치주의'를 위한 충돌은 노동자·민중의 처지와 요구와는 무관한 자신들만의 권력 추구를 위한 정치적 행사일 뿐이다. 보수 여야 사이에 쟁점이 형성된 법안들을 보면, 당초 거의 모두가 독점자본의 시장 지배를 규제하는 법률이다. 그런데 한나라당은 정권 안보용 법안을 내어 놓으면서 이것을 미끼로 보수 야당과 독점자본의 시장 지배를 용이하게 하는 법률안과 교환할 음모를 꾸미고 있는 것으로 보인다.

언론 관련법인 이른바 '미디어법'은 재벌 자본이나 언론 독점 자본이 방송에 참여하는 것을 금지하는 것이 골자이다. 예컨대, 『조선일보』, 『중앙일보』, 『동아일보』 같은 거대 신문 자본이 언론 지주회사로 승격하여 산하 계열기업으로 방송사를 설립해 기존의 KBS, MBC, SBS 등과 경합을 벌이는 것을 금지시킨 것이다. 한나라당은 자본들이 어떤 부문이든 자유롭게 투자되어 이윤과 임금을 챙길 수 있어 좋다는 경제 논리를 펴고 있다. 그러나 민주당은 '조중동' 같은 친권력적 언론사들은 미디어법이 통과될 경우 여권과 정부에게 일방적으로 유리한 방송을 펴 여론을 호도할 것으로 보고 있다. 또한 민주당은 오늘날 미디어 산업에서 방송이 차지하는 비중이 신문보다 큰 점을 들어 특히 재벌 매체가 반도덕적, 비윤리적 프로그램을 방영할 경우 사회에 미칠 악영향을 고려해 반대한다.

방송법이 개정될 경우, 친권력적 방송 자본의 속성을 생각하면 야당의 입지는 많이 줄어들 것이다. 예를 들어 SBS TV가 생중계한 "대통령과의 원탁대화, 어떻게 생각하십니까?"는 사실상 지상파 TV가 생중계할 필요도 없는 방송이었다. 우선 전국 가구 시청률이 7%내지 4.9%에 불과했다. 같은 시간대(오후 10시 이후)에 방영된 다른 지상파 방송들의 시청률은 10% 내외였다. 이처럼 시청률이 저조하게 된 가장 큰 원인은 이 프로그램을 청와대 홍보용으로 이용하려는 정권의 속셈을 시청자들이 알았기 때문이다. 그나마 이 프로그램이 성공하려면 일반 대중을 위해 중립적으로 설득력 있는 대화의 방식(일부의 표현에 따르면, '오바마식')으로 진행되었어야 하는데 대통령의 일방적이고 훈시적인 담화로 일관했다. 그래서 민주당은 향후 방송법이 개정될 경우 대통령과 한나라당의 입맛에 맞춘 홍보 방송만이 선보일 가능성이 높다고 평가하고 있다. 그러나 우리가 볼 때 가장 큰 문제는 그것의 근본적 시청률 저조이다. 이것은 어떤 보수 정권에게도 해당되는 대중들의 정치적 무관심이 표출된 것이며, 이는 선거 시기 투표를 기권하는 것으로 나타난다.

또한 금융과 산업의 분리, 이른바 '금산 분리'를 완화하고자 하는 관련법 개정의 골자는 산업자본이 보유할 수 있는 은행 주식의 한도를 현행 4%에서 15%로 확대하고자 하는 것이다. 한국에서는 은행을 소유할 정도로 거대한 자본을 가진 산업자본은 재벌밖에 없다. '금산 분리'를 완화할 경우 한국의 5대, 10대 재벌들이 지금의 국민, 우리, 하나, 신한 등의 상업은행을 '사실상' 소유하고 지배하게 되어, 금융독점자본이 정식으로 공공연하게 등장하는 결과를 초래한다. 지난 세기 금융자본이 산업과 금융을 통할하여 지배해 온 폐단이 심각했던 미국은 '금산 분리' 정책을 엄격히 시행해 오고 있다. 물론 유럽의 대부분 나라들에서는 '금산 분리' 정책을 쓰고 있지 않지만, 그 대신 유럽의 국가들은 사후적으로 금융을 철저히 감독해 산업자본이 사실상 은행 등 금융자본을 소유하는 것을 불가능하게 만들고 있다.

현재 한국의 재벌들은 은행 이외의 증권, 보험 등 금융기관들을 소유하고 있을 뿐만 아니라 지난 1997년 'IMF공황' 때는 그룹 산하 계열 금융기관들을 마치 '사금고'처럼 이용해 온 폐습이 있다는 점을 고려할 때 '금산 분리' 원칙은 지켜져야 한다. 2008년 세계의 금융 위기(공황)는 금융자본의 방만한 운영으로 시작된 만큼 중심부 국가들은 금융자본에 대한 규제와 감독을 강화할 것으로 전망되는 점을 감안할 때, '금산 분리' 원칙은 반드시 유지되어야 한다. 더욱이 요즈음이 가장 어려운 경기 후퇴기인 점을 고려해 볼 때, 경제를 지배하는 독점자본 — 그것이 산업자본이든 금융자본이든 — 에 대한 규제를 오히려 강화하는 것이 모든 국가들이 유념해야 할 위기 탈출 방식인 동시에 근로민중의 처지를 개선할 수 있는 가장 합당한 '출구 전략'이 될 것이다. 그러나 지금 세계는 출구 전략으로 미국이 주도하는 금리 인하 및 환율 인상 정책을 당분간 고수하는 수준에 머무르고 있을 뿐이다. 이것 역시 신자유주의적 출구 전략이다.

또한 미국과의 자유무역협정FTA은 그것의 대상인 상품(재화와 서비스)에 대한 관세장벽을 철거하고 한국과 미국 간 자유로운 거래를 맺는 협정이다. 2008년에는 축산물 가운데 미국산 쇠고기의 한국 수입과 관련해 그 상품의 불량성(광우병)에 근거해 국민들의 수입 반대 촛불시위가 벌어져 이명박 정권 자체의 미국적 자본에의 예속성이 문제됐었다. 그리고 오바마 당시 미국 민주당 대통령 후보는 2008년 선거 기간 내내 한미 자동차 자유무역협정이 불공정 협상을 담고 있다며 비판한 바 있다. 이것을 두고 언론 등에서는 오바마를 보호주의자로 비판하였다. 그러나 현재 미국 자동차 산업은 후발 자동차 공업국들인 일본, 한국, 중국 등의 미국 시장

석권(시장 점유율 상승)에 의해 경쟁력이 위축되고 있어, 미국 의회에 구조 조정과 함께 구제 금융 200억 달러(추가 219억 달러 지원 요청)를 지원받는 처지에 몰리고 있다. 요컨대, 쇠고기와 같은 농·축산업이나 자동차와 같은 제조업뿐만 아니라 교육, 병원 등 서비스업에 이르기까지 자유무역협정은 그것의 공정 무역을 위한 재협상이 요구된다. 나아가 신자유주의 교역을 강화하고 있는 세계무역기구WTO는 남북 간 교역은 물론이고 자본주의 중심국과 주변국 간 교역을 '공정 무역' 라운드로 전환해야 할 것이다.

보수 야당들은 일부 시민단체와 연대하여 이번 법률 개정을 반대하고 있다. 그러나 보수 야당들은 자본의 권익을 총체적으로 약화시키는 능동적 연대가 그것의 권익을 강화하는 데 단지 '반대하는' 수동적 연대보다 훨씬 강력한 정치적 캠페인이 된다는 것을 알아야 할 것이다. 이런 연유로 보수 정치권의 법률 개정 공방은 생존권 문제가 화급한 노동자·민중에게는 그야말로 유산·지배계급의 '배부른' 놀음임에 틀림없다. 독점자본이든 중소 자본이든 자본으로부터 정치자금을 지원받는 보수 정당들은 여당이든 야당이든 법률 개정에서 결국은 타협하여 자본의 입장을 옹호할 수밖에 없다. 예를 들어, 민주당은 자신의 지지 기반인 중소 자본 내지 일반 자본의 이익을 관철하기 위해, 그리고 이를 기회로 노동자 일반에게 자신의 영향력을 확대하기 위해, '자본과 권력'을 놓고 여당과 벌이는 경쟁을 마치 자본과 노동 전체를 위한 것처럼 각색하고 있다. 모든 보수 정당들이 유산·지배계급의 이익을 위해 경쟁하는 동안 철저히 소외되는 노동자·민중들의 이익과 처지를 개선하려면, 국가는 자본을 더욱 규제하는 방향으로 법률과 제도를 개정해야 할 것이며, 그간 한국의 정권이 수립된 이래 이른바 중산층이란 그늘에 가리어졌던 비정규직 노동자, 철거민, 노점상, 장애인, 여성, 청년 등의 정치경제적 지위를 향상시키는 법률과 제도를 제정하거나 개정해야 한다.

직접민주주의는 근로민중의 사회적 지위를 고양시킨다.

이제 노동자·민중이 진보적 내지 변혁적 과정 내지 절차를 도입하여 자신의 지위를 획기적으로 쟁취하기 위한 방안을 강구할 필요가 있다. 민중에게는, 자신의 권익을 차별과 착취로 내모는 국가의 대의제도와 법치주의를 개편하여 그것들을 최대한 약화시키는 방안이 지금으로서는 최선의 대책이 아닐 수 없다. 그러한 방안으로는 브라질의 노동자당이 1988년 지방자치제에 도입한 이른바 참여 민주주의 방식이 대표적인 사례이다. (이의 구체적 내용에 관해서는 마리옹 그레·이브 생또메 공저, 김택현 옮김, 『뽀르뚜 알레그리. 새로운 민주주의의 희망』, 박종철출판사, 2005년을 참조하라.) 노동자당이 네 번이나 연달아 집권하는 데 성공한 방안인 "민주주의를 근원적으로 민주화하기", 곧 참여 민주주의의 핵심은 '참여 예산제'이다. 주민이 뽀르뚜 알레그리시의 예산을 직접 짜는 것이다. 인민들에게 자신들의 권력을 아래로부터 직접 행사하는 권한을 부여하는 참여 민주주의는 신자유주의를 지방 정치에서 무효화시키는 효과를 가지고 있다. 시민의 직접 참여는 정치와 국가 활동을 '다시' 활성화시킴으로써 신자유주의의 '최소 국가'에 대한 최상의 방파제가 되는 동시에 나아가 금융자본의 증대하는 권력에 맞서 공공성을 강화하여 정상적인 균형을 잡는 길이다. 참여 민주주의는 신자유주의가 정치적 대의 체제를 장악하려는 의도에 맞섬으로써, 의도한 것은 아닐지라도 시민(민중)의 권리 행사를 주장하는 자율적인 세력이 등장할 수 있는 사회정치적 공간을 열어 줄 수 있다.

브라질의 노동자당이 주관했던 참여 민주주의의 성공으로 현재 브라질의 지방자치단체 백여 군데와 라틴아메리카 곳곳에서 뽀르뚜 알레그리의 실험을 배우고 있다. 중심부 국가들인 프랑스와 그 외 유럽 국가들의 50여 군데 지방자치단체들에서도 점차 진정한 참여 민주주의를 위한 브라질의 영향이 확산되고 있다. 이 제도는 자율적인 대중 권력을 발전시킴으로써, 지배계급이 자행하고 있는 바인 국가의 자원을 임의로 전유하고 국가를 도구화하는 등 국가의 사유화에 맞서는 투쟁에서 강력한 수단이 된다. 이 제도에 의해 근로민중은 제도권 정치체제, 지배계급, 사적 이익집단 등이 갖고 있는 권력에 견줄 만한 자신들의 역량을 증진할 수 있게 되었다. 요컨대, 근로민중이 "국가가 된다." 참여 민주주의는 전통적인 대의 정부를 흔들어 대고 새로운 권력의 균형을 세우는데, 여기에서 직접민주주의는 제대로 작동하게 된다.

뽀르뚜 알레그리의 직접민주주의는 전적으로 회의체 민주주의이다. 그것은 과거 소련에서 혁명 초기에 수립된 바 있는 민주 집중제인 소비에트(노동자평의회)로의 발전이 바람직하지만, 지역별 주민 회의에 의존하는 민주주의이다. 이들이 자신들의 선례로 드는 것이 1871년 프랑스 내전 시기에 자생적으로 등장했던 인민 정부 체제인 파리코뮌Paris Commune이다. 우리는 국가가 노동자·민중 가운데서도 가장 억압받는 비정규직, 철거민, 노점상 등의 권익을 '직접민주주의' 방식으로 추진할 수 있는 방안을 제안한다. 지금의 국회 체제로는 그런 기능을 전담하는 것이 불가능하기 때문이다. 지금의 국회 상임위원회 제도를 개편하여 근로민중이 제기하는 권익 문제, 예를 들어 용산철거민 투쟁, 쌍용자동차 해고자 투쟁 등을 해결할 수 있는 상임위원회들을 신설하여 관련 각 계급 계층의 대표들도 정식 위원으로 참여하는 제도로 전환하는 것이다. (파리코뮌에 관하여는 맑스, 『프랑스내전The Civil War in France』, 1871과 김영규, 『정치경제학 Ⅱ』, 2006, 특히 305~313쪽을 참조하라.)

노동자·민중의 문제를 완화하거나 해결하기 위한 상임 내지 특별위원회 제도에 의한 직접민주주의의 시행은 한국에서 지금 시급하게 필요하다. 2009년 2월초에 '시민사회단체연대회의와 토지주택공공성 네트워크'는 '용산철거민 참사를 계기로 본 도시재개발 사업의 문제점과 대안'이란 주제의 토론회를 국회도서관에서 개최한 바 있다. 지금과 같이 도시재개발 사업이 주민 의견을 올바르게 수렴하지 않는 비민주적 시행을 시정해야 되고, 개발 시 토지 및 주택 소유자로만 구성되는 현재의 조합보다는 세입자, 지역사회 시민단체, 전문가 등이 함께 참여하는 공영 개발 방식으로 추진되어야 한다는 것이 토론회의 결론이었다. 나아가 재개발사업이 단순한 주거 환경의 개선을 넘어 생활 여건, 취업, 교육 등 지역 환경 개선을 통해 삶의 질 자체를 향상시키는 것을 목적으로 삼아야 한다고 토론회는 제안하였다.

그러나 도시재개발 사업에서 가장 중요한 것은 '용산학살참사'

에서 분명히 드러났듯이 생존권이 기로에 서있는 세입자(철거민)들의 민주적 결정이다. 사업의 직접 당사자인 세입자들이 이 사업의 시행과 운영과 성과의 주체로서 분명히 세워져야 하고, 나머지 간접 당사자인 조합원들과 지방자치단체 등 이해 당사자들은 그들의 민주적 결정을 따라야 한다. 그들의 민주적 권리가 법률과 제도로 확보된 뒤에는 공영 개발이든 민영개발이든, 주거 환경 개선이든 생활 여건 개선이든, 어떤 방식과 목적을 선택하든 상관없다. 이처럼 세입자의 권익만 확보된다면, 자유주의자들이 이야기하는 경제적 효율과 나아가 분배와 관련된 문제는 그 다음의 문제에 해당될 뿐이다. 이것은 국가와 정치권이 민중을 위한 '선진적인' 정신만 있다면 언제든지 실행 가능한 현실적인 안이다.

최근 선진적인 '중도 실용'이라고 시끄럽게 선전하는 이명박 정부는 현장 민중들이 느끼는 원한과 분노와 요구를 정치권에서 법률과 제도로 정착시키는 '진정한' 민주주의 사회를 만들어야 한다. 최근에 '뉴타운 재개발 중단을 촉구하는 전국뉴타운재개발지구비대위대표연합'이 주장하고 있는 바와 같이, 뉴타운 사업은 처음부터 끝까지 비민주적, 반민중적으로 일관해, 자본은 뉴타운 주민들의 주거권을 짓밟고, 권력은 그에 저항하는 민중들을 탄압하고 결국 살인까지 저지르고 말았다. 이와 관련된 법률로 「도시 및 주거환경 정비법」등이 있는데, 이 법률들은 아예 처음부터 토지나 건물의 사용자(세입자)가 그간 쌓아올린 자산 가치 증식 효과를 전혀 인정하지 않는 대표적인 악법이다. 자본주의의 최대 모순은, 토지나 자본의 사적 소유권의 도입과 보호로 인해 소유권과 무관하게 자산 가치를 증식시킨 실질적 노동의 생존권과 마찰이 있을 경우 관념적 소유권을 근로민중의 물질적 생존권보다 상위 개념으로 인정하는 법률과 제도이다. 정부는 이런 악법들을 폐지하고, 철거민들의 권익을 위해 예를 들면 '도시(빈민)생활안정법' 같은 종합적인 법률을 제정하여, 주거, 노동, 교육, 의료 등 자본주의로 인해 희생된 이익들을 복원해 그곳 주민들이 인간답게 살 수 있는 토대를 만들어야 할 것이다.

21세기 진보 정당은 최소한 반자본주의 가치를 추구해야 한다.

보수 정당들 간에 정치경제적 측면에서 어떤 뚜렷한 차이점이 없이 오로지 자신들 정파만의 이익을 위해 경쟁에 임한다면, 선거 민주주의는 당초부터 전체 국민을 위한 제도가 아니라 당리당략에 의해 농간되는 제도로 전락할 수밖에 없다. 선거 민주주의가 의미를 지니려면 자본주의(장기적 측면)는 물론 현재의 신자유주의(단기적 측면)를 놓고 서로 다른 세계관, 이념, 제도, 정책 등을 대변하는 정치적 분파 간 경쟁이 벌어져야 한다. 우리가 예상해 볼 수 있는 최선의 정치체제는 친자본주의적 정당과 반자본주의적 정당이 공존하는 체제이다. 후자에 해당되는 정당으로 캘리니코스Alex Callinicos(2003, 67~85쪽)는 다섯 가지 유형의 이념을 표방하는 정치 세력들을 들고 있다. 그는 신자유주의의 세계화에 반대하는 반자본주의 집단을 유산계급적(시민사회적), 지방주의적(현장주의적), 개량주의적, 자치 분권적, 사회주의적 입장으로 나누고 있다. 이 기준에 따른다면 한국에서는 친자본주의 정당은 이제 재벌 자본과 그들의 전국경제인연합회와 같은 수구적 이익단체는 배제하여 자본 일반과 시장 경쟁을 옹호하는 수준의 보수 정당으로 발전해야 하는 한편, 이런 보수 정치를 배제하려는 반자본주의 정당은 위의 '개량주의' 및 '자치 분권적'인 좌파 이념들을 궁극적으로는 '사회주의' 이념으로 통합하여 진보·변혁 정당으로 발전하여야 할 것이다.

세계의 좌파 정당들은 지난 세기 소련식의 '공산당 지도' Communist-Party-directed 사회주의를 폐기하거나 수정하고 있다 (Thomas E. Weisskopf, 1998, 275~9쪽). 20세기에 사회주의혁명으로 자본주의를 종결시켰던 소련을 위시한 사회주의국가들이 패망하게 된 이유를 멀리함으로써 다시 인류에게 사회주의의 희망을 복원시키고자 하는 의도에 따른 것이다. 그러나 21세기 초인 현재, 사회주의는 일반 대중에게 그야말로 '인기 없는' 이념이고 이론이며 또한 정책이다(Alec Nove, 1983). 그러나 우리는 사회주의혁명 이전의 고전적 의미의 '정통 사회주의', 다시 말해 19세기 중반에 맑스와 엥겔스가 완성한 과학과 철학과 사상은 여전히 중요한 사회주의의 자산으로 남아 있다는 것을 놓쳐서는 안 된다. 지난 세기 말 소련과 동구권이 멸망하면서 세계의 좌파(반자본주의 정파)와 사회주의자들은 '구사회주의' old socialism 국가들이 채택했던 제도와 정책을 다시 검토하거나 수정하되, 맑스와 20세기 사회주의의 지식과 경험을 다시 추고해서는 이른바 진보적 이념과 정치의 재구성이라는 과제로 그것을 복원시켜야 할 것이다.

우리는 여기서 반자본주의를 넘어서 21세기의 새로운 사회주의, 즉 신사회주의를 정립하기 위해, 예컨대 제닝스Jeremy Jennings (2003)가 20세기 '구사회주의'를 종합적으로 정리한 내용을 살펴

187

볼 필요가 있다. 그는 사회주의가 우선, 크게 두 가지 이유로 인해 종래 급진주의 사상으로 간주되어 왔다고 주장한다. 하나는 사회의 병폐(사회문제)를 인간 자신 내에서가 아니라 사회체제 내에서 발견한다는 점이다. 다른 하나는 지금의 시민사회 자체에 반드시 개혁이 필요하다고 믿는다는 점이다. 또한 사회주의자들은 자신들의 견해가 과학적 또는 합리적 탐구의 산물이지 지식적 편견이나 종교적 산물이 아니라는 점을 강조한다. 이어서 사회주의자들은 사회주의혁명의 첫 단계에 해당되는 국가권력의 획득인 정치적 민주주의의 창출로는 사회주의사회의 건설에 충분하지 않다고 생각한다.

이에 사회주의자들은 국가 사회의 민주주의가 그 '실질적' 진가를 발휘하려면 "민주주의를 살아 있는 실재로 만드는 자유와 평등의 원칙들이 사회적 및 경제적 생활에 적용되어야 한다"고 믿는다. 그런 점에서 사회주의가 주장하는 민주주의와 인권은 자본주의 시민사회가 '형식적'으로 규정하는 민주주의나 자유와 평등이라는 개념과는 엄연히 다른 것이다. 지금까지 사회주의자들에 의해 규명되어온 사회주의의 '독특한' 원칙들은 크게 아래와 같이 다섯 가지로 볼 수 있다. (아래 내용은 제닝스의 주장이 산만하여 우리가 다시 체계적으로 정리한 것이다.)

첫째, 사회주의는 현실 자본주의사회보다 좋은 인간다운 사회를 창출한다. 사회주의는 자본주의보다 도덕적이고 정의로운 사회를 만들기 때문에 자본주의보다 이상적인 사회질서를 구축한다. 이에 사회주의는 자본주의사회의 구조적 결함인 부정과 불법, 즉 자본주의의 문명적 악덕, 물질적 타락, 권력적 부패로부터 진정으로 자유롭기 때문에, 인간이 인간을 신뢰할 수 있는 세계관을 사회체제 내에 구축하고자 한다. 이렇게 할 때만이 사회주의사회의 전형적 질서인 '인간답게 사는 세상'이 형성된다.

둘째, 사회주의는 인간이 자신의 창의적인 재능을 발휘하여 사회에서 능동적인 실천(노동)으로 기여한다면 더욱 좋은 미래가 보장될 수 있다는 진보적 역사관에 입각해 있다. 맑스가 등장하기 전 초기의 사회과학은 한편으로는 자연과학의 영향을 받아 사회가 변화하는 운동은 흥망성쇠興亡盛衰를 주기적으로 반복한다는 이른 바 순환적 역사관이었고, 다른 한편으로는 인간의 타락으로 인해 역사의 진보는 불가능하고 퇴보는 불가피하다는 기독교적 역사관에 지배를 받고 있었다. 그러나 기독교적 역사 퇴보관을 거부한 14~16세기 문예부흥Renaissance이 사회과학에 미친 영향은 인간 능력에 대한 신뢰이며, 이는 곧 역사의 진보에 대한 믿음으로 나타났다. 이에 자본가계급을 옹호한 사회과학자들은 순환적 역사관과 진보적 역사관을 결합하여, 인류는 융성과 쇠퇴를 반복하면서 성장해 온 결과로 그 역사의 궁극적 단계인 자본주의에 도달했다고 규정한다. 그러나 자본주의는 과도기에 불과하다고 믿는 사회주의는 현실 사회가 노동자계급proletariat의 사회변혁에 의해 사회주의와 공산주의로 대체될 것이라는 맑스의 변증법적 역사관을 따른다.

셋째, 사회주의의 가치관은 자본주의 정치경제학에 대한 비판으로부터 제기된다. 사회주의자들은 자본주의에 대한 분석에서 두 가지 중요한 결론을 도출한다. 하나는 자본주의는 시장경제를 도입해 자원을 배분하여 부富를 생산하는 데 있어 효과적인 체제가 아니라고 단언한다. 그것은 효율과 후생과 번영을 도모하는 체제가 아니라 오히려 낭비와 불행과 고통을 산출하는 체제라는 것이다. 다른 하나는 자본주의는 부의 절도를 국가가 제도적으로 보장하는 부정不正의 체제이다. 자본주의는 부의 직접적 생산자인 노동자에게는 생계 수준의 임금만 분배될 뿐 나머지는 자본가에게 불로소득인 이윤으로 분배되는 절도의 체제이다. 이러한 부정이 자본주의 체제에 구축되어 있는 만큼, 자본주의의 부분적인 개량, 예컨대 그런 부정을 조장하는 자본에 대한 규제나 시장에 대한 통제를 통해서는 그러한 부정은 결코 치유될 수 없다. 그래서 사회주의는 그런 부정의 근원인 자본의 사유재산제를 사회적 내지 공유적 재산으로 교체함으로써 정의로운 평등한 사회를 창출해야 한다는 점을 강조한다. 이러한 사회를 창출할 역사적 사명은 자본주의적 부정의 직접적인 피해자인 노동자계급에게 주어져 있다는 것을 계급투쟁으로 확인시켜 종국에는 사회주의로의 변혁을 완수하는 것이 사회주의자의 임무이다.

넷째, 사회주의는 민주주의를 지향한다. 민주주의는 참정권의 확대와 같은 정치적 영역뿐만 아니라 경제적 영역 등 사회의 모든 영역에 걸쳐 실질적으로 실현되어야 한다. 그래서 사회주의자들은 민주 사회에서는 특권이나 기득권이 존재해서는 안 되고, 차별이 존재해서도 안 되며, 노동자가 경영에 발언권을 행사할 수 있어야 한다고 주장한다. 또한 사회주의자들은 민주주의란 개인의 권리에 대한 보장은 물론이고, 예컨대 성 해방과 같이 사회적 인습이나 속박으로부터의 자유도 의미한다고 본다. 이에 사회주의자들은 현대 국가에서 국민에게 허용되어 있는 저항권 등의 '권한 부여empowerment'라는 용어로 개인의 권리와 자유에 대한 근본적 접근을 시도한다. 사회주의자들은 민주적 기본권을 침해하고 있는 국가 그 자체의 파괴나 소멸을 실천할 준비가 항상 되어 있다.

끝으로, 사회주의는 자본주의사회를 계급사회로 간주하는 근거 위에서, 사회변혁의 사명이 노동자계급에게 있다는 세계관을 갖고 있다. 사회주의가 사회적 운동으로 본격 출현하게 된 계기는 바로 산업 노동자계급의 출현과 성장에 있었다. 이에 사회주의는 처음부터 노동자계급(무산계급)의 이익을 위한 철학적, 경제적, 정치적 원리 그 자체인 것으로 규정된다. 노동자계급은 자본주의 체제에서 제일의 희생자로서, 이 체제를 파멸시키는 동력이며 나아가 미래에 사회를 지배하게 될 계급이다. 이에 노동자계급은 새로운 사회를 특징짓는 관대함을 조직하여 공동사회에 기초하는 미덕들을 구축할 것이다. 향후 사회주의가 관철되는 새로운 사회의 토대는 노동자계급이 주도하는 계급투쟁을 통해, 즉 지배계급에 대항하는 피지배계급의 단결과 동원에 의해 실현된다.

이처럼 20세기 사회주의의 전통은 인간적인 좋은 사회, 진보적이며 변증법적 발전의 역사, 계급 없는 평등한 체제의 건설, 실질적 민주주의의 실천, 노동자계급의 역사적 임무 등에서 찾을 수 있음을 알 수 있다. 사회주의의 세계관 및 가치관을 이상의 다섯 가지로 요약한 제닝스는 여기에서 중심이 되는 관점은 사유재산의 폐지에 있다고 결론짓는다. 사회주의가 폐지하고자 하는 사유재산은 적어도 생산 및 교환을 위한 생산수단을 의미한다. 이에 대한 근거로 제닝스는 『공산당 선언』(1848)에서 다음의 문장을 인용한다. "공산주의자들의 이론은 단 하나의 문장으로 요약될 수 있을 것이다. 그것은 사유재산의 폐지이다." 여기에서 유념해야 될 점은, 사회주의가 이처럼 정의된다 하더라도 그것은 다양한 해석과 광범위한 실천적 응용의 여지가 있다는 점이다. 그런 점에서 이전의 소련권에서 시행되었던 중앙집권적 계획과 국가 통제의 공산주의 체제에서부터 서구 및 스칸디나비아반도의 사회민주주의와 연계된 혼합경제의 복지 체제에 이르기까지 모든 형태를 사회주의에 포괄할 수 있다고 제닝스는 첨언한다.

3. 근로대중의 생존과 번영의 보장

자본주의의 폐기 없이 경제 위기의 종료는 없다.

위에서 본 바와 같이, 노동자와 민중은 자신들의 인간적 권리에 부응하는 정치적 지위가 민주주의의 실질적인 힘으로 완결되기만 하면 그것으로 자신들의 경제적 처지와 물질적 필요를 완벽하진 못하더라도 개선하고 충족할 수 있어 인간으로 생활하는 데 어느 정도의 토대를 마련할 수 있다. 그러나 생산수단도 없으며 저축과 신용도 풍족하지 못한 민중이 자본주의에서 진실로 '인간답게' 살기 위해서는 그들에게 가해지고 있는 사회경제적 차별과 착취가 완화되어서는 끝내는 종결되어야 한다. 사회과학에서는 우리가 앞 절에서 살펴본 사회주의가 도래해야만 차별과 착취의 종결이 가능하다고 본다. 그래서 자본주의 하에서는 차별의 폐지와 함께 착취의 종결이 근로민중이 자본과 권력에게 요구하는 '최대치'가 아닐 수 없다.

지금 세계는 특히 미국 금융자본의 과잉 투기의 결과로 벌어진 시장의 실패로 인해 '정기적인' 공황기에 접어들었다. 세계는 1997년~1998년 공황(한국은 1997년 'IMF공황') 이후 근 10년 만에 공황을 맞이해, 자본가나 노동자 모두가 '주기적으로' 구조 조정을 해야 하는 시기이다. 한국 경제의 총체적 구조 조정은 지난 1997년 'IMF공황' 때 집권한 김대중 정권에 의해 정부, 기업, 금융에 이어 심지어 노동까지도 포함해 4대 부문 개혁으로 시행된 바 있다. 그러나 세계의 어디에서건 공황을 일으킨 책임은 궁극적으로 자본가계급에게 있는 만큼, 그것의 비용과 책무를 노동자계급에게 전가해서는 안 된다는 원칙을 자본가계급 보호 국제기구인 국제통화기금IMF, 세계은행IBRD, 세계무역기구WTO는 물론 국제노동기구ILO까지 참여하는 공동성명으로 분명히 천명해야 한다. 세계는 이미 신자유주의 이데올로기에 포섭되고 있음으로써, 예를 들어 선진국(초국적 자본)이 개발도상국의 환경 규제안을 거부함으로 인해 지난 코펜하겐 기후변화협약은 아무런 성과를 도출하지 못한 채 실패로 끝났다.

세계공황이 닥치기 이전인 2007년에 이명박 후보는 대통령 선거 때 이른바 '7·4·7' 경제 공약으로 국민을 농락했던 바 있다. 집권하는 2008년 이후 매년 7%의 경제성장을 달성하여 10년 안에 4만 달러 소득을 달성해서는 세계 7대 강국으로 올라서겠다는 계획이었다. 이 계획은 이명박 정권에 의해 2008년 말 즈음에 완전히 폐기하였다. 2007년에 미국에서 경제 위기가 시작되던 것과는 아무런 상관없이, 한국의 잠재 성장률이 대체로 5% 수준임을 생각하면 그러한 계획은 전혀 실현될 수 없는 것이었다. (이 점에 대해서는 김영규, 『이명박 정부 비판』, 2008년, 109~112쪽 참조.) 사실 '7·4·7 공약'을 집권 일 년도 안 되어 참모들과 관료들의 입을 통해 슬그머니 취소시킨 이명박의 음모적 술수는 선거 시기 오로지 당선만을 위해 자신에게 제기되었던 부정과 의혹을 변명하던 그의 모습과 많이 닮았다. 그러니 국민들이 가장 불신하는 직업인들 가운데 정치인들이 늘 상위 1위의 자리에 오르고 있는 여론조사 결과가 너무나 당연해 보인다.

물론 자본주의사회에서 보수 정치인들은 자신들이 신뢰하는 자본주의 체제를 유지하기 위해서도 당선되는 것만이 유일한 목표로 설정되어 있기 때문에 그들이 국민과 약속한 공약公約은 곧 공약空約이 될 수밖에 없다. 이명박 같은 정치인이 직접 경제를 챙기는 자본가(생산자)가 아니기 때문에 그의 공약이 간혹 자본가의 약속과 어긋날 수는 있다. 하지만 여기서의 문제는 그들이 자신들의 지위를 유지하기 위해 공유하는 비결은 사실이 아닌 허위를 망상으로 조작해 대중에게 '하면 된다'는 환상을 심어주는 것이 당선에 유리하다고 판단하는 것이다. 그래서 '7·4·7 공약'과 같이 국가의 실제 능력과는 동떨어진 공상이 등장하는 것이다.

2007년 대통령 선거에 등장한 이명박은 자본과 권력이 담합해 국민에게 환상을 심어 주기에 안성맞춤인 인물이었다. 이명박의 출현이야말로 이미 오래전부터 권력을 잃었던 독재 세력과 야합한 우파 세력이 보수 좌파를 몰아내는 권력 장악 음모의 중심에 서 있었던 것이다. 이명박은 자산 규모 98조원으로 재벌의 일인자로 군림했던 현대 자본의 성장 신화를 일군 경영자가 아니던가! (물론 이 자산은 2000년 규모로서 현대그룹이 분열되기 이전의 수치이다. 또한 이것은 현대그룹이 스스로 벌어 쌓은 자본이 아니라 금융기관 대출이 약 80%를 차지하고 있는 수치이다. 물론 이명박의 그런 듣기 좋은 명성은 그의 과거를 화려하게 꾸며왔던 언론들 덕분으로 쌓인 것이다.)

이명박이 그런 경제인으로 출발해 서울특별시장이 되는 등 정치인으로 변신하게 된 결과, 그런 출세 가도의 그가 대통령이 된다면 국민 개개인 역시 쉽게 살림이 좋아지고 마치 그처럼 소득도 높아지고 재산도 많아질 것이라는 착각이 생길 근거는 충분이 있었다. 이처럼 우익을 중심으로 한 독재·독선 세력이 이명박을 대통령으로 내세우게 된 근거는 자본주의의 모순, 특히 한국 재벌 경제의 모순을 알 리 없는 국민들의 단순 무구함이다. 국민들이 도덕적이고 양심적인 인물을 기피하고 이처럼 물질숭배fetishism의 탐욕에 빠지는 어리석음은 미국을 위시한 세계 어디에서나 통용되고 있는 자본의 극에 달한 타협과 음모의 결과가 아닐 수 없다. 지난 2007년 대통령 선거에서 한국의 국민들은 보수 우익의 음모, 특히 경제 공약 음모에 완전히 놀아 난 투표 기계나 다름없는 신세가 되어 버렸던 것이다.

이처럼 보수 우파의 음모가 명명백백하게 탄로 난 경제 공약은 2007~2009년간 세계적 공황이 없었더라도 달성되기가 불가능한 공약空約이었다. 세계경제에 공황이 불어닥친 현실을 감안한다면, 7·4·7 공약은 감히 꿈꾸기조차 어려운 공상일 수밖에 없다. 그렇다면 여기서 우리의 관심을 끄는 것은 이명박 정권을 둘러싼 보수 우파가 그런 기만적 공약을 작성하게 된 이유이다. 우파 사상의 대종을 이루는 자유주의자들은 우선 '공황' 그 자체를 부인하려는 철학과 사상, 이를 기초로 한 이론을 신조로 삼고 있다. 그러나 맑스와 엥겔스를 비롯한 사회주의자들은 자본주의경제가 대체로 십 년 간격으로 공황crisis을 맞고 있다는 것을 실증적으로 제시한 바 있다. 공황의 발생이 반드시 순환적 법칙이 될 수 없다는 논리를 자유주의자들이 제기하기도 했지만, 사회주의자들을 비롯한 학계에 정식으로 수용된 바는 없다. 오히려 지금의 공황은 자본주의경제가 국가독점자본주의(혹은 케인즈주의)에 의해 그것의 자동 조절 기능이 파괴되면서부터 순환적 징후가 '뚜렷하게' 나타나지 않는 특징을 갖고는 있다.

그래서 많은 학자들이 공황을 자본의 운동적 특성과 함께 경제 사회적 혼란 모두로부터 분석해야 한다는 점을 강조했을 뿐만 아니라, 제2차 세계대전 이후 공황은 더욱 세계적인 현상으로 심화되었으므로 아주 작은 규모의 경기 침체(국내총산생GDP의 감소)라도 공황으로 칭할 수 있다는 점을 주장해 왔다. 이명박 정권을 지지하는 자유주의 신고전학파 경제학자들이 바로 이런 점을 유념했더라면, 적어도 1997년 'IMF공황' 이후 10년이 되는 2007년이나 2008년은 갑작스런 경기 침체(우리의 용어로는 공황)이 닥칠 수 있으리라고 충분히 예측할 수 있었을 것이다. 물론 경제 진단에는 변수가 많아 정확한 예측이 거의 불가능할 정도라는 것을 우리는 인정한다. 그러나 연평균 7%의 '고도성장'을 한국과 같은 '주변부' 선진국이 달성할 것이라고 예측한다는 것은 예측에 따르는 정규적 의미의 오측이라기보다는 오히려 '기만'에 의한 권력 찬탈 음모에 가까운 것이다.

주기적 경제 위기의 주범인 중심부 금융자본에 대한 규제를 강화해야 한다.

지금의 세계공황은 이명박 당선 이후 3개월도 안 되어 미국에서 갑자기 금융공황이 시작되면서부터 선진국 중심으로 파급된 공황이다. 자본주의로 전일화된 지구촌 경제는 지금 흔히 1930년대 경제공황 이후 최악의 위기 국면을 맞고 있는 것으로 경제학자들은 평가한다. 1929년부터 1933년까지 지속된 1930년대 공황(1941년 태평양전쟁이 발발하기까지 10년 넘게 지속된 것으로 보는 견해도 있다)은 과거 수차례의 공황에 비해 기간도 길었지만 깊이도 커 '공황 중 공황'으로, 흔히 대공황Great Depression으로 지칭되고 있다. 피해가 가장 컸던 1932년 미국의 상황을 보면, 사실상 거의 모든 은행이 문을 닫았으며, 농산물도 더 이상 팔리지 않았고, 공장들은 대출이 안 돼 파산했으며, 도매상들과 소매상들도 영업을 중지했다. 당시 실업자는 세 명 가운데 한 명이었으며, 주택담보대출자 네 명 가운데 한 명이 집을 은행에 뺏겼으며, 사회복지 수혜자는 여섯 명 중 한 명꼴로 늘어나는 최악의 위기 상황이었다. 미국 경제의 극심한 피폐 상황을 단적으로 보여 주는 것은 국내총생산 수준(당시는 GNP 수준)인데, 그것은 1932년에 미국은 공황초기인 5년 전에 비해 50% 수준밖에 안 되는 참담한 수준이었다. 이 공황은 세계적으로 번져 실업자가 미국은 1천4백만 명, 독일은 6백만 명, 영국은 3백만 명으로 급증했던 기록을 세우고 있다.

197

그러나 우리가 볼 때 2008년부터 본격적으로 세계경제를 강타한 공황은 과거의 대공황처럼 자본주의경제를 거의 마비시킬 정도의 강도로 이어지지는 않을 것이다. 그런 점에서 이번의 공황이 '대공황'의 넓이와 깊이를 따르지 못하지만 일반 공황보다는 그 효과가 크다는 의미에서 '2008년에 시작된 중공황'이라고 부르기로 하자. 이번의 중공황이 대공황에까지는 이르지 않을 것이란 예측은 자본 세력(생산 세력)과 국가권력의 합동 대응 방안이 이미 경제의 모든 부문에서 시작되었기 때문에 가능했다. 또한 국제통화기금 등 세계 주요 경제 기관들은 현대 국가들의 위기 대응 능력(자본의 확충)과 방식(자본에 대한 규제와 감독)이 대공황 때보다 발전되어 있다는 점을 들어 향후 1~2년 내에 세계 경제가 정상화될 것으로 보고 있다. 그러나 경제 위기에 빠르고 적절하게 대응하려면 공황이 초래된 근원과 효과를 올바르게 진단해야 한다. 그러나 지금의 무정부적 시장 체제와 독점자본의 경제 지배를 본질로 하는 자본주의 체제에 근본적 변형이 없다면 언제라도 공황이 갑자기 몰아칠 것이라는 점도 동시에 지적되어야 할 것이다.

이번에 불어닥친 중공황도 80년 전의 대공황과 마찬가지로 산업자본(실물시장)과 대립되는 금융자본(주식·채권도 포함하는 금융시장)의 태생적 무정부적 혼란에서 비롯되었다. 1929년 10월 뉴욕의 이른바 '주식시장 붕괴Stock Market Crash'를 신호탄으로 대공황이 발발되었다면, 지금의 중공황 역시 2008년 3월 미국 뉴욕 월가에 있는 투자은행들이 수백억 내지 수천억 달러의 자본 손실을 입은 것이 도화선이 되어 무너지면서 시작되었다. 그런 손실의 근원적 요인은 금융기관이 비우량주택담보대출Subprime

Mortgage Loan을 무리하게 확대하여 대출 채권의 회수가 어려워져 이 채권 자산에 투기한 은행들이 연쇄적으로 파탄 난 것이다. 그러나 정작 금융의 문제는 여기에서 그치지 않았다. 금융 위기가 본격화된 이유는 이 채권을 담보로 자기자본의 수십 배에 해당하는 금융 파생 상품을 운용한 투자은행들이 심대한 타격을 입어 무너진 데 있었다.

당시 공황이 시작되던 시점에 우선 대형 투자은행인 베어스턴스Bear Sterns(그 후 제이피모건체이스J. P. Morgan Chase & Co.와의 합병 절차를 위해 미국의 중앙은행인 연방준비제도이사회FRB가 290억 달러 구제 금융 지원)가 붕괴되었다. 이어서 6개월간 월가의 5대 투자은행의 탈을 쓴 거대 금융자본들이 차례로 무너지기 시작했다. 메릴린치Merrill Lynch는 뱅크오브아메리카Bank of America에 팔렸고, 리먼브러더스Lehman Brothers Holdings Inc.는 파산 보호를 신청했으며, 나머지 두 개 투자은행인 골드막삭스Goldman Sachs Group Inc.와 모건스탠리Morgan Stanley는 살기 위해 상업은행식 지주회사 체제로 탈바꿈했다. 이로써 미국 금융자본의 활로(축적)와 희망(이윤)을 상징하던 5대 투자은행은 모두 무너지고 말았다. 이것이 이번 중공황의 시작이다. 시작은 이처럼 쉽게 현실에서 확인할 수 있지만 끝은 종내 짐작하기 어려운 점도 대공황과 닮았다.

이번의 금융공황을 예측한 것으로 유명하다는 누리엘 루비니Nouriel Roubini 미국 뉴욕대 교수는 현재 전체 손실 규모가 2조 달러에 달하는 사상 최대의 자산 및 신용 거품 붕괴 사태가 세계적으로 진행 중이며 향후 최소 2년간 깊고도 긴 경기의 수축 국면이 지속될 것으로 예측하고 있다. 그가 제안하는 해결책은 정부가 신속히 자본을 투입해 부분적으로 국유화하는 것이다. 또한 그는 선진국과 신흥공업국의 공격적이고 조화로운 정책 협조만이 2010년 세계경제의 회복을 담보할 수 있을 것이라고 확신한다(『중앙일보』, 2008년 12월 25일). 그의 해결 방안과 비슷하게 케인즈주의적 국가 자본 투입을 권고하고 있는 사람으로는 죠셉 스티글리츠Joseph E. Stiglitz 미국 컬럼비아대 교수(국내총생산의 2%가 넘는 대담한 경기 부양책), 폴 크루그먼Paul Klugman 미국 프린스턴대 교수(뉴딜 정책의 적극적 추진) 등을 들 수 있다. 그리고 이런 국가 구제 대책보다는 국가 규제 대책을 선호하는 사람으로는 조지 소로스George Soros 소로스펀드 메니지먼트 회장(금융시장에 대한 규제), 신현송 미국 프린스턴대 교수(금융 감독 체계의 신중한 확립) 등을 들 수 있다. 시장 지상주의는 위험하며 시장이 실패할 경우의 대안은 국가에 의한 구제 및 규제 밖에 없다는 것이 이들 모두의 공통된 의견이라 할 수 있다.

공황을 타개하기 위해 국가에 의해 제안되는 전통적인 방안으로는 위의 두 가지 대책, 즉 자본의 구제와 시장의 규제가 거의 전부이다. 두 가지 방안 모두 경제 위기 때 권력과 자본 간 관계에서 권력이 자본에 대해 우위를 확보하는 방안이긴 하다. 그러나 전자의 방식에서는 자본의 선별적 구제가 관건이며, 이를 통한 축적 및 이윤의 증대로 자본주의를 더욱 강화하게 된다. 후자는 시장의 자율 규제에 국가가 제약을 가하는 것이지만, 오히려 중소 자본에 대한 제약일 뿐이어서 결과적으로는 독점자본의 시장 지배를 넓혀 주는 효과를 낳게 될 뿐이다. 1930년대 대공황 때는 파시즘이라는 금융 독점 체제를 택하다가 결국은 전쟁이라는 방식에 의해 공황을 탈출했지만, 지금은 국가와 자본의 통합 전략인 국가독점자본주의의 '현대화'에 의해 공황을 탈출하는 것이 일반적인 방안이다.

결국 국가가 초국적 독점자본을 지원하는 신자유주의 체제에서 자본이 공황에서 벗어나는 방식은 공황의 피해를 초법적으로 대중에게 일방적으로 떠넘기는 일자리 감소, 실업자 급증, 비정규직 증가, 임금 동결 내지 감소 등이다. 이처럼 자본주의적 생산양식이 지속되는 한 생산과 소비의 모순(생산수단의 사적 점유와 생산의 사회화에 기인하는 모순)은 계속될 것이기 때문에 과잉생산 (또는 과소소비)의 공황은 불가피하다. 그래서 공황으로 유발되는 폭력적인 생산의 파괴, 즉 자본과 노동의 파괴야말로 자본주의적 모순의 일시적이며 강력한 해결인 셈이다.

한국은 종속 경제의 폐기로 '고용 있는' 성장을 추구해야 한다.

한국은 세계공황에 직접 노출되어 있는 종속적 대외 의존 경제이다. 한국은 한편으로는 해외시장의 개척으로 중심부와 경쟁하지만, 금융적 내지 기술적 예속은 강화되어 한국 자본의 초과이윤 증대를 위한 비정규직과 실업의 증대는 늘어날 수밖에 없다. 국제통화기금이 2009년 초에 2009년과 2010년 연속 한국 경제가 '마이너스 성장'을 기록할 것이라고 예측한 것은 한국의 이러한 '종속 경제적' 속성 때문이었다. 이명박 정권은 막대한 적자재정과 지속적인 금리 인하 정책을 적극적으로 추진한 결과, 2008년에 적자 성장을 벗어나 겨우 2.2% 성장률을 달성했다. 이것은 2007년도 성장률 5.1%에 전혀 미치지 못하는 저조한 실적이다. 또한 물가 상승률은 2008년에 무려 4.7%를 기록해 2007년의 2.5%의 두 배에 가까워 국민들은 살인적인 인플레이션을 경험해야 했다. 그리고 2008년 실업률은 2007년과 비슷한 규모로 3.2%를 기록했지만, 언론에서는 비공식적 실업 상태에 있는 백수白手가 350만 명에 이르는 것으로 추산하고 있다. 나아가 2008년에는 경상수지가 57억 달러 적자를 기록하였으며, 이런 대외 적자 등으로 인해 외환 보유액은 2007년에 비해 600억 달러나 감소하는 결과를 낳았다. 이것이 이명박 집권의 첫 해 경제 기록이다. '친기업적'이라는 우파가 이른바 좌파 정권의 실적에도 미치지 못하는 참담한 실패를 거둔 것이다.

또한 한국은 우파 정권 아래에서 2009년의 경제 실적은 더욱 악화되었다. 한국은행의 발표에 따르면, 국내총생산 성장률은 0.2% 증가에 불과했다. 2009년의 물가 상승률은 다소 둔화되어 2.8%에 그쳤지만, 실업률은 상승하여 3.6%에 달하였다(경제통계국,『주요경제지표』, 2010년 2월). 2009년은 세계의 경제 위기가 더욱 심화될 것으로 예측되었기 때문에, 한국의 경제도 더욱 악화될 것으로 전망되긴 했다. 그러나 최근 한국은행(위의『주요경제지표』, 2010년 3월)에 따르면 계절적 요인 등으로 실업률이 5%까지 상승한 것으로 기록될 뿐만 아니라, 지금 일자리 없이 놀고 있는 사람들도 더욱 늘어나 500만 명에 육박하는 것으로 추산되고 있다. 그러나 무엇보다도 한국과 같은 주변부 선진국들이 가장 경계해야 할 거시 경제문제는 물가 상승률보다는 실업률이며, 지금과 같은 추세라면 중심부 선진 경제인 유럽의 실업 추세를 따를 위험도 제기될 수 있다. 전체 유로 지역의 2009년 실업률은 최악인 9.4%에 이르는데, 특히 영국은 5.6%(2008년), 프랑스는 7.7%(2008년)이며, 독일은 2009년에 8.1%를 기록했다.

신자유주의 세계경제의 침체에 직면한 이명박 정부는 선거 때 내세웠던 7% 성장률, 예산 20조원 절감을 통한 재정 안정, 일자리 60만개 창출 등의 주요 경제 공약들을 하나도 지키지 못했다. 이런 성장 정책들은 원래 케인즈주의 정책들이다. 따라서 이런 정책으로 노동자·민중의 환심을 사서 권력을 장악하려는 것은 신자유주의자들의 이율배반적인 음모이다. 이명박 정권은 케인즈주의 음모로 무난히 당선되자마자, 두 해 동안 법인세 및 종합부동산세 감축, 수도권 규제 완화, 부동산 거래 규제 완화, 한국산업은행 민영화 등 부유층에 특혜를 주는 신자유주의 정책을 추진하는 배짱을 보이고 있다. 권력의 이런 모습은 국민을 '주인'으로 보지 않고 부유층이 '주인'이라 생각하는 금권 독재 권력의 모습이다. 최근 경제 위기에 처한 선진국들은 신자유주의 정책을 재고하고 있다. 신자유주의가 부유층만 살찌울 뿐 실업률을 높여 사회 양극화를 더욱 심화시키는 정책임을 인정해, 그것의 후퇴에서 철회를 조심스럽게 타진하고 있는 것이다. 이와 정반대인 반민주적 금권주의 입장을 취하고 있는 권력이 바로 한국의 이명박 정권이다.

현재 진보 및 변혁 진영은 물론 보수 좌파로부터도 국정 실패로 비난받고 있는 이명박 정부는 2008년 12월에 그 특유의 토건사업인 이른바 '4대강 살리기' 사업을 추진할 계획임을 밝혔다. 2009년 설 연휴를 홍보 기간으로 잡은 정부는 홍보 문건을 50만부나 제작해 전국에 배포하는 등 예산을 남용하고 있다. 향후 5년 동안 100조원을 투자하고 이 가운데 강의 정비에 14조원을 투입한다는 이명박 식 '지방 살리기 대책'이 '4대강 살리기'의 핵심이다. 설사 그것이 일자리 19만 개, 생산 유발 23조원의 효과를 거둔다는 사회간접자본SOC 투자이며 또한 정부 스스로가 취소한 '한반도대운하'의 일환이 아니라는 것을 신뢰한다 하더라도, 그런 막대한 예산이 투입되는 토건 개발 사업은 현 시기 국민경제의 장기적 '선진화' 전망에 비추어 전혀 타당하지 않다는 것을 이명박 정부는 깨달아야 한다. 지금 다른 선진국들은 물론이고 중국, 인도 등 중진국들의 사례에서 볼 수 있듯이, 국가 사회의 선진화를 위해서는 환경, 생명, 해양, 에너지 등 첨단 기술의 개발로 일자리를 획기적으로 창출하는 것이 국가의 최대 과제인 것이다.

이러한 첨단 기술보다는 아직도 자원의 투입으로 고성장을 누리는 이른바 '브릭스BRICs' 등의 발전도상국을 제외하면, 경제협력개발기구 회원 국가들, 특히 '선진 20개국G20'에게는 어떻게 하면 고용을 증가시킬 수 있을까가 최대 걱정거리가 아닐 수 없다. 2008년부터 0% 내외의 경제성장률을 보이던 중심부 국가들의 경제는 이번의 경제 위기로 완전 정체 상태에 빠졌다. 이런 상태에서 벗어나기 위해서도 생산력의 원천인 획기적인 일자리 창출이 선진 경제에는 그 어느 때보다도 중요한 과제이다. 그러나 자본주의 체제에서 일자리를 창출하려면 무엇보다도 민간 산업자본의 효율적 투자가 필요하다. 이때 민간 자본이 생산성 향상을 위해 오로지 기술 개발에 의한 '고용 없는' 투자보다는 그런 기술혁신과 함께 노동력을 투입하는 '고용 있는' 투자를 선택하도록 정부의 강력한 규제와 함께 선별적 지원이 필요하다. 말하자면 '고용 없는 성장 jobless growth'을 폐기하여야 하는 것이다.

이를 위해 공공경제가 책임져야 할 투자 영역들은 아래와 같이 지켜져야 한다. 우선 민간 투자 분야에서는 분명 첨단 기술 개발이 최우선 순위인 만큼, 여기에 연계되는 산업 분야에 대한 공공투자는 고용 있는 일자리 창출을 조건으로 실행되어야 한다. 둘째, 공기업도 포함하는 공공 부문에는 자본의 효율성(노동생산성)을 강조하되, 정부는 형평성 차원에서 공공 기능을 다양하게 늘려 일자리를 창출하는 '최후의 고용자'로서의 지위를 지켜야 한다. 셋째, 선진국 지향의 산업구조에 따라 교육, 의료, 금융, 법률, 건축 등 서비스 분야의 일자리 창출을 위한 정부투자 역시 증가시켜야 한다. 특히 건축은 지구온난화로 예상되는 재난을 방지하기 위해 대중교통, 고속도로, 교량, 항만 등의 재건과 환경 정비 등의 긴급 수요에 우선적으로 투자해야 한다. 지금의 4대강 정비 사업은 위의 '긴급 수요'에 해당되는 사업도 아니며 오히려 자연환경의 파괴로 재난을 더욱 부추길 수 있기 때문에 즉시 백지화하여야 한다. 이것은 신자유주의의 '우선적' 공공 지출 정책과도 일치한다.

그러나 국민경제에 일자리를 늘리는 방안은 이처럼 국가 예산 만으로는 가능하지 않고 결국 자본에 대한 정부 규제의 강화가 필수적으로 뒤따라야 한다. 다시 말해 노동자·민중을 더욱 착취하는 신자유주의 정책을 전면 후퇴시켜야 한다는 것이다. 한국의 노동생산성 증가율은 다른 선진국들에 비해 매우 높다. 2007년 기준으로, 미국의 1.9%보다 훨씬 높은 5.3%이다. 이러한 높은 노동생산성 증가율은 '일자리 나누기' 등으로 고용을 증가시키기 위해

당분간 낮출 수 있다는 정부의 결단이 필요하고, 그에 대한 민간의 호응이나 민간에 대한 규제가 뒤따라야 한다. 근로민중에 대한 '착취 완화'를 지향하는 성장 전략이 필요하다는 것이다. 그러한 전략에는 아래와 같은 것이 포함될 수 있다.

첫째, 고령 사회로의 진입을 예상해 '정규직' 취업자의 실업을 막기 위해, 정신적 노동이든 육체적 노동이든 구분 없이 퇴직 연령을 65세 전후로 하는 법률을 제정해야 한다. 자본금 1000억 원 이상의 기업에게는 의무로 하고, 그보다 규모가 작은 기업에게는 이 제한 규정 내에서 노동조합과의 동의를 전제로 임금 피크제나 일자리 나누기 등을 시행하는 것을 허용하도록 한다.

둘째, '비정규직' 취업자의 실업을 막기 위해 정부 일각에서는 사용 기간의 연장 또는 폐지를 생각하고 있으나, 이것을 기업의 결정에 맡기는 한 아무런 규제도 가하지 않은 셈이 될 것이다. 다시 말해, 자본이 스스로 비정규직을 정규직으로 전환할 리는 없는 것이다. 정부는 현재 비정규직을 모두 정규직으로 전환시키는 일대 개혁 조치를 단행해야 할 것이다. 이것을 대기업에 우선 적용하는 방안도 있을 수 있다.

셋째, 2009년 1월 통계청의 자료에 따르면 '자영업자'가 줄어들어 2000년 이후 8년 만에 600만 명에 못 미치게 되었다고 한다. 자영업자들은 원래 기업에 취업되기를 희망했던 사람들이라는 점을 생각하면, 기업의 일자리 창출이 그 어느 때보다도 시급한 현실이다. 이처럼 폐업한 자영업자를 위시해 20대와 30대의 경제활동 인구를 기업이 흡수하도록 규제하기 위해서는, 정부가 국가 예산이나 지방 예산을 기업에 지원하는 방안을 강구하여야 할 것이다.

끝으로, 정부는 해외에 공공 차원의 지원 인력을 파견하고 있다. 정부는 예산을 늘려 20대 대졸 인력을 인턴으로 모집하고 파견하고, 그들의 해외 업무가 종료될 때에는 국내에 정규직으로 채용하도록 규제해야 한다.

근로대중의 생존과 번영을 위한 제도를 적극 도입해야 한다.

근로민중의 생존과 번영을 위해서는 시장이 아닌 국가가 반드시 책임지는 제도의 도입이 필요하다. 한국 경제는 이제 잠재 성장률이 체감하는 경향으로 볼 때 이미 선진국 수준에 다다른 만큼, 과거와 같은 성장 지상주의에서 한발 물러나야 한다. 이제 주변부에서 신흥 중심부 국가로 이전하려는 한국의 야망이 달성되려면, 한국은 근로대중의 생존과 번영을 탄탄한 반석 위에 올려놓는 실질적인 임무를 다하는 민주주의 국가라야 한다. 근로민중의 생존 문제를 해결하는 데에는 '기본소득' ― 기본소득은 신자유주의 지배에 대한 정치·경제적 공세이다 ― 도 좋지만, 노동이 가치를 생산하는 일자리의 지속적 창출로 '완전고용'을 달성하는 편이 이행기 정책으로 더 적합하다. 물론 기본소득은 국가가 조세수입에 의거하여 시장경제에서 경쟁력이 없어 완전 퇴출된 실업인구에게 최소한의 생존권을 부여하는 것이 그것의 기본적인 성과로 남을 것이다.

중심부 국가들, 특히 실업률이 높다는 유럽 선진국들의 경우에도 '공식적' 실업률은 높아 봐야 10% 수준이다. 그런데 우리가 여기서 말하는 고용이란 15세 이상 경제활동인구를 포괄함은 물론이고, 교육과 국방의 의무를 지는 인구와 정년을 65세로 보았을 때 그 이상인 노년층 인구를 제외한, 경제활동이 사실상 가능한 모든 인구를 포괄한다. 그래서 경제활동인구가 모두 고용될 경우 그것은 사실상 실업률이 0%에 가까운 완전고용을 의미한다. 이를 위해 국가는 헌법에 명시된 '근로의 권리'를 충족시키기 위해 국가는 물론이고 민간 자본까지도 고용의 의무를 지도록 규제해야 한다. 우리는 대통령 또는 국무총리 직속 기관으로 광역지방자치단체에 '국가고용원'의 설치를 주장한다. 이 기구에는 지금의 광역 지방경찰청을 넘는 수준의 행정과 예산과 인력이 배정되어, '국민완전고용제'를 책임지는 국가기관으로 설치하는 것이다. 나아가 이 기구는 과거의 경제기획원과 같이 '고용 계획' 권한을 행사할 뿐만 아니라 완전고용을 이행 못하는 민간 자본에 대한 조사 및 수사 권한도 보유해야 할 것이다.

국민완전고용제의 도입과 더불어 국가는 5인 이상 고용 사업체는 의무적으로 노동조합을 두도록 강제하여야 한다. 노동자 5인 미만의 영세 사업장은 직업별 및 지역별 노동조합을 전국적으로 조직해 노동하는 국민 모두가 노동조합에 가입하도록 의무화해야 한다. 나아가 노사 간 임금 및 노동조건의 자율적인 교섭과 협상이 이루어지도록 하기 위해서는, 헌법상의 노동삼권이 철저히 보장되도록 위에서 제안한 국가고용원은 물론 모든 행정기관과 경찰청이 노력을 경주해야 한다. 노동조합의 건설과 운영에 관한 제안은 기업이 노동조합의 활동을 제한하려는 시도를 정부가 철저히 규제하는 것뿐만 아니라 그러한 시도를 분쇄하는 근로민중의 '현실적인' 투쟁이 있어야 이루어질 수 있다. 지금 한국의 재벌 자본인 삼성의 경우, 노동자들이 민주적으로 만든 노동조합은 전무하고 삼성 자본이 만든 어용노조가 있을 뿐이다. 이처럼 한국의 재벌 자본들이 절대적으로 노동조합에 부정적인 시각을 갖고 있기 때문에, 위에서와 같이 국가가 법률과 명령으로 노동조합을 설치하도록 강제하여야 한다.

신자유주의 정책과는 정반대로 국가가 나서서 할 수 있는 세 번째 경제 개혁안은 조세제도의 정비이다. 2008년에 이명박 정권이 들어선 이후 정부와 여당은 서둘러 법인세와 재산 관련세를 대폭 손질해 세율을 인하하였다. 이는 소수 유산계급에게 특혜를 베푸는 정책, 그것의 이상도 이하도 아니다. 그런 점에서 우리는 공평 과세의 측면에서 모든 세제에 누진세 제도를 도입해 조세를 통한 재산과 소득의 평등을 도모하는 것이 정부가 해야 할 의무라고 생각한다. 지금 세계는 재산과 소득의 양극화 현상이 중심부 국가들을 중심으로 더욱 심화되고 있다. 이 불평등의 원인이 1980년대 이후 실행되어 온 신자유주의 성장주의 정책에 있는 만큼 불평등은 국내는 물론이고 국가 간에도 더욱 심화되고 있다. 『르몽드 세계사』는 자유무역주의 담론을 내세우는 경제 강국들은 자국 기업을 위한 지원 정책을 은밀하게 유지하는 한편 주변 경제에 시장 개방 압력을 행사함으로써 국가 간 불평등을 심화시키고 있다고 보고한다(52~53쪽). 자본주의에서 사회 양극화를 다소 시정하는 방안으로는 그래도 국가에 의한 세제밖에 없다. 개인소득세, 법인세, 재산세 등에 대해 누진 과세를 적용하는 것이 유일한 방안이다. 다른 한편으로는, 근로민중에게는 세율의 대폭 인하와 함께 세제 감면 혜택을 늘리거나 사회적 약자에게는 근로장려세를 더욱 확대할 필요가 있다.

4. 북한과의 군축·평화 체제의 수립

한반도의 현 교착상태의 책임을 북한에게 물을 수는 없다.

북한은 남한과 마찬가지로 1945년 제2차 세계대전이 종결되면서 승전국들에 의해 건설되었다. 북한은 당시 사회주의 소련에 의해 설립된 조선민주주의인민공화국DPRK이다. 남한도 북한과 같은 시기에 대한민국ROK이란 국호로 설립되었고, 제국주의 미국에 의해 설립되어 오늘에 이르러 북한과는 적대적인 관계에 있다. 제2차 세계대전이 종료된 후 한반도에서 남과 북이 분리된 경우에서 알 수 있듯이, 그 후 승전국들이 수립한 국제 관계의 결과로 다수의 제국과 열강의 시대는 가고 사상 최초로 두 진영인 미국과 소련의 초강대국이 대치하는 상황이 등장하게 되었다.

그 후 세계는 냉전의 양극 체제를 반세기 가까이 유지하였다. 그러나 이런 냉전 시대는 마침내 1989년에 베를린 장벽과 함께 무너졌다. 이런 양극 체제의 종말은 적어도 미국에게는 '단극 체제'라는 역사상 유례가 없는 새로운 세계 질서의 서막을 알리는 것이었다. 단극 체제를 최대한 활용한 미국은 극우파 신보수주의의 추동으로 세계 무대에서 유일한 초강대국이 되었다. 세계에 대한 제국주의적 헤게모니를 평화적 외교가 아니라 군사와 전쟁으로 관철하려는 미국의 극우적 세력이 지난 시기 조지 W. 부시 공화당 정권이다. 2001년 9·11 사태 이후 부시가 '악의 축'으로까지 혹평한 바 있는 반미 정권들 가운데에는 북한도 포함되어 있다. 그러나 부시와 같은 극우 정권이 북한을 바라보는 시각과 입장에 남한의 노동자·민중이 동의해서는 안 될 것이란 점을 서두에 밝혀 두고 싶다.

한국 사회의 문제를 특히 장기적으로 극복하기 위한 방안으로 북한과의 관계를 꼽은 이유는 그 관계가 국제적 문제이긴 하나 동시에 궁극적으로는 민족의 통일과 관련된 문제이기 때문이다. 북한과의 관계를 주요 과제로 뽑게 된 또 다른 이유는 지금의 이명박 정권이 '비핵·개방·3000'이라는 북한의 주권을 무시한 패권적 대립 정책을 추구함으로써 상호 주권 존중의 협력 관계를 추구하지 않기 때문이다. 이명박 정권이 택한 한국 우월적 대립 정책은 국제 관계의 평등 원칙에 어긋나고, 자칫 내정간섭일 뿐만 아니라 동일한 민족 간 적대적 관계를 조성하여 또다시 통일보다는 분단, 평화보다는 전쟁을 앞세우고 있는 셈이다. 이에 우리는 현재 남북 간 긴장과 대립을 조성한 책임은 북한 정권보다는 남한 정권에게 있다는 것을 강조하고 싶다.

남한 책임론을 설명하기 위해 2008년 남한에 이명박 정권이 등장했을 때로 거슬러 가 보자. 당시 이명박 정권은 한반도 주변국과의 선린 외교 관계를 고려하여 의례적인 집권 신고를 치른 바가 있다. 그러나 이명박 정권은 이 집권 신고 절차에서부터 북한과 틀어지는 관계를 만들고 말았다. 한반도 비핵화 6자 회담의 당사국들에게 집권 신고를 하면서도 유독 북한만을 제외시킨 '공식적인' 적대적 태도는 민족 관계를 넘어 국제 관계에서 있을 수 없는 외교적 실수였던 것이다. 이와 같은 이명박 정권의 실수의 근저에는 자신의 정파적 이익인 대립 관계를 넘어서서 민족간 선린외교를 바라는 국민의 이익을 생각하지 못한 우파의 '편협한' 발상이 놓여 있다. 북한 정권이 남한의 우파 정권에게 특히 호의적이지 않다는 사실은 2007년 대통령 선거 당시 북한의 태도로부터 확인할 수 있었다. 하지만 북한은 이듬해인 2008년 신년사에서 그 전과는 달리 이명박 정권을 '공식적으로' 인정하고 경제협력을 강조했다. 이러한 사실로부터 볼 때, 현재의 부진한 남북 관계의 책임을 북한에 물을 수는 없을 것이다.

이명박 정부가 서둘러 달성해야 될 과제는 민족의 평화와 통일을 위해 북한과의 교류와 협력 관계를 다시 복원해 내는 일이다. 지난번 북한이 남한의 내정에 간섭해 현인택의 통일부장관 임명을 반대했던 것은 북한이 거꾸로 남한과의 '민족적' 차원, 나아가 통일적 차원의 외교를 거부하지 않을 것임을 반증한 사건이다. 이명박 정권은 북한과의 민족 선린외교를 복원해 내기만 한다면, 북한 정권도 근본적으로는 군비축소와 평화 체제를 달성하는 데 동의할 수 있을 것이다. 이것이 가능하다고 보는 근거는 지금 미국을 위시한 선진국이 중동 불안과 공황으로 어려움을 겪고 있는 마당에, 남북한이 자주적인, 그것도 국제 평화에 긍정적인 사안에 미국이 개입하기는 어려울 것이기 때문이다. 이것을 시발로 미국과 같은 제국주의 정권이 한반도에 '무력적으로' 간섭할 수 있는 기회를 영구적으로 배제시킬 수 있다. 미국이 초강대국으로서 한국의 정치적, 외교적, 군사적 입지에 여전히 영향을 미치고 있지만, 한국은 그간 경제적이고 문화적인 독립국으로서의 위상을 확립해 왔다. 그러나 2008년에 이명박 정부가 들어선 이후부터는, 한국이 계속 독립자존의 길을 걷기보다는 역사를 거꾸로 돌려 대미 종속이라는 과거 20세기 냉전 체제의 길을 걸을 것이라는 우려가 생기고 있다.

북한은 세계 평화를 위해 한반도의 비핵화를 적극 추진해야 한다.

현재 한반도의 최대 이슈는 한반도 비핵화이다. 그간 이명박 정권은 한반도를 비핵화하는 조건으로 6자 회담을 적극 지원할 것이라고 밝혔다. 이 점은 2008년에 힐러리 클린턴 신임 국무부장관이 의회 인준 청문회에서 밝힌 바이기도 하다. 우리는 한반도의 영구적 평화를 위해 비핵화가 전제 조건이라는 점에 동의한다. 남한이 6자 회담에 적극 참여하고 지원하는 것도 국제주의적 입장에서는 옳다. 하지만 이 회담에서 주요 당사국들은 사실상 한반도 평화의 주체는 남한과 북한이라는 사실을 세계에 강조해야 할 것이다. 이것은 북한도 내심 바라고 있는 점일 수 있다. 이를 위해서는 남북한이 공동으로 비핵화를 포함해 '군축평화위원회'(가칭)를 설립하여, 한반도 문제를 독립적이고 자주적으로 해결하는 일이 무엇보다 필요하다.

그런데 이명박 정권은 오바마가 집권하기 전에 부시와의 공동 기자회견에서 북한에 남한연락사무소를 설치할 것을 제안함으로써 지금도 여러 개 존재하는 연락사무소를 하나 더 만들겠다는 입장만 되풀이 했다. 이런 의례적이고 형식적 발언은 적어도 북한과의 '10·4 평화선언'이 추진되는 등 남북 협력이 호의적으로 진행되던 2007년 노무현 정권 당시까지는 효과가 있었을지 모른다.

그러나 북한은 이명박의 친미 우익적 본질을 진작 꿰뚫어보곤, 지난 2007년 그가 한나라당 대통령 후보로 지명될 때부터 대통령이 될 경우 남북 관계가 평탄치 못할 것임을 성명서를 통해 예고했었다. 그래도 북한은 2008년에 신년사에 해당되는 공동 사설(『로동신문』, 『조선인민군』, 『청년전위』 등 당·군·청년 기관지의 공동 사설)에서는 이례적으로 남한 당국에 대한 비난을 삼간 채 "공리공영·유무상통의 원칙에서 다방면으로 추진해 나가자"고 경제협력을 제안하는 등 남한과의 화해를 기대했다. 그러나 2009년 북한의 신년사는 2000년 '6·15 정상회담' 이후 처음으로 남한 정부에 대한 비판을 실어 이명박 정부에 대한 불신을 노골적으로 드러냈다.

북한은 2009년 신년사에서 남한 정권을 비판하는 동시에 한반도 비핵화에 대한 의지를 밝히고 있다. 북한은 그간 간신히 유지되어 온 협력을 파탄으로 몰아갈 의도는 없는 듯, "우리는 역사적인 북남공동선언에서 탈선하는 그 어떤 요소도 허용하지 않을 것"이라고 강조하면서 향후 남북 쌍방이 "북남공동선언을 옹호하고 성실히 이행해야 한다"고 말했다. 특히 이 공동 사설은 핵 문제와 관련해 "조선반도의 비핵화를 실현하고 동북아시아와 세계의 평화와 안전을 수호하기 위한" 결의를 다지고 있다. 북한은 그간 남북 협력 사업인 금강산관광과 개성공단의 사업을 줄이고는 있지만, 2009년 1월 김정일 국방위원장이 중국 후진타오의 친서를 전달받는 자리에서 남한과의 긴장을 원하지 않는다는 발언을 한 것으로 보도되고 있다. 남한의 이명박 정부가 공식적이든 비공식적이든 북한의 이런 움직임에 대해 공생·공영의 대원칙 하에서 능동적인 협력 관계를 모색하지 않는 한, 남북한의 자주적, 평화적 관계는 지금의 답보 상태를 벗어나기 어려워 또다시 장기간 대립과 함께 상호 조율 과정이 필요할 것이다.

세계는 북한을 주권국가로 수용하여 협력하고 조정해야 한다.

북한은 중국 및 미국과의 관계에 문제가 없는 한, 더구나 보수 개량적 오바마 정권의 출범으로 미국과의 관계가 순조롭게 풀리는 한, 남한과의 관계를 현재보다 악화시킬 의도는 없는 것으로 보인다. 그러함에도 불구하고 극우 보수 인사들이 북한 정권을 비방하는 전단을 풍선에 담아 수차례 띄운 적이 있었는데, 이명박 정권은 국익에 반하는 그런 행동을 두둔한다는 인상을 주고 있다. 극우 인사들의 행동은 사상의 자유, 표현의 자유라는 인권에 관한 사안인 만큼 정당화될 수는 있다. 그러나 그런 행위는 당해 국가인 북한의 내정에 간섭하는 행위이어서 양국 간 외교 분쟁을 일어날 가능성이 크다. 따라서 남한 정부에게는 그들의 행위를 자제시킬 책임이 있다.

지금 국제사회는 북한이 내부의 경제난과 핵 문제로 인해 과거의 김일성 때처럼 군사적 대결을 펼 여유가 없어 공존공영의 협력을 지향하고 있는 것으로 평가하고 있다. 그렇지 않다면, 적어도 2000년 6·15 공동선언 이후 북한이 국제사회와 남한을 향해 보이고 있는 협력적이고 평화적인 실천들을 어떻게 이해할 수 있는가? 지금 북한은 미국 오바마 정권과의 직접적 대화를 시도하고 있다. 북한은 한편으로는 냉전 체제가 무너진 국제 질서에 호의적인 협력 전략을 구사하면서 다른 한편으로는 남한 우익 세력의 약화를 겨냥한 외교 및 군사 대결 전술도 구사할 것으로 예측된다. 세계의 어디에서나 마찬가지로 북한의 전술은 자신의 독립자존의 정권을 안정적으로 유지하기 위한 불가피한 것임을 남한은 중시하는 한 편 통일을 추구해야 할 것이다. 이런 관점에서 볼 때 남한은 북한과의 관계를 개선하기 위해 극우적 행동을 자제시켜 평화적인 외교 노력으로 민족통일을 실현할 수 있을 것이다.

북한은 2009년 초에 통신위성 '광명성 2호'를 쏘아 올릴 계획임을 밝힌 바 있다. 이에 대해 당시 국제사회에서는 지난 1998년, 2006년에 위성이라면서도 사실은 미사일을 발사한 사례를 들어 군사적 목적인 미사일 발사 실험일 것이라고 추측했다. 그러나 광명성 2호가 위성일지 미사일지는 단지 기술적인 문제이다. 우리가 볼 때 국제사회는 북한의 주장대로 그것의 발사 실험은 "자주적 권리이며 현실 발전의 요구"라는 주장을 수용할 필요가 있다. 국제사회는 위성 위장 미사일 발사를 북한의 내부 체제 결속과 대미 외교 압박이라는 국내외적 전략으로 보고 있다. 또한 한국의 보수주의자들은 이것이 남북한 간 강화되고 있는 군사·외교적 긴장 관계를 고조시킬 가능성에 대해 우려하고 있다. 그러나 우리로서는 세계가 여전히 군사적 무력과 파괴 활동을 전개하고 있는 현실에서, 어떤 국가가 다른 국가의 과학적이든 아니든 실험할 권리를 두고 그것을 부정하거나 마치 군사적 활동인 양 평가할 자격은 없다고 본다.

미국 오바마 정권은 이제 한반도뿐만 아니라 세계에 영구적인 평화 질서를 정착시키기 위해 미국 자신의 핵과 군사력을 감축시키는 조치를 취해야 한다. 이와 함께 한반도의 분단 상태를 종결지을 수 있도록 미국은 1989년 베를린 장벽의 붕괴에 이어 한반도의 '38선 붕괴'를 20세기 제국주의와 동서 냉전의 마지막 유산을 정리하는 계기로 삼는 데 협력하여야 한다. 우선 미국이 취해야 할 조치는 지난 1953년 한국전쟁의 휴전 이래 한반도에 주둔하고 있는 미군을 모두 복귀시키는 것이다. 한반도의 민중은 남한의 극우 세력이 선전하듯 미군 철수가 한반도에 전쟁 재발 가능성을 높인다는 논리를 믿어서는 안 된다. 이것은 이미 '한물 간' 냉전 시대의 분단 논리이다. 지난 2000년 '6·15 공동선언' 당시 북한에 갔던 김대중이 증언했듯이 북한의 김정일도 남북한 간 협력이 진전되면 미군의 한반도 주둔에 반대하지 않겠다는 주장을 편 바도 있다는 점을 우파 세력들은 참고해야 할 것이다.

미국의 보수 좌파 오바마 정권은 국방 예산을 절약한다는 차원에서도 향후 한국 주둔군을 한국으로부터 철수시켜야 한다. 그런 미군 철수를 전후하여 남북한 간에는 평화조약을 즉각 체결할 수 있을 것으로 전망된다. 물론 한반도의 비핵화가 전제되어야 한다. 미국의 새로운 정권은 지난 세기의 제국주의적 유산을 과감히 버려야지만 비로소 자신의 경제 위기도 '협력적으로' 해결할 수 있는 실마리를 풀 수 있을 것이다. 왜냐하면 미국의 패권주의적 세계 질서의 지양이야말로 세계에 평화와 번영을 심을 수 있기 때문이며, 세계 인민들의 신뢰를 바탕으로 할 때만이 현재의 경제 위기, 즉 1930년대 대공황 이후 최악의 공황으로부터 벗어날 수 있을 것이다. 지금은 세계가 만국 평등주의 나아가 만민 평등주의를 구가할 적기이다.

한반도 민중은 1948년에 북한 정권이 수립된 과정에 대해 자세히 알 필요가 있다. 김일성이 스탈린의 협력으로 북한을 설립한 사실은 당시 조선공산당의 항일 해방 투쟁과 사회주의국가 건설의 노력과는 일정한 거리가 있었다. 당시 조선민족(한민족)이 사회주의로의 역사 발전에 복무해야 하는 것을 흔들림 없이 믿었던 조선공산당이야말로 당시 모스크바의 국제공산당Comintern이 인정한 한반도의 유일무이한 세력이었다. 남한의 민족통일주의자 김구도 조선공산당의 당원이 아니었으며, 더구나 소련공산당에 당시 조선인으로 복무했던 김일성도 조선공산당의 당원이 아니었다. 이 양자는 미국과 소련에 의해 일본 제국주의로부터 해방된 한반도에 남쪽과 북쪽으로 각각 입성하게 된 기회를 얻었을 뿐이다. 이같은 사실은 당시 조선공산당에 복무했던 김단야, 박헌영, 고광수, 남도부, 안병렬 등의 행적으로부터 충분히 입증할 수 있다. (이에 관해서는 전명혁, 『한국현대사와 사회주의』, 2000을 참고하라. 최근의 것으로는 임경석, 『잊을 수 없는 혁명가들에 대한 기록』, 2008년 등이 있다.) 이들의 입장에서 보자면, 김구나 김일성이 '한반도' 독립국가에서 정치인이 되었다면 분명히 자본주의적 민주주의 또는 소련식 사회주의를 추종한 보수주의자들이 되었을 것이다. 김일성이 스탈린 정권의 비민주적 당파성과 반민중적 폭력성에 대해 회의를 품었더라면, 북한 권력 수립에의 야욕을 버리고 조선공산당과 연대하여 한편으로는 외교로 다른 한편으로는 무장으로 투쟁함으로서 한반도의 역사를 바꾸어 놓았으리라는 추론도 가능할 것이다.

끝으로, 우리는 북한이 과거 소련 및 동구권처럼, 인민들의 정치적, 경제적 실망으로부터 정권이 붕괴되어 국가가 파산되지 않기를 바란다. 세계의 거의 모든 좌파 사회주의자들은 지난 세기말 공산권이 붕괴된 원인으로 정치적으로는 공산당·관료 체제의 비민주적 특성을, 경제적으로는 중앙 계획 체제의 비효율적 운용을 꼽고 있다. 이에 불만을 품고 저항한 인민들은 과거 공산권이 신조로 삼은 '구사회주의' old socialism 체제를 무너뜨리고 말았다. 북한의 현 체제는 '구사회주의' 체제와는 형식상 다르지만 실질적으로는 거의 동일한 비민주적이고 비효율적인 체제로 비판받고 있다. 이 점은 북한의 김일성이 정권을 잡을 때 구 소련의 스탈린 체제를 궁극적으로 답습한 결과이기도 하지만, 김일성과 그의 대를 이은 김정일이 과거 사회주의 체제의 문화적 악습을 고집하고 있기 때문이기도 하다. 우리는 북한이 하루 빨리 그런 악습을 폐지하고 사회주의의 생산력 높은 경제와 인민민주주의 정치로 개혁을 추구함으로써 세계에 모범이 되는 '21세기형' 사회주의국가 체제를 선보이기를 바란다.

남북한은 과거 역사에 대한 인식을 같이해야 한다.

남한과 북한 간에 향후 민족통일을 성취하기 위해서는 과거 역사에 대한 인식을 같이할 필요가 있다. 이 과제를 특히 선택한 것은 이명박 정권을 창출하고 지지하는 데 일등 공신인 신우파 지식인들이 한국의 근현대 역사를 왜곡시키고 있는 데 따른 것이다. 이들은 특히 중등교육의 역사 교과서에서 200여 군데를 대거 수정할 정도로 이명박 정권의 '역사관'에 실세로 등장하고 있다. 이런 등장은 최근 한국의 역사를 '재인식' 하자고 주장하여 제국주의적 식민사관을 벗어난 올바른 역사의식을 갖자는 신우파의 역사 교과서인 『한국근현대사』(2008년)가 대표하고 있다. 신우파의 '역사 교과서'의 시안이 처음 공개된 2006년 11월, 그것이 역사적 사실에 전혀 근거하지 않은 서술로 인해 당시 한국의 역사학계에서 상당한 논란이 되기도 했다. 그런데 지금도 그들은 여전히 사실을 객관적이고 엄정하게 평가하지 않은 채 주관적이고 실리주의적으로 왜곡시킨 역사 미화 작업을 계속하고 있다.

신우파가 비양심적으로 시도하는 수많은 인물 미화 작업 가운데 박정희(박근혜 부친)에 관련된 것을 예로 들어 보자. 신우파는 박정희에 대한 미화 작업 끝에 그가 "근면하고 검소했다"라고 호평한다. 박정희가 일생에 저지른 친일 장교 등 잡다한 반민족적이고 반민주적인 모든 악행을 생략하고 그가 최후를 맞았던 1979년 10월 26일만을 대표적인 사례로 거슬러 가 보자. 그가 국가 예산을 유용해 만든 궁정동 안가라는 비밀 연회 장소가 있었던 것도 문제일 뿐만 아니라, 그날 그가 젊은 여성들을 불러 부하들과 '질펀하게' 주흥을 즐겼다는 사실도 국가 원수로서의 자격에 문제를 던지고 있다. 물론 사건 하나를 두고 어떤 사람의 일생 전체를 평가할 수는 없다. 그러나 그가 죽는 자리에서까지 벌였던 주색 타락을 생각한다면, 신우파에게 역사가로서의 철학이나 혹은 교육자로서의 양심이 조금이라도 남아 그들의 입장이 중립적이 될 수 있다면, 그가 평소에 근면하고 검소했다는 평가는 삭제하거나 다른 표현으로 바꾸는 것이 올바른 것이다. 신우파의 '정치적' 미화 작업은 박정희가 부정부패한 독재자의 한 사람일 뿐이라는 일반적인 평가를 감히 부정하려는 어리석은 소치인 동시에 역사를 왜곡하려는 고의적인 음모에 해당되는 것이다.

지금의 『한국근현대사』가 2006년 시안과 다른 점 가운데 하나는 4·19와 5·16이라는 한국의 역사에서 큰 획을 긋는 사건에 대한 규정이다. 2년 전에는 '학생운동'이었던 4·19가 이제는 '혁명'이 되었으며, '혁명'이었던 5·16은 '쿠데타'로 변경되었다. 우리는 미리 결론을 이야기하자면, 양 사건에 대한 일반적 규정이란 지금까지 세계사의 정통적 해석에 따라 각각 '민주 의거'와 '군사 쿠데타'로 내리는 것이 타당하다. 이명박 정부는 한승수 총리를 보낸 2008년 4·19 기념식에서 신우파의 규정대로 '4·19 혁명'이라는 플래카드를 높이 내걸었다. 그러나 4·19를 혁명으로 규정하려면, 당시의 '혁명 세력' ─ 물론 4·19 의거에는 혁명세력이 없었다 ─ 이 자본주의를 추종하는 보수 권력을 갈아 치웠거나 그것에 상당하는 정치적 세력과 질서의 교체가 있어야 한다. 다시 말해, 서구의 혁명 전통에 따르면, 혁명이란 4·19처럼 자본주의도 바꾸지 않았으며 그것의 권력의 '무늬'만 독재에서 민주로 바꾸는 정치적 교체가 아니다. 혁명이란 사회의 기초인 경제체제(생산양식)를 봉건주의에서 자본주의로, 나아가 자본주의를 '민중의 민주주의 내지 사회주의로 바꿈과 함께 사회의 상부구조인 국가를 경제적 기초에 부응하는, 즉 생산양식에 모순되지 않게 일치시키는 권력을 총체적으로 창출하는 것이다. 이런 혁명에 대한 개념을 4·19에 적용하자면, 당시 자유당에서 민주당으로의 보수 권력의 교체가 아니라 사회경제적 질서를 근본적으로 바꾸기 위해 정치권력 자체가 보수에서 진보나 변혁으로 바뀌는 변화라야 한다는 말이다.

정치권력을 독재에서 민주로 바꾸는 방법에는 의례적이고 정기적인 선거 말고도 4·19나 6·29와 같이 헌법상 국민의 저항권에 기초하는 방법이 있다. 4·19는 국민의 저항에 의한 가투 등 물리적 방식에 의존한 항쟁으로서 당시 3·15 부정선거를 무효화하려는 학생과 시민들의 궐기와 시위에서 시작된 것이었다. 4·19이후에 치른 선거는 이승만 정권 대신 당시에 야당이었던 민주당이라는 보수 정당이 집권하는 결과를 초래하였다. 종래의 독재 권력을 민주 권력으로 바꾸는 합헌적 체제로 전화시킨 공로가 있었지만, '진정한' 혁명과는 거리가 먼 자본주의 보수 정당인 자유당 대신 민주당을 권력에 앉혔던 것이다. 그런 점에서 4·19는 혁명이라고 부르기보다는 '민주 의거' 또는 '민주 항쟁'이라고 부르는 것이 그것의 객관적인 성격에 비추어 본 올바른 규정인 것이다.

이와 같은 전통적 규정은 4·19를 지난 1987년 6·29 시민 항쟁과 거의 같은 성격의 민주화 투쟁으로 평가한다는 것이다. 1960년의 4·19나 그로부터 한 세대의 시간이 흐른 후의 6·29나 모두 피지배 민중이 지배계급의 독재에 반대한 투쟁이다. 그러나 전자는 이승만 대통령이 하야下野하는 것으로 독재를 무너뜨렸지만, 후자는 전두환 대통령이 하야하는 대신 헌법 개정으로 민주주의를 수용할 수밖에 없었던 결과를 낳았다. 한국 국민들이 그간 두 차례의 피와 땀의 투쟁으로 얻은 것이 있다면, 지금의 보수 정치체제인 자본주의적(부르주아) 민주주의를 획득하는 정도라 할 것이다. 따라서 이런 모든 투쟁의 결과는 자본주의가 발전하는 진화evolution 과정에서 최선의 정치체제로 간주되어 온 민주공화국을 대중 저항에 의해 완성한 것이었다.

어느 민족이나 국민에게든 자신들의 역사를 그것이 우파의 개혁이든 좌파의 변혁이든 성공한 것으로 평가하려는 경향이 있는 것은 사실이다. 바로 신우파의 역사 교과서가 한국의 역사를 일방적으로 산업화, 민주화 등으로 왜곡하여 마치 성공적인 것처럼 위장하고 있으나, 그것은 결국 이명박 정권의 실리주의적, 지배계급적 관점에 서 있는 것이다. 그러나 어떤 나라의 역사에서 성공의 이면에는 동시에 실패가 자리 잡고 있다고 보는 것이 합리적이며 객관적일 것이다. 이에 한국의 역사에 대해 '올바로' 인식하려면 종래의 지배계급 위주의 관점만 주장할 것이 아니라 피지배계급, 즉 민중의 민주주의 관점도 포괄하는 중립적이고 종합적인 역사관이 필요하다.

『한국근현대사』 머리말의 표제는 '대한민국 근현대사를 바로보다'이다. 하지만 우리는 '대한민국 근현대사를 왜곡하다'가 더 적절한 표제라고 생각한다. 저자들인 신우파는 지난 세기 한국의 최대 과제가 서구식 근대화의 달성이었다고 단정한다. 그들의 인식에서 서구식 근대화란 지배계급이든 피지배계급이든 자본주의적 시민국가를 형성하는 것을 의미한다. 그렇지만 신우파는 노동자·민중으로 대변되는 피지배계급에게는 서구식 물질문명의 근대화에 대한 지향이 있었을 뿐만 아니라, 그 시기 지배계급을 타파하여 물질적 및 문화적 발전을 이루려는 역사의식도 있음을 끝내 의식하지 못한다. 신우파를 위시한 보수주의자들이 갖고 있는 민중에 대한 그런 무지 자체가 결국은 그들이 역사뿐만 아니라 모든 인간 활동에 대해 퇴보적인 통속적 결론을 내릴 수밖에 없게 만든다.

우리는 한국의 신우파에게 나아가 이명박 정권에게 아래 두 개의 일본의 역사왜곡 사건에 대해 심사숙고하고 나아가 반성할 것을 촉구한다. 일본 내 어떤 극우파가 아니라 일본 '정부'가 독도를 다께시마(竹島)라고 부르며 자신의 영토로 규정해 일본 교과서를 발간하는 것에 대해 신우파와 정권은 어떻게 생각하는가? 또한 1945년 패망 직전 일본군이 오키나와의 주민에게 집단 자살이라는 옥쇄玉碎를 강요한 사건을 일본 정부가 역사 교과서에서 삭제한 사실에 대해 2007년 9월에 오키나와 주민 11만 명이 항의한 것을 어떻게 생각하는가? 일본 정부가 저지르는 반역사적 사건들을 볼 때, 이명박 정부가 일본처럼 '우경화' 되어, 한국은 물론 세계의 역사를 왜곡시키는 일이 벌어져서는 안 된다는 것을 우리는 차제에 엄숙히 경고하고자 한다.

그러나 일본 정부의 우경화를 직접 촉진시키고 있는 역할은 바로 일본 언론들이 맡고 있다. 일본 언론도 한국 언론과 마찬가지로 언론의 자유, 표현의 자유를 왜곡시키는 심각한 위기에 빠져있다. 왜냐하면 일본이나 한국이나 언론이 그것의 공평성과 객관성을 이행하지 못할 뿐만 아니라, 언론의 마지막 책무인 여론의 형성을 역사의 발전측면에서 올바르게 조성하는 역할마져 이행하지 못하고 있다. 여기서 우리는 일본의 양심적인 언론학자인 도시샤[同志社]대학의 와타나베 다케사토[渡邊武達] 교수를 인용할 필요가 있다. 와타나베 교수는 2008년 11월 25일과 26일에 한국언론재단의 주최로 서울에서 열린 '아시아의 평화와 번영을 위해 언론은 어떤 역할을 해야 하는가' 라는 토론에 참석했었다. 그는 '일본 언론의 발전과 도전' 이란 발표문에서 위에서 지적한 일본 언론의 문제점을 심각하게 비판하고 있다. 나아가 그는 일본 언론의 방향에 관해

"일본 언론은 지금까지 자민족 중심의 배타적이며 민족주의적 분위기를 조성하는 역할을 해왔다. 이에 향후 언론은 이런 협량한 민족주의적 견해를 확산시킬게 아니라 지구촌 발전을 위한 글로벌한 가치체계를 확산시켜야 한다"고 강조했다.

5. 인간이 중심이 되는 문화의 구축

민주주의란 적어도 사회적 약자를 보호하는 문화이다.

인간이 중심이 되는 사회라면 우선 모든 사람들에게 평등하게 생존권을 보장해야 한다. 이런 사회에서 소외당하는 사람들이 이른바 사회경제적 약자이다. 우리가 제1절에서 본 것처럼, 한국 민주주의는 자유민주적 질서의 회복에 그칠 수 없으며 그것의 '확대'를 제기해야 할 것이다. 이 과제는 이미 지난 세기 사회적 약자의 권리를 '사회적 합의'라는 형태로 국가가 적극 보장하고자 했던 유럽의 사회민주주의가 그 내용일 수도 있다. 그러나 이미 제3장에서 논의했듯이, 지난 세기의 사회민주주의는 이제 정치적 유산으로 남아 있을 뿐 그들의 후예인 정당들은 미국식 신자유주의와 과거 사회민주주의의 중간쯤에 해당하는 이념인 '제3의 길' ― 지금은 '현대적' 중도좌파론이라고 정의하고 있으나 우리는 이를 '중도론'으로 규정한다 ― 을 채택하고 있을 뿐이다.

유럽에서 이처럼 민주주의가 좌파에서 '중도'로 후퇴한 것은 주로 경제적, 나아가 사회적 문제에서 비롯되었다. 유럽에서는 1980년대 이래로 심화되어 온 경제성장의 저조, 즉 자본의 이윤과 축적의 하락을 치유하고자 노동자의 권리를 후퇴시키는 과정에서 중도론이 제기된 것이다. 이에 유럽의 전통적 좌파였던 사회민주주의 정당은 이제 신자유주의가 추구하는 가치를 일부 수용해 그것의 '현대화'를 추구하는 보수 정파로 변절했다. 이를 대신하는 급진적 민주주의 좌파인 유럽의 사회주의·공산주의정당들은 과거 사회민주주의가 주장했던 가치를 '최소한으로' 요구하며 투쟁하고 있다. (유럽의 '사회당'은 사회주의정당이 아니다. 사회주의정당은 대체로 '공산당'이나 '노동당'이라는 명칭을 쓰고 있는데, 지난 유럽의회 선거에서 유럽좌파연합EUL에 속한 정당들이 이에 해당된다.) 사회민주주의의 이데올로기적 가치는 바로 노동자를 위시한 사회적 약자의 권리를 보호하고 신장하는 데 있다. 이것은 곧 인간 중심의 가치인 인성humanity을 국가가 최소한 보호해야 한다는 철학에 기초한 이념이다. 인성의 보호에 관한 국가의 정책이 기본소득basic income 보장이다. 그런 점에서 기본소득은 사회경제적 약자를 보호하는 문화를 구축한다

선진국 경제사회에서 약자에 '정규직' 노동자계급을 포함시킬 수는 없다. 우리는 이미 중심부 경제의 경험에서 알 수 있듯이, 선진국의 전반적인 경제성장은 노동자계급 특히 정규직 노동자들의 사회경제적 지위를 상승시켜 이들은 결과적으로 자본주의 정치체제의 핵심인 중산층으로 변신하였다. (이에 대한 비판은 제2절을 참고하라.) 19세기 노동운동의 차원에서는 흔히 '노동귀족'이라는 말로 이들을 비판했지만, 선진국의 성장 결과는 거의 모든 정규직 노동자들을 사회적 약자가 아닌 사회적 중간계급으로 변화시켰다. 이런 점에서 맑스의 예상과는 달리, 정규직 노동자계급은 경

제적 지위의 상승과 함께 정치적 의식에서 자본주의를 선호하는 질적 변화를 일으킨 것이다. 노동자계급의 질적 변화를 더욱 심화시킨 요인은 선진 자본의 업종(산업구조) 변화로서, 노동자계급이 종래의 생산직에서 서비스 직종으로 대거 전환된 것을 들 수 있다. 이러한 노동조직의 변화로 노동조합의 단결이 느슨해진 틈을 타 자본은 비정규직 고용을 강화하여 자본의 축적 방식을 강화시켰다. 이것 역시 노동자계급에게 그 구성의 변화를 초래했으며, 이에 따라 노동조합도 재구성되는 변화를 겪고 있다.

그런데 자본주의든 또는 사회주의·공산주의든, 어떤 유형의 이데올로기를 쫓는 사회에서든, 사회경제적 약자는 일정하게 존재하므로 이들의 인성을 국가가 책임져야 할 민주주의 확대가 반드시 필요하다. 다만, 사회가 추구하는 이데올로기에 따라 이 약자의 정의와 범주가 크게 달라진다. 자본주의에서는 대체로 시장의 경쟁에서 은퇴하여 정부가 지원하는 사회보장제도social security system(미국에서는 노령·유족·장애연금OASDI으로 흔히 공적 연금제도로 불린다)로 생계를 해결해야 하는 지위에 있는 사람들을 약자로 좁게 해석한다. 또한 시장의 경쟁에서 탈락되는 실업자도 실업보험(한국은 고용보험)에 의해 제한된 기간만 정부가 생계를 지원함으로써 이들도 사회적 약자에 준하는 지위에 있다. 그렇기 때문에 자본주의가 발달하여 시장의 규모가 크고 범위가 넓을수록, 자본이 이윤을 제고하여 축적에 성공하면 할수록, 여기에서 은퇴하거나 탈락되는 사회적 약자의 숫자는 더욱 증가한다. 이것의 가장 좋은 사례는 중심부 선진국이다.

서구의 경우 출산율이 저조함에도 불구하고 고령자와 장애인의 비율이 높아져 사회보장의 대상이 되는 인구는 증대할 뿐만 아니라 사회적 약자에 준하는 실업자의 비율도 높다. 지금과 같은 경제 위기(공황) 때 사회적 약자의 수는 물론 여기에 준하는 실업자수가 평소보다 증가하는 경향을 보이는 것은 당연하다. 더구나 경제 위기 때에는 사회적 약자 및 준약자에서 제외되는 저임금자(최저 임금자 포함)가 거의 대부분 비정규직으로 채용됨으로써 국가의 책임을 자본에게 전가시키는 경향이 있다. 이에 대한 자본주의적 해법은 이들을 최저임금보다 높은 수준을 유지하되 정규직의 절반에 미치는 임금으로 여전히 빈곤과 기아에 묶어 두어 국가의 온정주의를 갈구하는 보수적 의식으로 고정시키는 것이다.

이에 반해 사회주의에서 사회적 약자란 시장의 경쟁과 무관하게 당사자의 생산능력이 본질적으로 평균에 미치지 못한 사람들을 지칭한다. 일반적으로 그런 사람들은 크게 두 범주로 나눌 수 있다. 하나는 자신의 노동력 투입이 정신적 장애로 인해 불가능한 부랑 생활자lumpen proletariat(정신적 약자)이고, 다른 하나는 노약자, 장애인 등(육체적 약자)이다. 맑스가 「고타강령 초안 비판」(1875년)에서 언급한 바 있는, 사회적 필요를 위해 공제되어야 할 기금인 공적 기금이 바로 사회적 약자 등을 위해 소요될 예산이다(김영규, 『정치경제학Ⅱ』, 407~9쪽 참조). 이처럼 사회주의에서는 사회조직인 시장이 아니라 인성의 자연적인 조건을 기준으로 하는 만큼, 사회적 약자의 범위가 자본주의보다 훨씬 좁아진다. 그런 점에서 우리는 시장이 경제조직의 근간이 되는 것에 반대한다. 자본주의하에서 실업이 증가함에도 불구하고 사회복지를 축소하려는 신자유주의 정책은 결국 국가 기능의 약화론 나아가 그것의 무능론을 재생산하는 유력한 근거 가운데 하나가 되고 있다. 그래서 자본주의국가가 진정 민주주의를 추구하기 위해서는 신자유주의 정책을 포기하여야 한다. 이에 인성을 존중하는 국가의 문화가 되어야 한다.

성장주의 경제보다는 사회정의 문화의 실현이 앞서야 한다.

그러나 사회경제적 약자에 속한 국민의 생존권은 현대 국가의 의무이어서 어떤 이데올로기를 추구하는 국가든 반드시 지켜야 할 최소한이다. 어느 나라에서나 사람의 생존에 필수적 조건인 의식주衣食住 등 생활은 국민의 '기본적' 필요인 만큼, 한국과 같은 주변부 선진국에서는 말할 것도 없고 유엔 산하 모든 국가들이 성심껏 이행할 책임을 지는 경제적 의미의 기본권이다.(현재 사회당을 위시한 진보 진영이 추진하고 있는 기본소득이 여기에 해당된다.) 국민에게 최소한의 사회생활을 위한 조건을 충족시키지 못하는 권력이라면 스스로 권력을 내어놓아야 할 뿐만 아니라, 그런 국가의 정치경제적 소수 상층계급들은 이에 책임을 지고 사회의 지배적 지위에서 물러나야 할 것이다. 그러나 그들은 결코 자신의 권력을 포기하지 않을 것이기 때문에, 그것을 알고 있는 의식 있는 노동자를 위시한 민중에게는 이들과의 투쟁이 불가피한 것이다.

한국에서 2008년 촛불시위로 불거진 국민의 건강권(검역 주권)이 국가의 식생활 보호라는 의무를 자각시킨 것이라면, 2009년 1월의 용산철거민학살사태는 국민의 생존권 보장이라는 국가의 책임을 총체적으로 일깨운 사건이다. '용산참사'로 이명박 정부도 깨달았겠지만, 상층 유산계급들에게 더욱 '저축'을 늘려 주는 소수를 위한 성장 정책보다는 사회경제적 약자인 철거민, 노점상, 영세 자영업자, 농민, 그리고 비정규직 노동자들에게 더욱 '소비'를 늘려주는 다수를 위한 성장 대책이 절실히 필요하다.

이명박 정권을 둘러싸고 있는 정치인, 관료, 지식인, 언론인들은 거의 모두가 소수를 위한 성장 정책을 '효율'로 포장하여 추진하는 신자유주의 인사들이다. 이것은 한편으로는 그들의 사회적 지위가 일반적으로 지배계급이기 때문이기도 하지만, 다른 한편으로는 자신들의 평균 재산보다 많은 369억원(재단 설립 기금)의 소유자인 상관 이명박을 '존경'하고 있기 때문이기도 하다. 한국에서 그 정도의 재산을 소유하기 위해서는 누구나 공식적으로나 비공식적으로 '최소한' 부정부패의 당사자가 되어야 한다. 이명박의 재산 형성은 개발도상국이었던 한국에서 인간 욕망의 '그림자'인 불법 비리와 부정부패가 난무하던 성장주의 정책과 일맥상통한다.

현재 이명박을 비롯한 성장주의자들은 과거에 사회민주주의를 폈던 유럽 국가들인 영국, 프랑스, 독일, 스웨덴 등이 성장세를 유지 ─ 신자유주의자들은 오히려 사회민주주의가 성장을 희생시켰다는 단견을 제시하고 있지만 ─ 하는 한편 사회경제적 약자의 복지 향상도 꾀한 이유가 과연 어디에 있었는가를 깨달아야 한다. 그 '진정한' 이유가 사회경제적 약자에 대한 재분배 제도를 의미하는 사회 안전망social safety net으로 정치적 통합을 도모해 정치사회적 안정을 도모하는 데 있음은 좌·우파 구분 없이 '상식'으로 인정하고 있다. 그러나 사회경제적 약자를 자본주의 체제 내에 끌어들여 정치적 안정을 도모하는 복지 대책은 소수의 정치경제적 안정을 우선적으로 위한 것이지, 본질적으로 근로민중의 노동 의욕을 고취해고 장기적으로 노동생산성을 향상시켜 다수의 소득 성장을 지속적으로 유지하는 '국민경제적 안정'과는 거리가 멀다.

자본주의자들 입장에서 볼 때, 사회 안전망 정책은 사회경제적 약자에 '대한' 정책이지 사회경제적 약자를 '위한' 정책이 아니다. 그런 점에서 보수 정치 세력의 입장은 좌우 구분없이 일치한다. 그러나 여기에서 보수 정치의 아이러니가 드러난다. 예를 들어 개량주의자인 보수 좌파가 이를 약자를 '위한' 것이라고 선전할 경우, 수구주의자인 우파는 좌파의 입장을 역설적이게도 인민주의populism라고 매도하기도 한다. 노무현 정권의 부동산 세제 강화를 두고 좌파 정책이니 인민주의적 사고니 하고 우파 언론들이 비난하는 바람에 노 정권은 후반기에 거의 '식물 정권'으로 전락했다. 그때 노 정권은 시장경제에서 조세는 반드시 가격으로 타인에게 전가된다는 점을 과소평가했던 것이다.

현재 한국에서 보수 좌우파 신자유주의자들은 적자재정을 우려하여, 국가의 주요 책무인 사회복지의 범위는 물론이고 그것의 규모까지도 감축시키고자 하는 의도를 갖고 있다. 사회복지의 개인당 수혜 규모도 비인간적인 생존 수준, 즉 죽지 못하고 겨우 목숨을 연명하는 수준에 있음에도 불구하고, 복지 수당을 타기 위해 엄격한 자격 요건과 복잡한 행정 절차를 요구하는 등으로 수혜 인구를 제한한다. 이는 결국 '한계 생명'을 유지하는 빈민들을 자살 등으로 내모는 그들에 '대한' 정책일 뿐이다. (한국은 세계에서 자살율이 최고 수준인 국가로 지목되고 있다.) 그래서 사회주의자는 권력의 5대 책임(시리즈 제1권 『이명박 정부 비판』 제5장 참조) 가운데 두 번째 책임인 '사회정의의 실현' 차원으로까지, 즉 '최소한' 인간다운 생활수준으로 까지, '공적' 의무를 격상시킬 것을 요구하는 한편, 이를 계기로 사회적 약자에 대한 정책을 사회경제적 강자에 대한 정책보다 우선시할 것을 요구한다.

우리는 정의의 실현을 현대 국가가 최우선으로 지켜야 할 책임으로 본다. 위에서 본 유럽 일부 국가들을 제외한 한국과 같은 신생 선진국들은 지금까지 이 책임을 사회 안전을 위해 '형식적'으로 이행함으로써, 지배계급에 대한 국민의 비판과 저항을 근본적으로 잠재울 수 없었다. 예를 들면 용산철거민학살사태에서 정부는 궁극적으로 사회정의를 회피하여, 국가기관인 경찰과 건물 소유자에게는 책임이 없으며 세입자인 철거민 농성자들에게만 책임이 있는 것으로 일방적으로 규정하고 있다. 중심국에 수립되어 있는 "모든 국가배상 사건에서는 국가를 궁극적 책임자로 전제한다"는 정의로운 문화와는 반대로, 이명박 정부는 오히려 국가가 인민 위에 군림하여 재산권의 행사는 물론이고 폭력의 행사를 부추기는 부정不正한 문화의 나라로 한국을 전락시키고 있다.

이처럼 한국 사회에서 선거 민주주의에 의해 선출된 권력이 폭력 수단을 이용해 정의의 실현을 이행하지 않는 이유를 찾자면, 그것이 지배계급인 소수를 위한 법률로 그들에게 비중립적이고 비인간적인 과잉보호를 행사하고 있는 데에서 찾을 수 있다. 사회경제적 약자인 민중이 거주지나 상가의 철거에 저항해 농성하는 사태는 지금 서울에만도 240여 군데에서 벌어지고 있다. 여기에서 우리는 이명박 정권이 2007년 선거 때 주장했던 이른바 '선진화'

권력이라면 반드시 추구해야 하는 사회정의가 법을 앞세운 기만이라는 것을 알 수 있다. 한국에서 G20 회의가 열리더라도 이명박 정권하에서는 한국은 아직 선진 권력이 아니며, 유산지배계급의 과잉보호에 필요하다면 폭력도 행사할 수 있다는 국가독점자본주의의 기본 전략도 여전히 지키고 있는 국가이다.

현대 선진사회의 문화는 인간의 의식적인 생활에 의거하여 진전한다.

사회적 존재로서의 인간을 이해하기 위해서는 그것이 쌓아 온 문화를 이해해야 한다. 물리학에서 물체를 결합하는 입자의 존재를 가정하는 것이 필요한 것과 마찬가지로, 사회과학 역시 사회를 결합하는 요소를 가정할 필요가 있다. 사회가 계속해서 존재하고 변화하는 것을 가능하도록 하기 위해 60억이 넘는 개인들의 의사를 통합하고 조정하는 관건은 무엇인가? 그것은 바로 문화이다. 물리학에서의 입자와 같은 것이 사회과학에서는 문화이다. 문화는 사회를 구성하는 제도, 관습, 규칙, 법률 등 추상적인 형태를 취하지만, 그것은 인간의 사상, 언어, 행동, 예술 등에 구체화되어 있는 총체적 양식이다. 그래서 문화는 인간을 통합하여 사회를 창출함과 동시에, 인간과 사회는 점진적이거나 급진적인 변화로 문화를 재창출한다. 그래서 문화는 단기간이든 장기간이든 변화의 과정을 통해 역사를 일구어 낸다.

문화는 이처럼 사회의 구성원들이 보편적으로 따르는 생활의 추상적 또는 구체적 양식이라고 규정된다. 그런데 문화에는 사회의 다른 측면인 문명도 포함된다. 말하자면, 인간의 생활이란 정신적 차원의 문화culture를 포함할 뿐만 아니라 물질적 차원의 문명civilization도 포함한다. 이런 분류를 맑스의 역사 유물론의 기초인 '사회구성체' 관점에서 파악해 보자. 전자는 정신적, 이념적 생활을 의미하는 상부구조인 한편, 후자는 사회생활의 토대(하부구조)인 물질적 생활이다. 그래서 전자에 해당되는 문화는 일반적으로 지식, 신념, 종교, 예술, 도덕, 규범, 관습, 사고, 언어 등으로 구성되는 생활양식이다. 여기에는 맑스가 이야기한 국가, 정치, 철학(지식의 한 분야)도 사실은 문화의 범주에 포함된다. 후자인 문명에는 인간의 생활에 필요한 모든 물질적 요소가 포함된다. 여기에는 식량, 옷, 전화, TV, 컴퓨터, 자동차, 주택 등 소비재는 말할 것도 없고, 이것들을 생산하는 데 필요한 모든 생산수단인 도구, 기계, 원료, 에너지는 물론이고 인간의 노동력도 포함된다.

인간의 사회생활의 진전이야말로 문화와 문명의 진보이고 사회의 통합적 진전이다. 우리가 문화와 문명이라는 양태의 차원에서 사회생활에 그런 이분법을 적용한 것은 상당히 의도적이다. 문명이 인간의 '생존권'과 관련된 것이라면, 문화는 인간의 '번영권'과 관련된다. 사회가 집단적으로 책임져야 할 가장 큰 임무는 그 구성원의 생존에 관한 권리를 하나의 문명권으로 규정하여 정부가 보장하도록 하는 것이다. 그렇지 못할 경우, 정부는 국가로서의 권력을 집행할 정당성을 잃는다. 이럴 경우, 어떤 국가든 국민의 요구에 의해 정부를 교체시켜야 할 계기를 맞는다. 또한 이런 생존권이 보장된다는 전제 아래, 국가는 인간의 번영에 대한 권리를 문화권으로 규정하는 임무를 가지는 것으로 상정된다. 현재 선진국의 경우에는 대체로 문명권을 기본적인 권리로 인정하는 한편 문화권도 어느 정도 충족되고 있는 것으로 여겨진다. 그러나 개발도상국 내지 후진국은 아직도 인간의 생존권 – 비록 헌법에 보장되어 있다 하더라도–을 보장할 수 없는 처지에 있다. 이런 발전도상국의 국민은 실업, 빈곤, 기아, 질병, 문맹 등의 비참한 생활이 일상화되어 있는 비인간적 사회에서 고통 받고 있다.

이처럼 문명과 문화, 생존과 번영의 복합으로 구성되는 인간의 생활양식은 개인이나 집단(사회)이 어떤 과정을 거쳐 바꾸어 온 것인가? 우선 개인의 생활 방식은 그녀 또는 그가 독립된 인간으로서의 의식을 갖기 전과 후로 양분해 볼 수 있다. 인간에게는 누구나 일생을 살아가는 과정에서 자신의 생활이 과연 인간답게 사는 것인가를 자문해 보는 과정이 필요하다. 자본주의가 지배하는 현실에서, 이 책의 제2장에서 밝힌 문제들을 깨닫고는 자신의 비인간적인 처지를 개선해야 되겠다는 자각이 들 때, 우리는 이를 '의식'이라는 말로 표현한다. 의식 있는 존재로의 발전이야말로 현실의 굴레를 벗는 진보적 생활로의 진입이다. 여기서 우리는 의식의 도입과 발전을 변증법적 논리로 설명할 수 있다. 부모나 가정의 보호를 받는 유아기에는 세계를 긍정적으로 바라볼 수밖에 없다. 그러다가 청년기가 되면 긍정적인 세상의 반대상인 부정적 측면도 인식하게 된다. 인간은 이때부터 세계의 모순을 깨닫고는 세계에 대한 보편적 해석인 의식을 발전시킨다. 이런 의식의 발전은 통합적인 형태로 발전하여 이전과 질적으로 다른 긍정과 부정의 종합을 실현하게 된다. 이러한 변증법적 과정은 지금의 자본주의 세계의 부정적인 비인간적 측면을 바꾸기 위한 투쟁으로 나아가고 그로부터 마침내 진보적 문화가 들어선다.

민중의 민주주의는 결국 인본주의 문화를 위한 투쟁이다.

인류가 향후 지향해야 할 문화에는 어떤 가치들이 포함되어야 할 것인가? 사람들이 살면서 죽을 즈음에 결국 깨닫는 것은 자신들의 사회와 국가가 어떤 가치들을 추구하고 있는가가 아닐 수 없을 것이다. 다시 말해, 국가가 어떤 이념을, 또는 어떤 이념에 뿌리를 둔 변형된 이념을 섬기고 있는가를 국민들은 스스로 자문할 것이다. 대한민국은 민주공화국으로서 자유민주주의라는 이념을 추구한다고 헌법에 명시되어 있다. (헌법의 전문에는 "자유민주적 기본 질서"라고 명시되어 있으며, 또한 제4조에는 "자유민주적 기본 질서"에 입각한 "통일"을 지향하고 있음도 규정하고 있다.) 그런데 제3장에서 우리는 21세기 초 미국을 위시한 중심부 선진국들이 자유민주주의의 연장인 신자유주의를 이데올로기로 추구한다고 지적한 바 있다. 신자유주의가 여러 이념들 가운데 그래도 가장 우수한 것이라면, 그것이 초래하고 있는 전쟁, 테러, 핵 위협은 물론이고 공황, 빈곤, 기아, 환경오염 등은 신자유주의의 조그만 비용일 뿐인가? 경제학적으로 이야기 하자면, 21세기 초 지금 20세기에 겪었던 그런 비용들이 이미 편익을 초과했으므로 신자유주의의 고집은 곧 비효율적이고 불공평한 체제의 유지이기 때문에 '합리적인' 사람들이라면 누구나 이 이념을 폐기해야 하는 것이다.

21세기의 노동자·민중은 현실에서 막대한 희생을 초래하는 자유민주주의와 신자유주의는 근본적으로 실패한 이념이기 때문에 폐기하여야 한다. 이에 갈음하여 민중이 사회주의로 이행하기 전에 혹은 동시에 취해야 할 사회체제는 노동자·민중의 민주주의이다. 이 민주주의는 종래 피지배계급이며 노동하는 계급인 민중이 지배계급으로 권력을 잡는 민주주의이다. 그러나 노동자·민중의 민주주의는 소수 유산계급의 기득권적 권력을 빼앗는 투쟁이기 때문에, 그 과정에서 절대다수의 민중을 분열시키지 않고 통합시키는 사회적 요소인 새로운 문화가 반드시 필요하다. 이는 개인주의가 아닌 사회 연대의 집단주의를 추구하는 문화라야 한다. 이것은 인간의 가치를 중심에 두고 더불어 사는 인본주의 혹은 인간주의humanitarianism라야 된다. 이것이 바로 우리가 2008년부터 전개했던 '이명박 정부 비판과 대안' 시리즈에서 누차 강조했던 '인본 문화 운동'이다. 인본 문화 운동은 그 전 단계인 자본주의에서 인간 간 결합을 추구하는 이념인 인간의 자유, 평등, 박애 — 프랑스대혁명의 인본 가치 — 를 근간으로 하는 민주주의도 물론 포함한다.

그러나 자본주의사회의 민주주의(부르주아 민주주의)에서 누구나 경험하고 있는 바와 같이, 절대다수의 근로민중에게는 경제적 자유와 정치적 평등 나아가 사회적 박애란 그야말로 '그림의 떡畵中之餠'일 뿐이다. 우선 현대 민주공화국(입헌군주국 포함)에서는 누구나 한 표를 행사하는 참정권이 마치 인간 간 평등을 의미하는 것처럼 보인다. 그러나 현대 국가에서 유권자 누구에게나 평등하게 선거권이 주어진다 하더라도, 근로민중이 선거 시기에 진보적이거나 변혁적인 정당과 후보에게 선거권을 행사하기 어려운 한계가 자본주의로 인해 발생하는 것이다. 우리가 볼 때 자본주의는 모든 사람들을 파편화, 궁핍화, 나아가 부차화시키는 문화적 역할을 수행한다.

노동자·민중이 이러한 자본주의 '덫'에 걸리게 되면, 그들은 우선 개인주의를 앞세워 파편화되고 분열됨으로써, 노동조합에 참여하는 등 어떤 집단주의 가치를 추구하는 행동이 어려워진다. 그런 파편화 내지 개별화는 결국 자신의 경제적 처지를 지속적으로 곤궁에 빠뜨리는 결과를 초래할 수밖에 없다. 자본가계급은 개인이 단결한 결과인 노동조합이 요구하는 교섭과 이것이 관철되지 않을 때의 파업을 두려워하지, 노동조합이 아닌 노동자가 요구하는 임금 인상이든 노동조건 개선 등은 단지 불만으로만 치부하고 어떠한 반응도 보이지 않으며 정리 해고의 당사자로 추락시킨다. 신자유주의 하에서는 심지어 노동조합의 어떤 유형의 투쟁에도 꿈쩍하지 않는 기업들이 점점 늘어나고 있다. 심지어 한국에서는 공무원, 교사 등 공공 부문의 노동조합을 인정하지 않으려고 정부가 노조 신고서를 반려하거나 징계 경고를 하는 등 반민주적 행태, 반역사적 문화가 벌어지고 있다.

노동자의 파편화 과정의 결과로 노동자들은 정치적 평등을 달성하기 위해 자신의 표로 의사를 표시하는 민주적 과정을 중요하지 않게 여기게 된다. 노동자들의 이런 비정치적인 문화는 그들이 집단적 경험을 누적시켜 권력을 무너뜨릴 수 있는 단결과 연대를 회피하게 되는 결과를 초래하는 것이다. 이것은 흔히 자본주의가 민주주의에 반하여 근로민중에게 작용하는 반사회적 문화인 '소외'라는 현상으로 표현된다. 그러나 민주주의에 반하는 자본주의의 문화는 여기에서 멈추지 않는다. 자본주의는 노동자·민중에 대한 착취로 궁핍화의 주범이 된다. 인간의 궁핍화 과정은 정치적 평등이라는 가치를 경제적 처지에 비추어 부차화시킴으로써 정치적 민주주의라는 가치를 상대적으로 저하시키는 결과를 초래한다. 이것이 자본주의가 누구에게나 영향을 미치게 되는 문화의 모습이다. 자본주의의 소외와 착취는 사회의 위력 있는 현상으로 작동함으로써, 개인들로 하여금 지금 당장의 '빵 하나'에 대한 걱정을 훗날의 '빵 두 개'가 되는 정치적 결정보다 더욱 중요하게 만들고 있는 것이다.

노동자·민중이 정치적 평등을 얻기 위해 가장 절박한 자유는 바로 경제적 자유이다. 국민 가운데 절대다수를 차지하는 근로민중에게는 생존을 위해 자신의 노동력을 자본가(사용자)에게 팔 자유밖에 없다. 근로민중은 지금 신자유주의의 질곡으로 인해 그나마 누렸던 노동력 판매의 자유도 더 이상 누릴 수 없는 비정규직과 실업의 처지에 몰려 있다. 국가가 자본가계급과 대등하거나 그것보다 우위의 권력을 누렸던 국가독점자본주의에서는 근로민중의 경제적 자유가 어느 정도 보장되었다고 할 수 있다. 이와 같은 추론이 가능한 것은 경제적 자유의 핵심인 노동3권을 자본보다 먼저 국가가 인정할 수밖에 없기 때문이다. 그러나 국가가 독점자본(초국적 자본)보다 열위의 지위로 전락하는 신자유주의에서는 독점자본은 말할 것도 없고 거의 모든 자본이 지배하는 현장에서 근로민중의 궁극적 자유인 생존권은 위기에 몰려 있다.

'민중의 민주주의'는 인간의 가치를 수호하며 발전시키는 민주주의이다. 이 민주주의는 박애의 정신을 높이 산다. 최근 이혼과 자살 사건의 증대, 총기 난사 사고의 성행, 성폭행 사건의 난무 등 비인간적인 사고의 근저에는 생명에 대한 박애보다는 물질과 탐욕의 세계를 추구하는 자본주의가 있다. 자본주의사회의 인명 경시 풍조는 생명의 에너지 창출인 노동력이 경시되는 것과 불가분의 관계가 있다. 인간의 노동력이 무시되는 사회의 '어두운' 문화는 노동하지 않고도 얻을 수 있는 소득이 오히려 대우를 받는 사회, 그래서 자본가계급을 위시하여 불로소득을 추구하는 기회주의자를 양산하는 사회를 지향할 뿐이다. 인간의 노동력이 중시되는 사회는 누구도 소외되지 않으며 자신의 노동력이 진정으로 대우를 받는 착취 없는 박애 문화를 창출한다. 이처럼 인간 누구에게도 소외가 없고 착취가 없는 사회는 어떤 이상 사회가 아니라 자본주의사회의 폐기로부터 찾아오는 현실의 사회이다.

인본 가치의 중시는 집 없는 사람들의 구제, 개인 파산자의 신용 회복, 사형 제도의 폐지, 양심적 병역 거부 인정 등의 최근의 현상들과도 궤를 같이한다. 최근의 경제 위기로 미국에는 빚을 갚지 못해 집을 잃고 임시 거처를 전전하는 '떠돌이' 가족이 늘고 있다는 보도가 있다. 전미가족홈리스센터는 미국 어린이 150만 명이 '집 없는' 상태에 있다는 조사 결과를 발표한 바 있다. 한국에서는 현재 실업으로 인해 개인이 파산하는 경우가 점차 늘고 있는 추세이다. 또한 한국에서는 최근 사형 제도의 폐지가 적극 논의되고 있다. 사형을 당할 위치에 있는 사람들은 거의 대부분 살인을 저지른 경우이다. 살인은 사회의 폭력 문화에 노출되어 선과 악에 대한 분별이 모호한 상태에서 벌어지는 사건이다. 이처럼 사회의 폭력 속에 괴물로 길러진 인간을 사회가 사형 제도를 만들어 처단하는 것은 사회 자체가 범죄를 발생시키고 막지 못한 윤리적인 문제를 제기한다. 사법부는 양심적 병역 거부자에게 유죄를 선고하지만, 사실 죄는 강제 징병제를 폐지하지 않은 국가에 있는 것이다. 검찰은 어떤 이유에서든 병역을 거부한 사람들에게 개인의 양심을 존중하여 불기소 결정을 내려야 한다.

제 5 장

결론

1. 한국 사회의 변혁을 위한 조직 과제

우리는 지금까지 당대의 자본주의사회가 직면하는 근본적 문제점을 짚어 보고 이의 완화나 해결을 위한 사회의 변화를 다양하게 모색했다. 이 변화는 자본주의의 최근 국면인 신자유주의의 대안을 찾는 과정으로서, 지금처럼 자유주의 권력을 유지하는 개량이 아니라 이를 폐기하는 근로민중의 민주적 권력을 창출하는 것만이 유일한 해결 방안으로 제시하였다. 우리는 이와 더불어 그런 민주주의 권력을 한국에서 쟁취하기 위한 이른바 '이행기 대안'으로서 이명박 정권이 기본적으로 실패하고 있는 다섯 가지 영역에서 진보적 방안들을 검토했다. 이제 그런 이행기 대안을 지금의 이명박 정권하에서, 보다 기본적으로는 일반적인 자유주의 권력하에서 실천하기 위해 노동자계급을 위시한 근로민중을 어떻게 조직하는 것이 가장 바람직한가를 마지막으로 제시할 차례이다.

243

우선 이를 위해 근로민중은 이명박 정권과 같이 자본주의 국가 사회에서 선거 민주주의에 의해 당선된 권력은 예외 없이 자본주의를 추종하는 보수 정권이라는 점을 반드시 확인할 필요가 있다. 그런 점은 한국의 60여년 역사에서도 변함없는 진리이다. 그런데 보수주의자들은 요즈음 언론들이 자본주의 국가의 운영에 관한 그들 간 사소한 차이를 확인하기 위해 쓰고 있는 '좌파'와 '우파'로 갈라진다. 그래서 지난 노무현 정권은 중도좌파(개혁파)라고 불린 반면, 지금의 이명박 정권은 중도우파(수구파)로 지칭되고 있다. 지금 거의 모든 언론이 언급하듯이, 지난 2007년 대통령 선거가 10년만에 권력을 좌파에서 우파로 이동시키는 이변을 낳았다. 어떤 국가 사회에서든 권력의 교체가 굳이 이변이라면 '이변'이랄 수 있다. 그러나 언론을 위시해 아무도 그런 이변을 '변혁'이라고 부르지는 않는다. 왜냐하면 그런 이변이 정치적 체제를 바꾸고 경제적 질서를 바꾸는 이른바 변혁에 해당될 정도로 사회에 평지풍파를 일으킨 것이 아니기 때문이다. 그래서 2007년 권력의 변화는 단지 자본주의를 옹호하는 보수 세력간 교체일 뿐 자본주의를 반대하는 진보 세력이 보수 세력을 교체하는 그런 유형의 변화는 아니다. 그래서 2007년 '대한민국'의 국민은 모두가 '자랑스런' 자본주의의 일꾼들인 것이다.

자본주의 권력의 좌파에서 우파로의 이동 혹은 그것의 역이동은 역사로부터 알 수 있듯이, 시간이나 시기가 문제이지 어떤 국가에서든 얼마든지 일어날 수 있는 사건이다. 왜냐하면 그들은 모두 현실 자본주의사회의 급격한 변화를 부정하는 동일한 입장에 있기 때문이고, 이것보다 더욱 중요하게는 그러한 보수 권력의 이동으로 인해 일반 대중의 사회생활이란 것이 달라질 게 거의 없기 때문이다. 이것은 그들의 철학 — 철학이라도 있는지 모르지만 — 이나 이론, 나아가 정책이 크게 보아 거의 동일한 기조를 유지하는 데 원인이 있다. 여기에 언론들이 가세해 굳이 좌파와 우파로 구분해서는 보수 정파간 '조그만' 차이를 마치 '큰' 차이처럼 조작해 대중에게 선전하는 데에는 언론 자체의 고충은 물론 음모가 분명히 내재해 있다. 언론도 '자본'으로서의 속성을 버리지 못하는 사익 추구 기업으로서 서로간 경쟁으로 인해 독자나 애청자 대중과 다른 산업자본의 관심을 끌어 광고 수입을 올려 자체 자본의 이윤 획득은 물론 그것의 축적이 반드시 필요하기 때문이다. 그래서 산업자본인 언론은 지금의 자본주의를 유지해야 하기 때문에, 특히 선거제도의 유지가 필요하기 때문에, 보수 정당간 차이를 확대하거나 과장해 대중의 정치적 관심을 촉발해 선거제도를 활성화시키는 것 역시 필요하기 때문이기도 하다.

이처럼 보수주의의 한계를 벗어나지 못하는 언론은 자신들의 자유주의 가치관으로는 정립하기 힘든 좌파·우파의 정의를 넘어, 이제는 한국의 정치 현실을 이념적인 보수와 진보로 재단하는 일에까지 감히 손을 대고 있다. 언론은 이념을 대중의 결정에 맡겨 예컨대, 현재 국회에 의석을 갖고 있는 민주노동당과 진보신당을 이른바 '진보 정당'으로 간주한다. 국회에 의석을 가져야만 진보 정당으로 등재될 수 있으며 기사 대상으로 자격을 갖게 된다는 것은 언론이 예를 들어 국회에 의석이 없는 사회당이나 아예 선거 민주주의를 거부하는 변혁 정당은 정당으로 취급하지 않겠다는 것으로서, 이는 위에서 언급한 언론의 정치적 음모에 해당되는 폭거가 아닐 수 없다. 그런 정치적 음모의 한계를 인식하고 있는 이른바 '진보적' 언론인 『한겨레』와 『경향신문』도 종래 정당의 '정의'에 대한 반역사적 사고를 보이고 있을 뿐만 아니라 정당 활동에 대한 반정치적 공작을 현 정권과 다름없이 추구하고 있는 점에서 여타 보수 언론과 하등 다를 바 없다.

한국 언론이 갖는 역사적 및 정치적 한계 때문에, 언론이 보수와 진보를 가르는 기준은 결국 한국의 유권자 의식이라는 대중 추수적 논리 — 이것을 언론은 '민주주의 논리'라고 강변할 것이다 — 그 이상도 그 이하도 아니다. 언론의 이러한 대중 추수적 기준에 얽메이다 보면, 어떤 진보 정당도 보수 정당과 같은 형식적 논리에 재단되는 환원주의reductionism의 희생이 되는 것이다. 한국에서는 언론의 환원주의적 속성 때문에 이른바 대한민국이 설립된 지 60여년이 지났건만 국민 누구도 진보 정당의 진정한 가치를, 더욱 중요하게는 보수 정당과의 현격한 차이를 거의 깨닫지 못하고 있는 현실이다. 언론의 이러한 환원주의는 최근 성공하고 있다. 예를 들어 선거 시기 진보적인 가치는 필요없고 오로지 야권 연합 등 대중적 인기를 담보로 할 뿐인 사시社是에 따라 민주노동당 같은 과거의 진보정당을 보수 정당으로 '순치'시키는 효과를 얻기도 한다.

그런데 민주노동당은 자신의 이념적 입장을 언론이 가르쳐 준 대로 아직도 '진보'라고 믿고 있다. 그러나 이미 '야권 연합'에 포섭된 민주노동당을 근로민중이 진보 정당으로 여길 만한 근거가 없기 때문에, 민주노동당의 이념적 입장을 '중도주의' 정도로 파악하는 것이 그나마 최선이라고 본다. 민주노동당을 아무런 진보적 색깔도 없는 중도의 기회주의 정당으로 만들려는 언론과 보수 진영의 공작으로부터 벗어날 때 민주노동당은 진보 운동에 다시 회귀할 수 있다. 그러나 민주노동당 스스로도 무거운 진보를 벗어 던지고 가벼운 보수 대연합에 종속되어 만년 소수 정파로 잔존하려는 유혹을 떨쳐 버리긴 아마도 힘들 것이다.

대부분의 한국 언론을 지배하는 사상에서의 자유주의와 이념에서의 환원주의는 친자본적 보수 정파인 이명박 정권이 선호하는 바이기도 하다. 이명박 정권의 친자본적 성격은 그것이 자본주의의 최근 변화 국면인 신자유주의를 추종하는 권력임을 말해 준다. 이명박 권력은 국내외 초국적 자본의 노동 착취를 용인하는 것을 넘어, 이에 저항하는 노동자계급을 폭력으로 탄압하는 속성을 지난 두 해 동안 여지없이 발휘했다. 이로 인해 일반 대중에게는 민주적 선거에 의해 집권한 이명박 권력이 변절하여 소수의 자본가계급과 유착한 것으로 오해될 수도 있다. 대중의 이런 오해는 현 정권을 과거 김영삼 정권처럼 반민주적 공안 통치를 자행하는 권력으로 인식하게 함으로써 지난 2009년 4월 재·보선에서 한나라당은 참패하게 되었다.

이명박 정권의 선거 패배는 차기 대권을 노리는 박근혜 분파와의 알력과 내분 때문이기도 하지만, 국가 전체 차원에서는 이명박 정권의 경제 실패에, 특히 청년 실업의 문제와 함께 경제 위기와 사회 양극화의 심화로 대중의 전반적인 생활이 어려워진 데 더욱 직접적인 원인이 있다. 그러나 그런 정치경제적 실패는 근본적으로 민주주의 훈련이 덜 된 우파 권력의 친독재·친독점에 뿌리를 둔 신자유주의로부터 유래한다는 점이 강조되어야 할 것이다. 신자유주의 체제에서 수구적인 이명박 권력은 소수 독점자본의 비인간적이고 반노동자적 지배를 관철하는 일에 적극적으로 추종하는 독재 정부라는 사실을 근로민중은 깨달아야 할 것이다.

자본주의사회에서 노동자를 위시한 민중은 이른바 '피지배계급'으로 분류되어 왔다. 그러나 피지배적 지위에 있는 민중의 대부분은 현재의 사회를 긍정하면서도 동시에 부정하는 변증법적 모순을 보이고 있다. 만약 그들이 후자 쪽으로 더욱 기울어질 때 자본주의의 운명은 위태롭게 되었으며, 또한 이를 토대로 하는 국가마저 대중의 요구를 수용하지 못할 때 국가는 이윽고 '혁명'을 맞아 더욱 발전해 온 역사를 갖고 있다. 인류가 지금까지 겪은 역사를 볼 때, 자본주의 발전의 능동성은 물론 그것의 역동적인 진보성을 누구도 부정할 수 없을 것이다. (이런 역사의 발전을 부정했던 보수주의자 프란시스 후쿠야마(1992)도 나중에는 자신의 견해를 스스로 수정했다.) 그러나 그런 역사 발전의 동력은 창의적인 인간의 노동으로부터 나온다. 하지만 노동을 탄압하는 우파 정권인 이명박 권력은 설사 대중적인 인기를 누리고 있다 하더라도 역사의 변화 과정에서 곧 사라질 운명에 처할 것임은 자명하다. 이것은 물론 근로대중의 역사적 임무이기도 하다.

우리는 21세기 한국을 살아가는 근로대중이다. 우리는 그간 역사의 발전과 이것을 궁극적으로 담보하는 민중의 진전이 객관적으로 과연 양립하면서도 서로 통합될 수 있는 것인가에 대해 맑스처럼 '과학적인' 신뢰를 갖고 있다. 2009년 민중의 진전을 투쟁으로 알린 대표적 사례가 지난 새해를 맞은 지 얼마 안 된 국민을 경악케 하고 민중을 분노시킨 용산철거민학살사건이었다. 이 사건

에 대한 이명박 정권의 태도는 '철거민 책임, 경찰(국가) 무책임'
이다. 또한 지난해 쌍용자동차 정리 해고 노동자 투쟁에서도 '노
동자 책임, 자본 무책임'이라는 결론을 내렸다. 이에 근로대중은
민중 학살과 정리 해고의 — 현행법상으로 합법하다 하더라도 —
의 책임을 이명박 정권에게 물어야 함과 동시에 특히 학살 관련자
들을 전부 형사 처벌해야 하는 것이다. 그 이유는 학살이라는 만행
이 '최소한' 민주공화국이며 자유민주주의를 신봉하는 선진국이
라면 결코 발생할 수 없는 일이기 때문이다.

　용산철거민학살사태의 객관적 진실을 규명할 책임은 분명 이명
박 정권에게 있다. 하지만 그것이 지배계급인 독점재벌의 일이 아
니라 피지배계급인 근로민중의 일이기 때문에, 현 정권이 그것에
대해 책임진다는 일은 아예 관심사안도 아니고 염두에도 없는 일
이다. 이에 이명박 정권을 우리는 이제부터 반노동자적이고 반민
중적인 권력으로 간주하며, 이 정권은 결국 반민주적인 '파시즘'
을 내적 동인으로 하는 권력으로 규정한다. 파시즘fascism은 지난
세기 전반부에 서구 자본주의에서 유행한 이데올로기이다. 그것
은 독점금융자본의 가장 반동적이고, 가장 제국주의적인 요소가
적나라하게 드러났던 테러리즘 독재이다.

　파시즘 권력은 자본주의가 형식상 유지하는 민주주의나 의회주
의를 부정해 자신의 권력을 반헌정 질서로 유지하는 체제라는 점
에서는 이명박 정권과는 다소 차이가 있다. 그러나 이명박 정권은
파시즘 체제와 다름없이, 경제적으로는 평소 근로대중을 수탈하
고 경제 위기(공황) 시 그 부담을 대중에게 전가시키며, 정치적으
로는 근로대중이 과거에 집요한 투쟁을 통해 획득한 각종 민주적

249

권리를 폭력으로 박탈하고 무효화한다. 이에 한국의 민중은 지금 이야말로 의식 차원에서 단결해서는 조합 차원의 행동으로 연대하여 이명박 정권을 퇴진시키기 위한 계급투쟁을 조직해야 할 엄중한 시기임을 명심해야 할 것이다.

21세기 초 선거제도를 담보로 민주적 질서를 유린하는 '사실상' 독재 체제인 이명박 정권 하에서 한국의 근로민중은 향후 그의 임기 동안 탄압에 신음하고 착취에 한숨을 쉬게 될 것이다. 세계 중심부 선진국들도 신자유주의를 추종하고 있지만, 그 정권들은 재집권을 위해 '가급적' — 이것이 기만적일지라도 — 친노동자적이고 친인권적인 정치 통합의 국가 질서를 유지하려고 노력한다. 그러나 이들과는 정반대의 길을 가고 있는 이명박 정권은 향후 역사의 발전 경로에서, 지금의 정치 지형에서 '이상론' 혹은 '현실론'으로 불릴 수 있는 소멸론 가운데 하나를 맞이하게 될 것이다. 이명박 정권의 운명에 관한 이상론이란 노동자를 위시한 민중이 자본과 권력의 억압과 착취에 저항함으로 인해 이명박 권력이 중도에 퇴진(비상 교체)한다는 것이다. 또한 여기서 '현실론'이라 함은 반노동자적 폭력과 반인권적 탄압으로 민주주의가 실종된 것을 깨닫게 된 국민의 지속적인 항의와 결정적인 선거에 의해 다른 권력으로 교체(정상 교체)된다는 것이다.

그러나 정치적 민주주의 국가에서 '이상론'인 비상 교체는 결국 국가의 폭력과 대중의 희생을 요구할 것이다. 지난 세기 비상 교체가 이루어졌던 대중 혁명은 필연적으로 폭력과 희생을 치루었다. 그러나 민주주의와 인본주의를 추구하고 사회정의를 실현하고자 하는 진보주의(신사회주의) 입장에서는 그것들을 최소한으로 줄이는 전략과 전술이 반드시 필요하다. 이에 정치적 민주주의가 전통으로 수립되어 있는 한국에서, 대중은 일반적으로 '현실론'인 권력의 정상 교체 쪽에 무게를 실을 것으로 예상된다. 그렇다면 대중 일반의 '현실론'에 대한 집착과 선호를 어떻게 극복할수 있는가가 '이상론'을 추종하는 변혁적 좌파에게 주어져 있는과제가 될 것이다. 그러나 자본가계급의 독재인 보수 정치를 종결시키는 것을 당면의 목표로 하는 진보·변혁 진영에게 주워져 있는 우선적 과제는 이미 보수 진영과의 연합 등으로 개량주의 노선을 취하고 있는 과거 진보 진영인 민주노동당과의 연대를 어떻게하면 이루어 낼 수 있는가가 될 것이다.

한국 진보 진영에서 개량주의는 이미 제2인터내셔널 운동에서 수정주의revisionism를 취했던 사회민주주의 노선과 거의 동일한 유형으로 나타난다. 수정주의는 서구에서 정치적 민주주의를 통해 유의미한 득표력을 과시하면서, 선거를 통해 사회주의를 관철하고자 하는 이념이었다. 그러나 수정주의자들은 혁명적 좌파의 노선이 선거로 귀결되는 한 사회주의 달성은 거의 항상 실패로 귀결된다는 것을 곧 깨닫게 되었다. 역사적 수정주의와 비슷한 전철을 밟고 있는 한국의 개량주의는 선거를 추종함으로써 사회주의 변혁을 폐기할 수 밖에 없는 노선이기 때문에, 변혁적 좌파와 개량주의자들과의 통합은 불가능할 것이지만 선거에서의 연대는 가능할 것이다. 현재 한국의 합법 정치 지형에서 진보 진영이지만 개량주의 세력은 민주노동당이며, 선거에 임하지만 그래도 계급의 변혁적 '이상'을 유지하는 진영은 진보신당과 사회당이다. 그 외 선거를 거부하는 변혁적 좌파는 다양한 반半합법·비非합법 정당들이다. (정치세력들간 연대에 대해서는 다음 절에서 논할 것이다.)

　한국에서 근로대중의 이상을 실현하고자 하는 진보·변혁 진영이 어떻게 하면 자본주의를 극복 — 반대에만 그치지 않고 행동도 수반한다는 하는 의미에서 — 하여 21세기 신사회주의혁명으로의 희망을 실현시킬 수 있을까? 다시 말해, 생산력의 담지자인 근로민중이 노예와 같은 자본주의적 생산관계를 종결시키고 국가(상부구조)를 장악하는 혁명은 어떻게 가능할 것인가? 근로민중은 우선 권력을 장악하는 과정인 민주주의 투쟁에서의 승리와 그 후 사회의 기초를 국유나 공유의 생산양식으로 바꾸어 내는 변혁이 실현 가능한 접근인 것으로 일찍이 권고되어 왔다(K.Marx and Fridrich Engels, 1848). 이에 자본주의를 극복하여 사회주의혁명을 '올바르게' 정립하고자 한 좌파는 국가 사회의 경제적 토대를 상부구조보다 먼저 바꾸고자 하는 담론이 공상utopia임을 확인하였다. 혁명적 좌파는 『공산당 선언』(1848년) 이후 소련 등 동구권이 몰락하기까지 150년 가까이 사회변혁의 철학적 사상과 정치경제적 이념, 나아가 실천적 조직의 원칙을 정립해 왔다. 이에 우리는 현대 민주국가에서 근로대중의 사회변혁을 위한 조직과 행동의 원리를 아래와 같이 '최소한' 다섯 가지로 구분하여 정립하고자 한다. (이것은 물론 21세기 신사회주의를 달성하기 위한 원리이기도 하다. 신사회주의의 사상과 이념에 관해서는 김영규, 「자본주의의 새로운 대안 체제 구축을 위한 담론」, 『경상논집』 제24집 제1호, 2010년, 인하대학교를 참고하라.)

　첫째, 국가를 '급진적'으로 변혁시키는 유일한 기초는 근로대중의 자본주의 반대와 그것의 변혁을 위한 의식과 조직이다.

둘째, 근로대중은 독자적이고 민주적인 세력으로 정당을 조직할 때만이 자본주의의 '적대적인' 정치 세력(혁명당)으로 성장할 수 있다.

셋째, 혁명당은 공개적이든 비공개적이든 자본주의 변혁을 위한 모든 유형의 '대중·계급투쟁'을 정치적 수단으로 삼아 권력에 도전한다.

넷째, 전체 근로대중의 권익을 실천하는 혁명당은 자체의 단결과 다른 진보 정당과의 연대에 의해 국민의 전체 이익과 일치하게 될 때에 비로소 국가 '권력'을 획득할 수 있다.

다섯째, 근로대중의 권력을 대표하는 혁명당은 향후 21세기의 발전과 더불어 민주주의를 토대로 하는 사회주의는 물론 나아가 공산주의를 자신의 이념으로 삼아야 한다.

근로대중의 사회변혁을 목적으로 하는 조직과 행동으로 위의 다섯 가지를 넘어 더욱 많은 기본적인 활동 원칙들을 제기할 수도 있다. 그러나 한국의 정통 사회주의자들은 '적어도' 위의 다섯 가지 기본적인 원리에 동의할 수 있으리라고 본다. 우리는 이와 같은 조직적 원리를 전제로, 과거에 권력을 잡았던 것과 상관없이, 세계와 한국에서 변혁 세력으로 규정되었던 혁명당 — 『공산당 선언』에 따르면 '반대당' — 들을 비판할 수 있다.

우선, 과거 소련과 동구권에서 권력을 장악했던 공산당을 보면, 레닌이 성공시킬 당시의 러시아혁명은 위의 넷째만 빼고는 모든 원리가 통용된 성공한 좌파 혁명이었다. 그러나 당시 러시아에서는 혁명에 반대한 멘셰비키Mensheviki를 빼고는 다른 유형의 진보 정당이 거의 없어 국민의 전체 이익, 즉 민주주의를 가늠할 수 없었기 때문에 넷째 원리는 크게 문제 삼을 일이 되지 못했다. 그 후 스탈린주의는 소련공산당을 당시 제국주의에 대항하는 국제적 성격의 '혁명당'으로 규정했는데, 이때 소련공산당 정권은 다른 나라들에 위의 변혁적 원리를 실천하도록 독려했어야 함에도 불구하고 사실상 위의 다섯 가지를 제대로 지키지 못한 '좌파 아닌 좌파' 정권이었다고 평가된다. (Cyril Smith, 1996; Alec Nove, 1983 등을 참고하라.)

또한 중국의 공산당은 혁명 초기에 다섯 가지 원리를 모두 존중했던 좌파 정당으로 여겨진다(Hu Sheng ed., 1994). 지금은 위의 다섯 가지가 대체로 이완된 형태로 권력을 유지하고 있으나, 특히 넷째 및 다섯째 원리는 공산당이 당원의 확대와 민주 집중제의 보강에 의해 강화하고 있는 것으로 파악된다. 북한은 중국과 마찬가지로 혁명 당시 위의 다섯 가지 원리를 기조로 하는 좌파 정당이 지금까지 지배하고 있으나, 최근에는 위의 넷째 및 다섯째는 제대로 준수되고 있지 않은 국가로 비판받고 있다.

사회주의혁명에 성공했던 국가들에서는 지금 '혁명적' 근로대중이 '반대당'을 결성하기 어려운 상황이므로, 위의 다섯 가지 철칙을 그런 나라에 적용하는 것에는 무리가 따른다. 그러한 국가들은 스스로 더 이상의 혁명이 필요 없다고 주장할지 모르는 '보수주의'가 유행하고 있다. 따라서 위의 변혁적 원리는 21세기에 새로이 변혁을 추구하는 한국 등 모든 국가의 정당들에게 적용되는 규범으로 이해하는 것이 올바르다.

2. 한국의 진보·변혁 세력의 단합과 연대

이제 위의 변혁적 조직 원리를 토대로 하여, 한국의 정치 지형에서 그리고 경제체제에서 이른바 '혁명당'에 준하는 역할을 수행해 온 좌파 운동의 역사는 물론 그것의 성과와 함께 한계를 마지막으로 짚어 볼 차례이다. 여기에서는 우선 당연히 '한계'에 집중하여 대한민국이라는 국가가 수립된 지 60여년이라는 세월 동안 아직까지도 앞에서 논한 혁명당에 버금가는 수준의 '좌파 대중 정당' 하나도 건설하지 못한 이유가 어디있는가를 규명할 것이다. 향후 그런 혁명당을 건설하고 발전시키기 위해서는, 진보적 좌파에 속한 정치 세력들이 사명을 통감해 상호 단결하고 연대하는 것이야 말로 제일의 수순이다. 결국 한국의 혁명당이 목표로 하는 바는 현재 정치를 독점하고 있는 보수 정당들의 권력을 약화시켜 종국에는 진보적 정치권력을 한국에서 나아가 한반도(통일국가)에서 건설하는 데 있다.

그런 엄중한 과제를 올바르게 수행하기 위해서는 '적어도' 좌파 진영에서 상시 쓰고 있고 이 책에서도 사용하고 있는 '용어들'을 정리할 필요가 있다. 이 점은 특히 대중에게 영향력이 큰 언론이 역사를 무시하고 과학을 도외시한 채 마구잡이로 써 온 관례 때문에 대중을 위해 부득이하게 밝게 되는 잉여적 수순이 아닐 수 없다. 우선 한국과 같은 자본주의사회에서의 '보수와 진보' 간의 구별이다. 특히 보수주의와 진보주의로까지 일컬어지는 용어의 의미를 헤아리자면, 전자가 현대 선진사회의 지배적 원리인 자본주의(경제)와 자유주의(정치)를 지지하는 입장이라면 후자는 위의 사회적 지배 원칙들을 반대하는 입장이다. 우리는 보수와 진보를 구분함에 있어 정치경제적 기준만을 적용하는 '단순사회 모형'을 가정했지만, 이 양자를 우리와는 다르게 정의할 수 있고, 또한 그들의 중간에 있을 제3의 유형도 얼마든지 규정할 수 있다는 점을 아울러 밝혀 둔다.

보수와 진보의 구분에 이어, 앞에서도 여러 차례 인용했던 '개혁과 수구'의 차이를 밝힐 차례이다. 언론이 사용하는 상식적 수준에서는, 수구라는 개념은 보수와 거의 같은 의미로 오해될 수 있는 한편, 개혁은 마치 진보를 의미하는 것처럼 오용되어 왔다. 그러나 개혁과 수구라는 구분은 보수와 진보라는 구분과는 다르다. 후자가 일차적 내지는 기본적 기분이라면 전자는 이차적 내지 파생적 기준으로 우리는 이해한다. 단순히 이야기하자면, 보수와 진보가 거시적 구분이라면, 개혁과 수구는 미시적 구분이라고 부를 수 있다. 그래서 이 기준을 한국의 정치 현실에 적용하자면, 수구파는 자본주의와 자유주의를 절대적으로 추종하는 세력이고 개혁파는 그런 가치들을 상대적으로 지지하는 세력이다. 우리가 이미 앞에서 한국의 정치를 '보수 정치'로 규정할 때 우리의 고민은 개혁파에게 있었다. 개혁파처럼 자본주의와 자유주의를 상대적으로 옹호하는 세력이란, 그런 가치들에 대해 평소 회의적이거나 반대하는 입장도 갖고 있는 정파라야 한다.

그러나 한국뿐만 아니라 세계의 정치는 지난 세기말부터 자본주의가 전일화된 세계에서 민주주의가 보편적 제도로 수용된 현실에서 작동되고 있다. 이런 현실에서 집권하고자 하는 정당은

'기본적으로' 자본주의를 지지해야 되지만, 다만 그것의 새로운 권력인 신자유주의를 어느 정도 수용할 것인가의 문제는 남는다. 그래서 세계 내 한 국가인 한국도 예외일 수 없기 때문에, 한국에서 보수 세력 가운데 진정한 의미의 개혁파란 찾기 힘들다. 그러나 우리는 이 책에서 지금의 보수 양당 체제에서 한 축인 민주당이 그야말로 '진정한' 개혁파가 되기를 희망하는 차원에서 그것을 개혁파 내지 보수 좌파로 부르기로 결정했던 것이다. 잠시 한국을 떠나 중심부 국가들을 보면, 미국, 영국, 프랑스, 독일 등에서 최근 집권한 세력은 신자유주의를 자신의 이데올로기로 삼는 우파 정당들이다. 자유 시장경제의 불안과 위기는 일반 대중들로 하여금 자본의 신자유주의 권력을 추종할 수밖에 없는 정치환경을 만들고 있다. 그러나 지금 신자유주의에 반대하는 좌파 세력들이 벌이고 있는 투쟁이 지구촌에서 일반적으로 '자본주의 반대' 운동으로 불리어지고 있다(Callinicos, 2003). 이 운동에는 자본주의에 회의적인 개혁파도 포함시켜 광의로 조직하고자 하지만 우리는 보수 개혁파는 제외시킨 '순수한' 자본주의 반대 운동을 21세기의 대표적인 진보적 운동으로 간주하며, 이것을 이 책에서는 진보 좌파라고 부르기로 한다. 또한 이 책에서 진보 세력 가운데 정치제도는 물론 자유 시장 경제의 자본주의 체제를 전면 반대하는 비합·반합세력을 변혁 좌파로 분류한다.

마지막으로 '좌파와 우파'의 차이를 짚어 보도록 하자. 좌파는 '기본적으로' 진보 세력이다. 그것은 역사적으로 그리고 거시적으로 볼 때 인류 사회에 존재해 온 '비인간적인' 정치·경제·사회·문화 등 관련 체제를 반대해 온 입장이다(Eley, 2008). 좌파의 과학적인 운동은 이미 앞에서 거론한 대로 맑스의 공산주의 운동을 시발로 봐야 할 것이다(Marx, 1848). 인류의 역사에서 지금까지 좌파야말로 독재 정권에 반대하는 반정부 민주주의 활동에서부터, 자본주의와 자유주의를 반대하는 사회주의·공산주의 활동까지, 이것보다 근본적으로는 인간 사회에 존재하는 권력인 국가나 정부 자체를 반대하는 아나키즘(무정부주의)과 생디칼리슴에 이르기까지 다양한 형태로 존재하고 발전되어 왔다. 여기서의 주제와 관련해 좌파란 두 가지 유형으로 구분된다. 하나는 조금 전에 거론했듯이 민주당 같이 이명박 수구·독재 정권에 반대하는 보수 좌파이고, 다른 하나는 자본주의를 반대하고 사회주의를 지향하는 사회당 같은 진보 좌파이다. 우리는 이상의 기준에 따라 이 책의 「결론」을 마무리 지을 것이다.

한국에서 일제시대 조선공산당 이후 현대적 의미의 진보 좌파 세력은 이승만 민간 독재와 박정희 군사 독재 기간 내내 사형, 고문, 구속 등 혹독한 폭력과 무자비한 탄압 하에 있었다. 좌파에 대한 이런 비인간적이고 폭력적인 억압 상황하에서, 노동자, 농민, 지식인, 학생 등이 동원된 좌파 운동에서는 군사 독재 반대와 민주주의 쟁취가 주류를 이루는 반정부 운동이었다. 그 후 좌파 운동이 공개적인 대중운동으로 발전한 계기는 1987년 전두환 독재 말기 시민 항쟁과 노동자 대투쟁으로 불리는 민주노조 건설 투쟁이 본격화되면서부터이다.

신자유주의의 세계화가 한국까지 퍼졌던 1990년대 10년간은 사회 전반의 민주화 운동과 함께 좌파의 정치적 투쟁의 개화기라 할 수 있다. 좌파 정치는 당시 보수 수구 노선인 김영삼과 한나라당을 지지하는 재계, 언론계, 관료계, 종교계, 학자 등 우파 세력들을 위축시켰다. 이것은 당시 보수 좌파에게 권력으로의 활력을 개척하는 계기가 됨으로써 1997년 선거에서 마침내 우파 진영으로부터 권력을 넘겨받는 한편, 권력 승계에 실패한 우파 세력은 야당으로 '음지'에서 반격할 준비를 하게 되었다. 진보 좌파 세력은 한편으로는 노동자, 농민, 철거민, 노점상, 여성, 청년·학생, 지식인 등 근로대중의 조직 및 투쟁과 결합하는 등 공개적 또는 비공개적 활동을 수행하면서 정치적 영향력을 확대해 나갔다. 다른 한편으로 그들은 보수 좌파 권력이 '보수 동료'인 우파 내지 신우파와 경쟁하고 타협하는 것을 정치 제도권 밖에서 지켜볼 수밖에 없었으며, 더구나 독재의 유산이 정리 안 된 미진한 민주주의 하에서 자본과 정권의 집요한 탄압도 동시에 받았다.

당시 진보 좌파 세력의 변혁 이데올로기는 민족해방민중민주주의NLPDR로 규정될 수 있으나, 대체로 민족통일을 중심에 두는 민족해방파와 근로대중의 해방을 중심에 두는 노동해방파로 나뉘어 있었다. 진보적 좌파 운동이 성숙되어 그것의 정차적 분열이 만개하던 이 시기에 전국노동조합협의회(전노협)를 계승한 전국민주노동조합총연맹(민주노총)이 1994년에 전국적인 조직으로 결성되면서 자본 및 권력과의 비타협적이고 전투적인 투쟁을 수행하기에 이른다. 그 후 공무원, 교사, 언론 등의 노동조합이 결성되어 민주노총에 가입하면서부터 한국의 노동운동은 크게 성장하였다. 좌파 운동은 이와 동시에 철거민, 노점상, 여성, 지식인, 청년, 대학생 등의 단체를 차례로 건설하면서 반정부 운동은 물론 반체제 전선을 확대하였다. 1993년에 시작된 김영삼 집권 시기는 사실상 거의 모든 민중 단체가 건설된 시기였으며, 이에 대한 김영삼 정권의 강경한 탄압에도 불구하고 진보적 좌파 진영은 이념의 정립과 함께 강령과 조직을 정비해 나갔다. 그러나 김영삼 정권은 1996년 말에 안기부법과 노동관계법을 개악하여 민주주의와 인권의 탄압을 강화하는 한편, 정리 해고제의 전면 도입을 시도함으로써 사상 처음으로 민주노총의 총파업투쟁이 일어났다.

1996년 말에 터진 민주노총의 총파업은 노동자 대투쟁 이후 10년 만에 이룩한 쾌거였고, 한국의 정치 지형에 노동자·민중이 마침내 시민권을 갖고 자본과 권력에 대항하는 독자적 정치 세력으로 등장하는 계기를 만들었다. 그러나 총파업은 1997년 초 이른바 문민정부와의 '타협'으로 한달 만에 종료되면서 전체 노동자계급의 당초 요구인 정리 해고제의 전면 폐지는 사실상 관철하지 못했다. 그 타협안의 골자인 노동자의 정리 해고제 도입을 2년 후로 미룬 것 등을 두고 민주노총의 역량상 성공한 파업으로 보는 견해도 있었지만, 당시 총파업 투쟁을 엄호하던 진보 좌파 진영은 결코 그것에 동의하지 않았다.

그 해 민주노총은 비타협주의에서 개량주의로 선회하여 전국적으로 '민주개혁시민운동'을 주도하였다. 이 운동에 진보 진영에서 온건한 '개혁파'가 동참하기도 했다. 이는 민주노총의 조직 외연 확대 사업이기도 하지만, 이제 민주노총이 자본 및 권력과 타협 가능한 정치적 대중조직이 되겠다는 신호이기도 했다. 그 후 대부분의 진보적 좌파 세력과 결합한 민주노총은 12월 대통령 선거에 '국민승리21'이란 조직으로 자신의 후보를 출마시켰다. 대선이 끝난 후 정치적 민주주의의 확대 — 이것은 물론 보수 세력의 결단이지만 여기에 청년진보당의 투쟁이 끼친 영향은 지대하다 — 로 합법 공간이 확보되면서, 민주노총은 각계 민중을 규합하는 정당 건설로 가는 길을 걷게 된다. 그러나 민주노총은 그 조직에서 민족 해방파(이른바 주체사상파)가 우세한 가운데, 민족의 분단을 극복 하고 노동의 권익을 확보하는 진보적 개혁을 기조로 하는 온건한 주장이 주류를 이루어 오늘날 보는 바와 같은 민주노동당을 2000 년에 건설하는 주된 동력이 되었다.

2000년 진보적 좌파 가운데 변혁 진영은 민주노동당 건설에 참 가하지 않았다. 맑스주의의 전통에 따라 분명히 '자본주의 반대' 라는 이념을 기조로 하는 점에서, 이것보다 더욱 핵심적으로는 '사회주의' 나아가 공산주의를 전망으로 하는 점에서, 자본과 권 력과는 비타협적이고 전투적인 적대적 관계로 노동 해방을 달성 하고자 하는 이념인 민중 민주주의 운동을 전개해야 한다는 급진 적이고 강경한 주장이 변혁적 좌파 세력에서 주류를 이루었기 때 문이다. 이런 좌파 집단 가운데 선도적 세력이 민주노동당보다 일 찍이 1998년에 청년진보당을 건설하였다. 그러나 당시 변혁 세력 가운데 합법 정당 운동으로는 서구의 수정주의처럼 제도화, 개량 화되어 결국 변혁에 실패할 것으로 믿거나(비합) 우려한(반합) 진 영은 청년진보당에 참여하지 않았다. 그 후 청년진보당은 변혁 진 영의 예상과 다르게 민중 민주주의 강령과 체제에 적대적인 공약 을 걸고 서울 및 인천을 중심으로 2000년 총선 투쟁에 임했지만 패배할 수밖에 없었다. 청년진보당과는 달리 민주노총의 절대적 지원하에 개량주의 노선을 취한 민주노동당은 두 차례의 대선 투 쟁에서 실패한 후 2004년에 국회의원 10명을 배출하는 성과를 거두었다. 그러나 민주노동당은 변혁적 좌파 이념 가운데 통일운동을 견지했지만, 그 운동의 보수적 노선인 종북주의從北主義를 견지했으며, 또한 제도권 진출에 성공한 좌파 세력이라는 지위를 악용하는 반민주적인 패권주의에 경도되었다. 민주노동당은 개량주의로 수정함으로써 대중정당으로의 입지에 성공했지만, 종북주의와 패권주의의 오류를 시정하지 않음으로써 이 정당으로부터 2008년에 일부 세력이 분리하여 진보신당을 창당했다. 이명박 정권이 들어선 후 실시된 2008년의 총선에서 민주노동당은 5석을 얻었고, 진보신당은 국회 진출에 성공하지 못했다. 그 후 진보신당은 2009년 4월 노동자 도시 울산에서 실시된 바 있는 보궐선거에서 민주노동당 후보의 양보로 국회에 진출하게 되었다.

한국에서 좌파 변혁 세력인 반합법·비합법 정당들을 뺀 채 진보적인 합법 정당들을 중심으로 최근의 변혁 운동사를 위에서 처럼 간단히 요약하는 것 자체가 무리일지 모른다. 한국의 변혁 운동에서 민주노동당과는 달리 선거에서 당선자를 내지는 못했으나, 2002년에 '사회주의' 정당임을 선언하면서 대통령 선거에 출마했던 청년진보당의 후신인 '사회당'을 주목할 필요가 있다. 당시 사회당은 대중 일반에게 '새로운' 사회주의(신사회주의)의 이념과 가치를 직접 전달하기 위한 수단으로 합법 정당으로 변신했다. 당시 사회당은 좌파 운동권에서는 유일하게 진보적인 대중 정당으로 간주되던 민주노동당과의 차이를 분명히 하여 한국의 '변혁' 좌파 운동을 합법 공간에서 수행하는 정당으로 출사표를 던졌다.

또한 사회당은 당명을 바꾸면서 전통적인 진보 정당의 주장인 '자본주의 반대' 외에 '조선로동당 반대'를 선언하였다. 이것은 우선 사회당을 비롯한 남한의 독자적 사회주의 횡보가 '북한식'의 20세기 구舊사회주의가 아니라는 것을 대내외에 밝히는 데 목적이 있었다. 북한은 크게 두 가지 점에서 '새로운' 사회주의 체제와는 거리가 멀다. 하나는 그것의 최대 강령이 사회주의를 추종한다 해도 그것은 이미 전통에서 벗어난 '낡은' 스탈린주의 내지 '공산당 지도' 사회주의를 추종한다는 점이다. 다른 하나는 조선로동당은 정통 사회주의의 기조적 가치인 민주주의, 사회정의, 노동자계급의 역사적 임무 등의 실현을 도외시한 채 당 독재를 강행하고 있다는 점이다. 한마디로 북한식 사회주의는 정통 사회주의 변혁에서 일탈한 체제이며 정치 사회의 민주 집중제를 생략한 채 노동자계급의 임무를 왜곡시킨 반半봉건적 주체사상을 도입한 체제이다. 남한 사회주의 담론에서는 북한이 정통 노선이 아니라 단지 사회주의 양식을 '형식상' 모방하는 권위주의 체제라는 것이 이미 오래 전부터 확인된 바 있었다.

2002년 대통령 선거에서 자본주의를 폐기하는 '키워드'로 등장했던 "돈 세상을 뒤엎어라"는 구호에서 알 수 있듯이, 사회당은 민주노동당처럼 선거 민주주의에만 역량을 집중하는 개량주의 진보 정당이라기보다는 노동자 등 민중의 대중투쟁을 통한 정권 교체를 궁극적 목표로 하는 민중 민주주의 변혁 정당임을 선언하였다. 사회당은 평소에는 물론이고 대통령 선거에서도 정부와 언론이 선전하는 자유주의와 개량주의에 가려 대중의 '정당한' 지지를 받지 못했지만, 일반 대중에게 새로운 사회주의 지지를 '공개적'이고 '평화적'으로 호소한 사건은 남한에서 변혁적 좌파 운동의 활로를 개척한 역사적 사건으로 기록되어야 한다.

사회당의 출현으로 당시 김대중 보수 권력이 얻었던 이점은 노동에 대한 엄중한 착취와 탄압을 자행하고 있었음에도 불구하고 자신들이 우파와는 달리 변혁 운동에도 민주주의를 확대한다는 식으로 가장假裝할 수 있었다는 점이다. 또한 민주노동당 등 개량주의를 추구하는 진보 세력이 급진주의 사회당의 출현으로 얻었던 이점은 그간 민주주의 투쟁 등에서 보인 자신들의 행보가 마치 급진적으로 비친 것은 오해이며 자신들의 목표가 궁극적으로는 자본주의의 변혁이 아니라 개혁에 있었다는 점을 각종 선거에서 확인해 남한에서 좌우파의 중도주의를 표방하는 대중정당으로 성장할 수 있는 토대를 마련했다는 점이다. 이 점은 민주노동당이 진보 좌파이기를 포기하고 보수 야권과의 선거 연합을 마치 '자연스러운' 정치 현상으로 간주하는 것으로부터 본질이 폭로되는 것이다.

사회당 이외의 변혁적 좌파 세력들은 2002년 대통령 선거 당시 반半합법·비非합법의 원칙을 준수해 합법적 선거에 투신한 사회당과의 연대를 거부하거나 침묵으로 일관하였다. 그 결과, 그들은 자신들과 연대하고 있었던 민주노총, 전농 등 단체들이 지지하는 민주노동당을 직접 또는 간접으로 엄호하는 부차적 역할을 수행하는 데 그쳤다.

또한 당시부터 지금까지 여타 변혁 운동 진영은 자신들의 정체성을 신자유주의 반대 나아가 자본주의 반대에 두지만, 이것을 일반 대중의 투쟁과 공개적으로 그리고 전국적으로 결합하여 그것을 정치적으로 지도해야 하는 임무를 회피해 그 세력이 점차 왜소화 됨으로써 독자적으로 유의미한 변혁의 경로와 대중 동원의 역사를 만들지 못하고 있다.

당시 사회당이 이 책의 2장에서 제시했던 한국을 비롯한 자본주의사회의 근본적 문제를 제시했던 이유는 변혁 운동의 방향을 이제는 획기적으로 재고해야 된다는 점을 강조하기 위한 것이었다. 다시 말해, 요즘 진보 운동권에서 진보 정치의 '재구성'이란 담론이 부상하지만, 진보의 재고 이전에 근본적으로 민중 민주주의, 나아가 사회주의 변혁 운동의 과제를 확정해야 한다는 점을 강조했던 것이다. 이에 사회당은 사회주의의 '다섯 가지' 얼굴이란 테제로 향후 변혁 운동의 핵심 과제를 제기하였다. 그것들은 신자유주의의 억압과 소외의 반대, 독점자본의 자연 파괴와 오염의 반대, 현대의 불평등 사회가 만드는 개인간 차별의 반대, 근로민중에 대한 착취의 반대, 민주주의에 반하는 국가 폭력의 반대이다. 이제, 변혁 좌파는 종래의 소극적인 자세에서 벗어나 이 다섯 가지 과제를 중심으로 하는 '혁명당', 즉 '좌파 대중 정당'의 건설에 동참할 수 있기를 바란다.

한국뿐만 아니라 세계의 거의 모든 국가에서 좌파의 변혁 운동은 일반 대중에게는 '인기 없는' 사회주의적 강령 내지 국가주의적 노선으로 알려져 왔다. 그런 대중 인기의 하락을 심화시키는 중심에는 국가의 권력 후퇴를 동반하는 신자유주의 이데올로기가 버티고 있다. 그러나 신자유주의는 '현대적' 개량주의 좌파들에 의해서도 '전면적' 수용이 거부되고 있다. 또한 신자유주의와 대립되는 케인즈주의는 자본주의 세계에 대한 헤게모니를 잡을 수 없는 국가주의적 한계를 가지고 있다. 이러한 점에서 볼 때, 신자유주의에 반대하는 계급투쟁을 실천하는 변혁적 좌파는 대중의 인기와는 관계없이 역사의 발전 법칙을 믿는 한, 향후 노동자계급 대중 혁명을 지도하는 세력으로 남아 있어야 한다. 다만, 여기서의 관건은 좌파 세력의 전통적 지지자로 간주되어 온 노동자계급이 자신의 정치적 의식을 최소한이라도 변혁적으로 바꿀 수 있는 대중투쟁을 어떻게 조직하는가가 될 것이다. 이를 위해서 변혁 세력은 사회당을 위시한 진보 세력과 내부적으로 단결해야 할 뿐만 아니라, 진보 노선에서 개량주의 노선으로 변질되고 있는 민주노동당이나 이것으로부터 분화된 진보신당과도 동맹을 맺어 각계 각급의 대중투쟁과 결합해야 할 것이다.

혁명적 좌파가 진보 세력과의 정치적 연대를 추진할 경우, 진보신당이 갈라지기 이전의 민주노동당이 북한과의 관계를 긍정적으로 주도함에 의해 '대중정당'으로 성장하게 된 과정을 자세히 추적할 필요가 있다. 민주노동당이 2004년에 국회에 진출하게 된 과정은 당시 보수 좌파가 깔아 놓은 민족주의 정치 지형과 깊은 관계가 있다. 김대중 정권이 2000년 '6·15 남북공동선언'으로 조성한 정치적 환경은 일반적으로 국민들의 반북 성향을 완화시켜 놓았다. 이로 인해 민주노동당은 남북통일에 관한 한 북한과 우호적인 정당으로 비쳐지면서 근로대중의 민족통일 염원에 부응하여 지지를 얻을 수 있었다. 또한 동서 냉전이 종식된 이후 남한 내 보수 우파도 북한과의 대립 국면을 조성하기보다는 민족주의적 감정에 역행하는 조치를 취하지 않았던 점도 국민들의 반북 성향을 완화시키는 데 일조했다. 당시 보수 양당이든 민주노동당이든 '형식상' 민족주의라는 대중 추수적 틀(포퓰리즘)을 유지했다는 점에서 동일한 입장을 갖고 있었던 셈이다. 이것은 조선로동당도 정권 유지를 위해 당시 민족주의를 표방하고 있었으며 그것은 이미 자본주의와의 대립을 포기했기 때문에 가능한 것이었다. 당시 한반도에서 남북 화해와 협력은 이미 기정사실로 굳어져 사회의 어떤 정치 세력도 국민의 지지를 얻기 위해 민족주의 성향을 띠고 있었다. 하지만 그러한 민족주의는 21세기 '올바른' 사회주의로 가기 위한 하나의 변혁적 과제가 아니란 점에서, 그리고 그것을 우파가 지지했다면 신자유주의를 한반도에 도입하기 위한 음모적 공세라는 점에서, 사회당을 위시한 진보·변혁 진영은 반대했다는 점을 첨언한다.

2008년 진보신당이 민주노동당으로부터 갈라져 나온 것은 '형식상' 민주노동당의 종북주의와 패권주의에 반대하는 이유였지만, 사실은 전자의 낙인으로 인해 이른바 '친북 좌파'라는 대중적 이미지를 탈각하고자 했던 것으로 평가된다. 보수 좌파와는 달리 북한과의 적대적 관계를 기조로 하는 이명박 우파 정권이 출현하자, 종북주의를 추구하는 민주노동당의 대중적 지지가 떨어질 것을 우려한 세력들이 탈당하여 '진보신당'을 창당한 측면이 있다. 진보신당은 이런 정치적 노선에 서게 되면서 '형식상' 사회당과 유사한 기조를 갖는 정당이 됨으로써 사회당 당원들을 일부 흡수하는 부수적 효과를 거두기도 했다. 물론 진보신당이 합법적 정치 공간에서 그간 갖게 된 대중적 지지 역시 사회당 당원들을 흡인하는 힘이 되었지만, 한국의 현 정세에서 볼 때 대중의 지지에 '종북주의'는 부차적이며 오히려 자본주의에 승복하는, 나아가 자본주의에 굴복하는, 자유주의적 본질이나 성향이 크게 좌우한다고 봐야 할 것이다.

그러나 진보신당은 지금까지 진보주의와 자유주의적 노선 및 운동을 절충하겠다고 공개적으로 언급한 적은 없다. 그러나 합법 정당이기 때문에 반드시 대중의 지지를 획득해야 된다는 선거주의는 과거 역사에서 알 수 있듯이 결국 '수정주의'라는 우경화의 길로 나아간다. 굳이 이런 정당들을 국민이 수용하는 온건하고 타협적인 '진보 정당'이라고 애써 규정한다 하더라도, 그들의 인적 구성이나 운동 성향을 볼 때 그것은 결코 변혁적 좌파가 될 수 없으며 개량주의적 맥락을 따를 위험이 항상 도사리고 있다. 한국에서 급진적이고 비타협적인 좌파 노선을 반半합법·비非합법의 정치조직과도 함께 실천하겠다는 사회당과 이들 정당들과는 분명히 거리가 있다.

한국의 진보적 좌파를 민주주의 실천에 따라 분류하면 급진 좌파와 온건 좌파로, 계급투쟁에 대한 태도에 따라 분류하면 비타협적 좌파와 타협적 좌파로 나눌 수 있다. 민주노동당과 진보신당은 이데올로기 차원에서는 각각 친통일이나 친노동이라는 진보적 성향을 갖고 있지만, 민주주의 투쟁에서는 온건하고 계급투쟁에서는 타협적인 좌파로 규정지을 수 있다. 사회당 역시 친통일과 친노동이긴 하지만, 사회당은 기존의 좌파 노선이 천착하지 못했던 사회주의 이데올로기, 또한 사회에서 가장 억압받는 민중과 연대하는 '인간주의적' 이데올로기를 바탕으로 사회의 급진적 민주화를 위해 비타협적 계급투쟁이 필요하다고 보는 변혁적 진보 정당이다. 선거 민주주의를 대중투쟁의 성과를 시험하는 절차로 보는 한에 있어서, 또한 아나키즘과 생디칼리슴처럼 폭력주의에 호소하지 않는 한에 있어서, 한국 좌파의 반합법·비합법 정당은 '적어도' 사회당과 연대할 수 있어야 한다.

여기서 지적하고 넘어갈 일은 김대중·노무현류의 보수 좌파 (개혁파)에 속한 정치인, 지식인, 운동가들이 현재 위축된 정치력을 복원하기 위해 얼마 전부터 '민주·진보 세력의 단결'을 시도해 오고 있다는 점이다. 그들과 시민사회세력과의 연대는 당연한 수순이지만, 특히 언론에서 진보 정당으로 소개되는 민주노동당과 진보신당과의 연대도 모색하고 있는 현실을 주목할 필요가 있다. 물론 민주노동당과 진보신당은 현실의 정세가 폭력적이고 탄압적인 양상을 띨 때, 그리고 그것이 자신들의 독자적 정치 세력 확장과 조직에 불리하게 작용한다고 판단할 때, 보수 좌파와의 협력이나 연대를 당연한 것으로 여길지 모른다. 그렇지만 한국의 현 시기 진보 정당이 그 자신의 정체성을 유지하기 위해서는, 변혁 세력들과의 단결이 선행되기 이전에는 민주 개혁 세력과 연대할 수 없다는 입장을 견지할 수 있어야 한다. 또한 진보 정당이 보수 좌파와의 '연대' 관계를 유지하게 되면, 아직도 사회의 민주화가 미진한 한국사회에서 결국은 진보 세력 전체가 궁지와 혼란에 빠질 가능성을 배제할 수 없다. 예를 들어, 제도 언론들은 지금처럼 보수 좌파를 마치 진보 내지 변혁적인 양 음해할 것이며, 또한 과거처럼 보수 좌파는 선거를 의식해 오히려 진보 정당과의 선거 연합에 소극적인 자세로 돌아서는 등 자신들을 포함한 수구파의 음모와 방해 공작이 난무할 것으로 충분히 예측된다. 이럴 때일수록 진보 세력은 그런 보수 반동의 파훼 공작에 단연 맞서서 독자적 정치 세력으로서 결연히 투쟁하는 면모를 지켜야 할 것이다.

한국의 국민들은 20세기말 소련이 붕괴되면서, 그리고 북한이 정치경제적으로 낙후되면서, 사회주의국가에 대해 대체로 부정적인 인식을 갖고 있다. 그러나 바로 이 점에서 진보 정당이 유념해야 될 것은 정당은 어디까지나 사회과학을 대중적으로 '실천'하는 조직인 만큼, 그것의 조직이나 운동이 어렵다고 과학을 떠나거나 그것을 버려서는 안 된다는 것이며, 이를 위해서는 자본주의를 극복하는 사회주의를 떳떳하고 공개적으로 선전해야 한다는 것이다. 여기에는 물론 법적·제도적 탄압의 함정이 기다리고 있지만, 이것도 모든 진보 세력의 단결과 연대의 투쟁으로 뚫고 나가야 하는 것이다. 진보 정당은 대중조직을 견인할 수 있도록 피눈물 나게 투쟁을 해야지 아무런 변혁적 전망도 세우지 못하고 야권 연합 등 기회주의적 실천만으로 표를 구걸해서는 안 된다는 것이다. 다시 말해, 진보 진영이 전통적으로 수행해 온 계급투쟁의 역사, 급진적인 민주주의를 위한 비타협적 대중투쟁의 역사를 결코 잊어서는 안 된다.

이제 진보·변혁 정당의 단결을 위해 이명박 정권의 본질, 아니 자본주의 정권의 본질을 마지막으로 분석해 보자. 어떤 국가조직에서든 '정당'은 국가 사회의 이상을 실현하기 위해 노력하는 조직이라면, 정당과 평행선을 달리는 '정부'는 정당의 이상을 현실 사회에서 실천하기 위한 권력이다. 그러나 한국과 같은 자본주의 정권에서는 정당과 정부의 관계가 그처럼 대립적이지 못하고 결국 통합적인 데 문제가 있다. 오늘날 어떤 자본주의국가에서도 의회에서는 정치인들끼리는 말할 것도 없고 정치인과 관료가 어떤 정책을 놓고 협력하기도 하고 대립(오히려 경쟁)하기도 한다. 그러나 그런 대립을 곧 보수 다수파가 권력과 타협(이른바 소통)으로 무마하고 마는 것이 자본주의국가에서의 대의정치의 본질이다. 그러나 이것을 뛰어넘어 진보적 좌파 정치가 가능하려면 정당과 시민사회단체(이념 체제)는 정부와 시장 세력(현실 체제)으로부터 엄연히 분리되어야만 한다. 바로 이러한 이상을 좌파 정당이 수용할 수 있을 때만이 피지배계급인 근로민중의 이익이 곧 국민의 이익이 되어 종국에는 민주주의 투쟁(선거)에서 승리할 수 있게 될 것이다.

자본주의 대의정치의 이러한 문제를 극복하여 민중의 민주주의를 실천하기 위해서는 진보적 좌파 세력이 정파적 차이를 넘어서 단결하는 것이 바람직하다. 그렇다면 친좌파에 속한 대중단체들이 자체 조직의 통일을 기하는 등으로 참여하여 진보 정치를 활성화시킬 것을 기대할 수 있다. 그러나 이런 통합에는 원칙이 있어야 한다. 그 가운데 제일의 하나만 피력하자면, 통합 정당은 이상(사회주의)을 추구하는 이념 정당이자 정책 정당이 되어야하며, 앞서 말한 혁명당의 다섯 가지 조직과 행동의 원리를 강령과 정강에 치열하면서도 간결하게 표현할 수 있어야 한다. 지금의 진보·변혁 정당들은 거의 모두가 강령에 자본주의 '반대' 내지 사회주의 '정신'이 포함되어 있다고 주장할지 모른다. 그러나 그런 이상을 현실에서 '올바르게' 실천하는 가가 중요하다. 예컨대, '사회 양극화'라는 현실에 대한 비판은 분명 사회주의적이지만, 이것을 시정하기 위해서는 적어도 일부 대기업(재벌 자본)을 국가의 금융자본에 대한 감독 체계를 이용해 사회적 소유(당장은 국유화가 아니라 MBC와 같은 소유형태)로 전환하는 것이 필요한 것이다. (이에 관해서는 Alec Nove, 1983을 참고하기 바란다. 그는 국유화를 거의

271

반대하는 입장이지만 이 점에 관해 우리는 그와 생각을 달리한
다.)

Arestis, P. and M. Sawyer (2009), 「신자유주의와 제3의 길」, 알프레두 사드-필류 / 데버러 존스턴 편저, 김덕민 역, 『네오리버럴리즘』, 그린비.

Bennani, A. (2008), 「서론」, 제롬 뱅데 엮음, 이선희·주재형 역, 『가치는 어디로 가는가?』, 문학과 지성사.

Byres, T. J. (2009), 「저발전 국가에서 신자유주의와 본원적 축적」, 알프레두 사드-필류 / 데버러 존스턴 편저, 김덕민 역, 『네오리버럴리즘』, 그린비.

Callinicos, A. (2003), An Anti-Capitalist Manifesto, Pality.

Chua, A. (2008), 이순희 역, 『제국의 미래』, 비아북.

Comte, A. (1915), Harriet Martineau(trans. and ed.), The Positive Philosophy, London : George Bell.

Coser, L. A. (1956), The Functions of Social Conflict, Glencoe, IL : Free Press.

Dahrendorf, R. (1959), Class and Class Conflict in Industrial Society, Standford, CA:Stanford University Press.

＿＿＿＿＿＿ (1967), "Out of Utopia : Toward a Reorientation of Sociological Analysis", N. J. Demerath Ⅲ and R. A. Peterson(eds.), System, Change, and Conflict : A Reader on Contemporary Sociological Theory and the Debate over Functionalism, New York : Free Press.

Drucker, P. (2002), 『넥스트 소사이어티』, 한국경제신문사.

Dumenil, G. and D. Levy (2009), 「신자유주의 반혁명」, 알프레두 사드-필류 / 데버러 존스턴 편저, 김덕민 역, 『네오리버럴리즘』, 그린비.

Eisenstadt, S. N. (1985), "Macro-Societal Analysis-Background, Development and Indication", S. N. Eisenstadt and H. J. Helle, (eds.), Micro-Sociological Theory : Perspectives on Sociological Theory. Vol. I, London:Sage Publications.

Eley, G. (2008), 유강은 역, The left 1848 ~ 2000 , 뿌리와 이파리.

273

Engels, F. (1873 ~ 82), Dialectics of Nature, MECW Vol. 25.

_____ (1884), The Origins of the Family, Private Property, and the State, MECW Vol. 26.

Fukuyama, F. (1992), The End of History and the Last Man, N. Y.

Galeano, E. H. (2008), Espejos, SIGLO XXI.

Giddens, A. (1998), The Third Way : The Renewal of Social Democracy, Oxford : Polity Press.

_____ (2003), The Challenge of Renewal, Progressive Politics 1.

Gret, M. and Y. Sintomer (2005), 김택현 역, 『뽀르뚜 알레그리, 새로운 민주주의의 희망』, 박종철출판사.

Hagen, E. E. (1962), On the Theory of Social Change : How Economic Growth Begins, Homewood IL : Dorsey Press.

Heilbroner, R. (1989), "Interview under the Heading No Alternatives to Capitalism", New Perspectives Quarterly (Fall).

Hilferding, R. (1981), Finance Capital : A Study of the Latest Phase of Capitalist Development, T. Bottomore(ed.), Routledge & Kegan Paul plc..

Hodgson, G. (1996), "An Evolutionary Theory of Long-Term Economic Growth", International Sudies Quarterly, 40(3) September.

Hunt, E. and D. Colander (2004), Social Science : An Introduction to the Study of Society, Pearson Education, Inc.

Jeffrey, P. (1996), "Evolutionary Analogies and Sustainability : Putting a Human Face on Survival", Futures, 28(2) March.

Jennings, J. (2003), "Socialism : An Introduction", Jeremy Jennings, (ed.), Sociaism : Critical Concepts in Political Science, Routledge.

Keynes, J. M. (1936), The General Theory of Employment, Interest and Money, The Collected Writings of John Maynard Keynes, Vol. VII, MacMillan ST. Martin's Press.

Kuhn, T. S. (1962), The Structure of Scientific Revoluions, Chicago : University of Chicago Press.

Lapavitsas, C. (2009), 「신자유주의 시대의 주류경제학」, 알프레두 사드-필류 / 데버러 존스턴 편저, 김덕민 역, 『네오리버럴리즘』, 그린비.

Lenin, V. I. (1902), What Is To Be Done? Burning Questions of Our Movement, LCW, Vol. 5.

_____ (1916), Imperialism : The Highest Stage of Capitalism, LCW, Vol. 22.

Lenski, G., P. Noland and J. Lenski (1999), Human Societies : An Introduction to Macrosociology, 8th (ed.), New York : McGraw-Hill.

MacEwan, A. (2009), 「신자유주의와 민주주의 : 시장권력과 민주적 권력」, 알프레두 사드-필류 / 데버러 존스턴 편저, 김덕민 역, 『네오리버럴리즘』, 그린비.

Marx, K. (1859), A Contribuion to the Critique of Political Economy, MECW, Vol. 29.

_____ (1871), The Civil War in France, MECW, Vol. 22.

_____ (1875), Critique of the Gotha Programme, MECW, Vol. 24.

_____ and F. Engels (1848), The Communist Manifesto, MECW Vol. 6.

McClelland, D. C. (1961), The Achieving Society, Princeton, NJ : Van Nostrand.

Mills, C. W (1956), Power Elite, Oxford University Press.

Morgan, L. H. (1964), Ancient Society, Cambridge, MA:Harrard University Press.

Nisbet, R. A. (1969), Social Change and History, New York : Oxford.

Nove, A. (2001), 대안체제연구회 역, 『실현 가능한 사회주의의 미래』, 백의.

_____ (1983), The Economics of Feasible Socialism, London : Allen & Unwin.

Ogburn, W. F. (1964), On Culture and Social Change, Chicago:University of Chicago Press.

Oram A. (2001), Introduction to Political Sociology, Pearson Education, Inc.

Palley, T. I. (2009), 「케인즈주의에서 신자유주의로 : 경제학 패러다임의 이동」, 알프레두 사드-필류 / 데버러 존스턴 편저, 김덕민 역, 『네오리버럴리즘』, 그린비.

Parsons, T. (1971), The System of Modern Societies, Englewood Cliffs, NJ:Prentice Hall.

Polanyi, K. (1944), The Great Transformation : The Political and Economic Origins of Our Time, Boston:Beacon Press.

Schaeffer, R. K. (2003), Understanding Globalization : The Social Consequences of Political, Economic, and Envionmental Change, 2nd (ed.), Lanham, MD:Rowman & Littlefield Publishers, Inc.

Sheng, H. (ed.) (1994), A Concise History of the Communit Party of China, Foreign Language Press.

Sinha, S. (2009), 「신자유주의와 시민사회 : 기획과 가능성들」, 알프레두 사드-필류 / 데버러 존스턴 편저, 김덕민 역, 『네오리버럴리즘』, 그린비.

Smith, C. (1996), Marx At the Millennium, Pluto Press.

Timasheff, N. S. (1961), Sociological Theory:Its Nature and Growth, (ed.), New York:Random House.

Tucker, R. C. (1969), The Marxian Revolutionary Idea, New York:W. W. Norton & Company, Inc.

Turner, J. H. and A. R. Maryanski (1995), "Is 'Neofunctionalism' Really Functional?", D. McQuarie (ed.), Readings in Contemporary Sociological Theory : From Modernity to Post-Modernity, Englewood Cliffs, NJ:Prentice Hall.

Vago S. (2004), Social Change, Pearson Education, Inc.

Van den Berghe, P. L. (1967), "Dialectic and Functionalism : Towards a Synthesis", N. Demerath and R. A. Peterson, (eds.), System, Change, and Conflict : A Reader on Contemporary Sociological Theory and the Debate over Functionalism, New York:Free Press.

Wallerstein, I. (2004), World Systems Analysis, Duke University Press.

Weber, M. (1958), Talcott Parsons, (trans.), The Protesant Ethic and the Spirit of Capitalism, New York : Scribner's.

Weisskopf, T. E. (1998), "Toward a Socialism for the Future, In the Wake of the Demise of the Socialism of the Past", D. L. Prychitko, (ed.), Why Economists Disagree, State University of New York Press.

張維迎 (2009), 이영란 역, 『중국개혁 30년』, 산해.

279

이명박 정권 대안

김영규

학력 서울대학교 법과대학
미국 남가주대학(USC) / 공공경제학 · 정치경제학
박사 학위 논문 「재정적자가 통화성장에 미치는 효과에 관한 연구」

경력 한국은행 부장대리
인하대학교 사회과학연구소장
인하대학교 교수협의회 회장
사회당 대표 · 사회당 제16대 대통령후보
현 인하대학교 사회과학대학 교수

저서 『말 같지 않은 세상에 말 같은 말』, 우등불, 1996년
『IMF공황, 개혁과 개방』, 인하대학교 출판부, 1998년
『시장의 실패, 자본의 실패』, 인하대학교 출판부, 2000년
『체 게바라가 살아 한국에 온다면』, 이화문화출판사, 2001년
『경제학 기본원리 강의』, 인하대학교 출판부, 2003년
『자본주의 경제학』, 학영사, 2004년
『정치경제학 Ⅰ · Ⅱ』, 인하대학교 출판부, 2005 · 2006년
『이명박 정부 비판』(이명박 정부 비판과 대안 제1권), 박종철출판사, 2008년
『이명박 정책 비판』(이명박 정부 비판과 대안 제2권), 박종철출판사, 2008년

이명박 정권 대안

지은이 | 김영규
펴낸곳 | 박종철출판사
주소 | 서울시 마포구 서교동 457-6 성동빌딩 204호(121-842)
전화 | 332-7635(영업), 332-7629(편집), 332-7634(팩스)
등록번호 | 제12-406(1990. 7. 12.)

제1판 1쇄 | 2010년 8월 30일

ISBN   978-89-85022-53-8 03340
10,000원